Céline Dion

CÉLINE DION

À Jean-Pierre Ferland

À l'heure où nous bouclions cet ouvrage, nous apprenions le décès de Jean-Pierre Ferland, le 27 avril 2024, quelques mois avant ses 90 ans. Sa disparition a suscité une émotion populaire telle que des funérailles nationales ont été décidées. Monument de la chanson québécoise (son album révolutionnaire de 1970 Jaune*) il aura suivi et accompagné depuis ses débuts l'envol de « La petite ». S'il est cité à plusieurs reprises dans cet ouvrage, il nous a semblé important d'insérer dans l'urgence cet hommage pour tout ce qu'il a représenté dans son pays et par le lien fort qui l'unissait à Céline Dion avec qui il a tant chanté (duos télé) sans oublier de lui écrire une poignée de chansons. Très affectée, Céline lui a rendu elle aussi hommage dans un message publié le 28 avril :*
« Tu m'as écrit des baisers qui m'allument mieux que toutes les étoiles (...)
La nuit se couche en pleurant. Adieu Jean-Pierre. Je t'aimerai toujours... toujours... toujours... »

Texte : Marc Dufaud

Avec la collaboration de Xavier Belrose

Direction artistique : Caroline Laleta Ballini / Studio So What Co., Ltd.

12 rue Mozart, 92110 Clichy

ISBN : 978-2-38058-482-0
Dépôt légal : octobre 2024
Achevé d'imprimer en juillet 2024 par NCPrinting en Chine

Marc Dufaud

CÉLINE DION

ANATOMIE D'UNE ICÔNE

D'enfant prodige à Diva

SOMMAIRE

DION
1
CCM

INTRODUCTION

Le monde entier le sait : depuis 4 années maintenant, Céline Dion se bat contre un mal qui l'a contrainte à suspendre pour un temps indéterminé toute activité artistique au moment où sa résilience lui avait permis de renaître à elle-même – les fans parleront de *Dionaissance* – après le décès de son manager de mari, René Angélil.

Cet ouvrage retrace avec autant d'authenticité possible l'itinéraire d'une enfant pas forcément gâtée à la base, mais dotée d'une voix que sa seule volonté et sa seule passion galvaniseront pour en faire l'une des plus marquantes de son époque. Un itinéraire dont on a voulu retrouver les moments clés derrière le succès, moments trop peu soulignés, en se focalisant plus particulièrement sur les premières années – du syndrome Mireille Mathieu jusqu'à la conquête du marché américain – et sur les dernières, marquées par les choix et les métamorphoses d'une femme retrouvant, semble-t-il, sa... voie. On abordera aussi des thématiques plus précises, tantôt personnelles (Céline Dion cible des humoristes – les années de secret autour de la relation avec René Angélil...) tantôt musicales (Las Vegas cage dorée ? – l'épisode de l'Eurovision – les sessions avec Phil Spector ou Jean-Jacques Goldman...).

À l'aune de révélations récentes et des recherches faites pour ce livre, il était également nécessaire de rectifier ici et là la légende entretenue par René Angélil, évinçant notamment certaines figures importantes de l'ascension de sa protégée. Pour autant, pas question de sombrer dans le sensationnalisme de bon nombre de papiers ou d'ouvrages récents afin justement de mieux comprendre certains choix et même de traiter les problématiques qu'ils ont impliquées : le rôle de Thérèse Dion dans la « vocation » de sa fille, la personnalité de René Angélil qui ne fut sans doute pas le « créateur de Céline » ni même le visionnaire que les médias serviles ont longtemps dépeint. Ils se feront plus critiques après son décès. En analysant par exemple ses interventions télévisuelles, en les couplant aux informations recueillies, on cherchera à définir l'influence qu'il exerça sur le milieu du spectacle québécois où il était surnommé « le maître du jeu » et la place qu'il occupa dans la carrière et la vie de Céline comme gérant (manager) tout puissant, puis partenaire d'un *« team de winners »*, amant secret et finalement mari et père de 3 enfants (il en avait 3 autres de précédentes unions). Bref ce livre propose une approche nouvelle, documentée et engagée, de la trajectoire totalement improbable de la cadette d'une fratrie de 14 enfants qui s'imposa dans son pays dès ses 13 ans et avant de devenir une star de dimension internationale.

En effet, la carrière de Céline Dion révèle des particularités sidérantes à commencer par le nombre absolument insensé, sans doute unique, d'émissions et de retransmissions télé auxquelles elle a participé depuis sa première télé en juin 1981. En avançant le chiffre hallucinant d'un millier d'apparitions (talk-shows, émissions musicales, entretiens, « spéciales Céline Dion », galas ou cérémonies retransmises) principalement au Québec, en France et aux États-Unis, on est sans doute encore en deçà de la réalité (25 télés par an sur 40 ans, c'est peu). Autant dire qu'une grande partie de ce livre s'appuie sur l'étude de ces sources télévisuelles, matériau brut qui l'a nourri.
Cette singularité en appelle une seconde : à l'exception de l'année 2000, dans une moindre mesure 2001 ou 2014, Céline Dion aura été active professionnellement quarante années de rang : disques (près d'une cinquantaine), tournées, résidences, télés, galas, concours, elle a consacré son énergie et son temps à son métier. Là encore, un cas quasi unique pour une artiste de cette dimension !
Ce qui ici aussi ouvre sur une nouvelle singularité : l'effacement de toute ligne de démarcation entre vie publique et vie privée. Une confusion consentie en partie induite par la précocité de sa carrière avec l'exposition de « la famille Dion » à ses débuts, confusion dont elle a fait depuis 1994 une règle, jouant le jeu de la transparence avec les médias et les fans. L'entrelacement de sa vie publique et de sa vie de femme, sa médiatisation, quel que soit le degré de contrôle que cela suppose, se révéleront par bien des aspects plutôt néfastes.
« Je n'ai que ma carrière », confessait-elle, déchirée, en 1992, ceci expliquant cela puisque ses amours mêmes iront se confondre avec sa carrière ! Le symbole est fort. Un sujet qu'elle abordera avec franchise et avec une lucidité qui n'a cessé de s'affiner suscitant chez elle des interrogations profondes qu'elle a formulées dès 2010, on va le voir.
Parce qu'il y a là une forme de sacrifice, sacrifice à la fois sublime et terrifiant, notamment au regard des événements récents où tout se passe comme si son corps, plié à sa volonté de fer, sollicité à outrance, se rebellait et lui présentait la note. Mais Céline Dion est loin d'avoir abdiqué. Et ce temps suspendu dans lequel nous sommes encore prendra d'autres contours selon la suite. Il est propice à un premier regard rétrospectif embrassant un demi-siècle enrichi d'une iconographie soigneusement choisie.
Welcome dans l'histoire de Céline Dion...

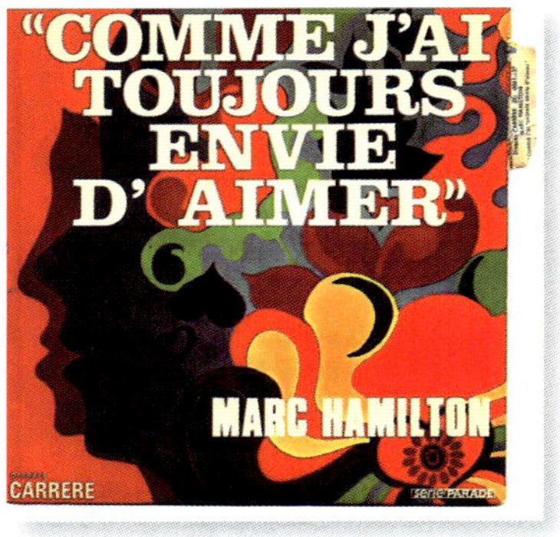

PROLOGUE

Créée en 1900, l'industrie du disque est la plus ancienne industrie du Québec : c'est dire l'importance de la musique dans ce jeune pays. Depuis ses débuts, le procédé d'enregistrement se fait au moyen d'un système acoustique. En 1925, on adopte l'enregistrement électrique. Les compagnies américaines optent à leur tour pour le standard international de vitesse d'enregistrement de 78,26 tours/minute qu'utilisent déjà HMV et Starr au Canada.

Les révolutions technologiques des années quarante permettent l'apparition du 33 tours en 1948 et du 45 tours en 1949. Starr est alors la seule compagnie canadienne ; elle est revendue à Decca en 1951 qui domine le marché avec RCA en publiant de nombreux artistes québécois.
C'est le rock'n'roll qui va permettre l'émergence de nombreuses compagnies locales : Météor (1954), Music-Hall (1957), Fleur-de-Lys (1957) et Rusticana (1958). Absente depuis plus de 25 ans, Columbia produit à nouveau des artistes québécois (1956) et Pathé (1957) s'installe sur le marché local où RCA Victor a repris le leadership.

Fondé en 1960, Trans Canada devient le plus gros producteur et distributeur de disques québécois. Dans son sillage de nombreuses compagnies naissent : Denis Pantis, Yvan Dufresne, Tony Roman, Roger Miron et les frères Lazare créent leurs propres compagnies et dominent complètement l'industrie dans cette décennie marquée par l'invasion des groupes post-Beatles d'une part et la montée des chansonniers dont une partie crée leurs propres labels.
Les années soixante-dix seront l'âge d'or du disque au Québec. Le gouvernement impose des quotas de diffusion de musique québécoise qui relance les labels *indépendants* : Kléber-disc Campus, Pacha, Martin Trans-wold, Zodiaque et Nobel de Guy Cloutier. Les Majors sont également bien présentes Columbia (CBS en 1976) Capitol/EMI Polydor (Philips) Barclay.
« Comme j'ai toujours envie d'aimer » (1970) de Marc Hamilton devient la première chanson francophone québécoise à atteindre le million d'exemplaires vendus dans le monde (n° 1 en France, Belgique, Québec, n° 2 en Suisse).

Dans les années quatre-vingt, tandis que la production des « indépendants » québécois demeure stable, la production annuelle des multinationales passe de 180 à 38 albums au Québec entre 1978 et 1987. Durement ressenti au départ, ce vide ouvre la voie à de nouvelles compagnies québécoises, dont Pro-Culture, Audiogram et Star qui sont parmi les plus actives des années quatre-vingt. La radio et la télévision instituent plusieurs concours qui favorisent la reprise au début de la décennie.
Les artistes créent alors souvent leur propre compagnie de disques : Daniel Lavoie, Céline Dion, Ginette Reno, Men Without Hats, Corey Hart, Fabienne Thibeault, Diane Tell, Carole Laure...

Le monde musical québécois se singularise par l'amalgame des deux cultures anglo-saxonnes et françaises avec dans les faits un fort antagonisme autour de la question de la langue, conflit dont Céline Dion aura à souffrir avant de jouer elle-même un rôle important à ce sujet.

Plus qu'en France, la musique est au centre de la culture du Québec. Si la famille Dion se singularise par le nombre de ses membres, dans la plupart des familles, on chante aussi, on danse, on joue de la musique. Jusqu'aux années soixante-dix, l'accordéon ou le violon étaient les instruments du peuple (idem aux Antilles et aux États-Unis où un violon ne coûtait rien).

Page de gauche : le 45 tours de Marc Hamilton, premier gros succès en France d'un artiste québécois paru sous le label Trans-Canada.

Au-dessus : Gilles Vigneault en 1972.

Bien entendu, ce mix entre deux cultures musicales produit, semble-t-il, plus un écartèlement qu'un amalgame propice à une identité propre.

Ce sont ceux qu'on appelle les chansonniers qui s'exportent en France dans le sillage de la figure tutélaire de Félix Leclerc, d'un Gilles Vigneault à Robert Charlebois, Diane Dufresne ou Nanette Workman, la muse noire de Johnny Hallyday. De nombreux artistes majeurs au Québec resteront confidentiels en France, y connaîtront un succès limité (Jean-Pierre Ferland, Ginette Reno, Carole Laure, Lewis Furey...).

Une nouvelle génération allait apparaître dans les années quatre-vingt-dix, un arc allant de Luc Plamondon à Garou. Céline Dion était appelée à devenir la plus grande vedette québécoise des deux côtés de l'Atlantique, mais sa starification autour de l'an 2000, sa gloire phénoménale a un peu brouillé les cartes en termes d'identité malgré son attachement à sa langue natale.
L'itinéraire de René Angélil, celui qui sera d'abord son manager (« gérant » selon l'expression idiomatique québécoise) épouse les contours de l'évolution de l'industrie du disque au Québec sur un demi-siècle puisqu'il débuta à la fin des années cinquante.
Itinéraire dont il faut retracer d'emblée les grandes lignes puisqu'il débute bien avant la naissance de Céline pour finalement conduire à elle.

René Angélil naît le 16 janvier 1942 à Montréal. Ses parents sont tous deux syriens. Installé à Paris comme tailleur, son père Joseph émigre au Québec à 39 ans où il épouse Sara, 23 ans, selon les modalités d'un mariage arrangé par les deux familles. Le couple aura deux fils, René et André. Catholique melkite, Joseph et un homme austère, attaché aux traditions qui veut faire de ses fils des avocats ou des médecins.
Plus proche de sa mère et de sa grand-mère, une joueuse invétérée, le jeune René découvre à la télé les shows musicaux américains et se passionne pour cet univers. Et puis vient Elvis. Une nuit de 1956, au Ed Sullivan show, il libère les jeunesses occidentales. Nouvelle cible économique, les teenagers s'inventent leur propre culture avec la musique comme axe central.

En 1958, les concours amateurs de jeunes talents sont légion au Québec : toutes les stations radio ont les leurs. Les participants ne sont pas payés, mais ces concours permettent à de nouveaux venus de se faire connaître.
René et son ami Pierre Labelle tentent leur chance, rejoints par Jean Beaulne et Gilles qui quittera rapidement le combo. Le trio vocal se fait appeler les Baronets. Le groupe remporte tous les concours amateurs possibles. En 1960, le dénicheur de talents Jean Simon les fait engager au Popular night-club tous les week-ends puis chaque soir. Les Baronets passent professionnels. Leur succès conduit René à abandonner ses études, point de départ d'un conflit silencieux avec son père. En décembre 1963, la déferlante Beatles incite les trois Québécois dans le vent à adopter leur coupe de cheveux et à adapter leurs tubes « Twiste et chante »/« Je suis fou »...). Parmi les centaines de groupes qui émergent au Québec, les Baronets seront l'un des groupes yéyé vedettes du pays à partir de 1964. René trouve un manager pour les promouvoir : Ben Kaye. Kaye les fait enregistrer et leur organise des tournées dans toutes les radios du pays et chez les disquaires. Les sessions d'autographes tournent à l'émeute. Les Québécoises craquent pour les petits barons transformant René en serial lover. Rapidement, le groupe passe de 60 dollars par engagement à 2000. La carrière des « 2 Canadiens+ un Syrien » décolle. Angélil est comme un poisson dans l'eau : il aime cette vie, se passionne pour le showbiz, pour ses démons aussi comme le jeu et le sexe.

Ben Kaye tentera de faire percer le groupe aux States, mais l'affaire fera long feu. En 1965, des tensions entre Beaulne et Angélil provoquent le split du groupe au top de sa célébrité. Reformés très vite, les Baronets ne retrouveront jamais leur succès antérieur. Ils tentent de s'adapter, modernisent leur son, mais il est trop tard. En 1966, René se marie en secret avec Denyse Duquette, sa petite amie depuis plusieurs années restée dans l'ombre supportant ses multiples infidélités. En janvier 1968, le couple accueille leur premier fils, Patrick, né deux mois avant Céline Dion.
Jean Beaulne quitte le groupe lassé par la conduite de René dont il restera pourtant assez proche. Il expliquera : « René aime dominer et on n'a pas arrêté de s'embrouiller, je ne supporte pas d'être dominé par qui que ce soit et lui non plus, mais on se respecte l'un l'autre. On a eu aussi du bon temps, mais je suis le seul à lui avoir jamais tenu tête, je crois, de toute

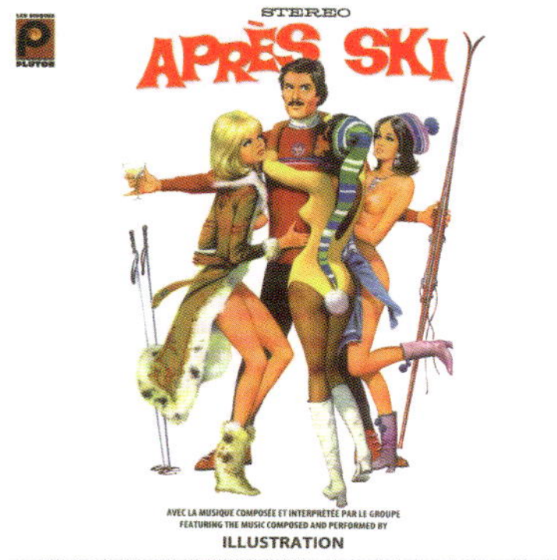

sa vie. Quand René avait une idée, il la défendait jusqu'à ce qu'on s'épuise : c'est là qu'il a développé ses talents de négociateur, la peur d'être un loser était une obsession. »
René et Pierre décident de continuer en duo, mais leur moment est passé : « Pierre a un tempérament plus docile, poursuit Beaulne, il faisait ce que René lui disait. »
Chacun va suivre sa route : fréquentant Las Vegas depuis 1966, Angélil a attrapé le virus du jeu. À la mort de son père en 1967, sa mère devra éponger plus d'une fois ses dettes. Au début des années soixante-dix, René Angélil cherche sa voie. Jean Beaulne est devenu manager ; Angélil, lui, va faire l'acteur dans des seconds rôles. On le verra notamment dans *Après Ski* (l'atroce) comédie érotique tendance bouffonne - grivoise qui défraie la chronique au Québec, mais demeure l'une des comédies les plus populaires du pays.

Elvis Presley au Ed Sullivan Show de 1956. La révélation pour René Angélil, qui montera son groupe, les Baronets.

Finalement, il s'adresse à Guy Cloutier, un vieil ami, en passe de devenir l'un des personnages majeurs de l'industrie musicale au Québec avec Dennis Pantis et Ben Kaye.
René et Cloutier se connaissent depuis le début des années soixante lorsque Cloutier était disquaire. À sa faillite, il avait été vivre chez René et Jean avant d'entrer chez Canusa Records, label québécois qui avait alors le vent en poupe. Il y apprendra son métier. En 1970, il remarque la prestation du jeune René Simard, 9 ans, dans l'émission *Les Découvertes* de Jen Roger. Se souvenant du succès international de Joselito, Cloutier convainc ses parents de lui confier les rênes de la carrière de l'enfant. En un album *Ave Maria* porté par le succès de la chanson « L'oiseau », René Simard fait sensation au Québec : son 45 tours « L'Oiseau » connaît un succès phénoménal au Québec et en France où il devient la chanson titre de la série *Belle et Sébastien*.

Cloutier propose à l'ex-Baronet d'intégrer les Productions Guy Cloutier Inc. : il a besoin d'un producteur et d'une bonne oreille, domaine où il n'excelle pas. Angélil pour sa part admire la façon dont Guy Cloutier pilote le jeune Simard. Il est le premier « gérant » québécois à ne s'occuper que d'un seul artiste veillant à son éducation et plaçant l'argent qu'il gagne dans un trust gelé jusqu'à sa majorité.

En 1972, Cloutier crée les disques Nobel : il délègue à Angélil la direction artistique et la réalisation des disques des artistes qu'il signe. Hormis René Simard, Nobel publie les disques de Patrick Zabé, Johnny Farago, et mise sur le retour de la

chanteuse Anne Renée Kirouac qui relance sa carrière à partir de 1972 sous le nom de Anne Renée. Très vite, entre elle et René Angélil, c'est le coup de foudre : elle a 22 ans, lui 30 ans. L'année est faste pour la pétillante blonde aux faux airs de France Gall. Elle enchaîne les hits : « Le jonc de l'amitié » / « Un amour adolescent ».

René quitte le domicile conjugal le 14 avril 1972 pour convoler avec sa nouvelle conquête.
À partir de cette date, il réalisera et produira tous ses disques.
Denyse Duquette engage une procédure de divorce le 21 juillet prononcé le 12 juin 1973, assignant son ex-mari à lui verser une pension de 60 dollars par semaine tous les vendredis.
Le 23 juin, Angélil épouse Anne Renée : leur premier enfant naît 9 mois plus tard au jour près.
Pendant ce temps, la carrière de Simard est sur les rails : en 1974, il fait la première partie de Daniel Guichard. Cloutier l'inscrit également au Grand Concours International Yamaha, le World Popular Song Festival de Tokyo dans la catégorie *« the most promising singer »*.
Coultier et Angélil l'accompagnent. Des deux, René est le seul à parler anglais : le jeune Simard emporte le concours avec « L'Oiseau ». C'est Frank Sinatra qui vient lui remettre son prix. Fous de joie, ses deux gérants prolongent le séjour au Japon : ils emmènent leur prodige enregistrer « L'Oiseau » en japonais phonétique. Peu après, le jeune garçon a fait le tour des shows TV américains, notamment avec Liberace à Vegas. La possibilité d'une carrière internationale est là...
CBS New York se montre intéressé. Une entrevue est organisée. Avec le renfort de l'avocat des Beatles, Walter Haford, René Angélil est à la manœuvre. Se souvenant des leçons de son ancien manager, il en rajoute de tous les côtés, présente René comme le plus gros vendeur de disques au Québec devant Elvis et les Beatles réunis. Cloutier et Angélil s'y voient déjà, mais leur arrogance va tout compromettre : René convainc Cloutier de demander un million de dollars à la signature. Les représentants de CBS ne bronchent pas, mais ils ne recontacteront jamais les deux Québécois qui échoueront également à conclure un deal avec un label anglais implanté aux States. Le train est passé pour René Simard ! Ses managers viennent de saborder la chance d'une carrière internationale par leur arrivisme là où une stratégie plus humble, mieux ficelée et une meilleure connaissance du marché international étaient nécessaires.
L'affaire va laisser des traces : Cloutier doit combler les pertes financières consécutives à leur échec. René, lui, rumine sa frustration : il a investi tout son argent dans Guy Cloutier Inc.,

Sylvie Vartan et René Simard en 1974. Le management de la carrière du jeune prodige par Guy Cloutier a fortement impressionné René Angélil.

mais reste un simple salarié de son ami. Excédée par la situation et la passivité de son mari se laissant vivre, Anne Renée l'incite à exiger un partenariat équitable, soit 50 % des profits. Cloutier ayant refusé, René Angélil part monter sa propre structure emmenant avec lui Anne Renée, Patrick Zabé et Johnny Farago. Sa femme a encore du succès en radio avec des titres légers comme « Le docteur m'a dit », adaptation de Carole Williams (en France par Sheila) qui reste une curiosité : dans l'introduction, on entend une sonnerie de téléphone puis Anne Renée murmurer : « René mon amour ? » et lui de répondre « oui »...

Le label vivote, mais avec la naissance d'un nouvel enfant (12 juin 1977) c'est insuffisant. René vise un succès international, mais le star-system est totalement étranger à la culture québécoise. Dans le milieu, il reste encore un second couteau et n'est guère respecté. Ce n'est pas avec Farago qui a calqué sa carrière sur celle de Presley qu'il décrochera la timbale (ils ont vu le King sur scène en 1976, sa pire année).

Ginette Reno à Londres, sur le toit de l'hôtel Savoy, en 1970. La voix du Québec. L'idole de toujours de Céline Dion.

Elvis meurt le 16 août 1977 : le monde entier est sous le choc. Angélil et Farago font le voyage à Memphis pour lui rendre hommage. Au Québec comme ailleurs, ses disques sont en rupture de stock. Un revival Elvis s'empare du pays où tous les impersonators font salle comble. Manageant le plus connu d'entre eux, René Angélil monte dans l'urgence un concert hommage au parc Jarry : Johnny Farago joue devant plus de 10 000 personnes très émues. La presse est inhabituellement dithyrambique : la tournée qu'organise dans la foulée le gérant va connaître un succès retentissant. Toutes les dates sont à guichets fermés. Cette réussite redore son blason d'homme d'affaires, mais il sait que l'embellie sera de courte durée.

Anne Renée enregistre encore un disque ou deux puis renonce à sa carrière de chanteuse : mère de deux enfants, elle accepte de se reconvertir en animatrice télé, assurant des revenus fixes au couple.

La chance va sourire à René au cours de l'hiver 1977 : son couple est en villégiature avec sa progéniture à l'hôte Presidente de Mexico où il a fait engager Johnny Farago. La capitale mexicaine est devenue LA destination hivernale des Québécois à cette époque. L'hôtel accueille d'autres artistes comme Dominique Michel, Michel Girouard ou encore Ginette Reno. Très populaire au Québec depuis ses 13 ans, elle est considérée comme la plus grande voix du pays. Ginette a tenté sa chance aux États-Unis en publiant trois albums anglophones qui n'ont pas marché. Elle vient de marquer les esprits en chantant devant 200 000 personnes « Un peu plus loin un peu plus haut » le soir de la fête nationale du 24 juin 1975 au Mont-Royal de Montréal.

René la connaît depuis l'époque des Baronets où elle aussi débutait : l'ex-Baronet Pierre Labelle a d'ailleurs été son premier amant.

C'est en prenant un verre ensemble à l'hôtel qu'elle propose à René de devenir son manager. Après s'être défaite de types véreux, elle dirige son propre label, Melon-Miel, et cherche un nouveau gérant/directeur artistique.
René va donc diriger et produire son nouvel album pour Melon-Miel : il la convainc de graver deux titres qu'elle réserve à la scène : « Je ne suis qu'une chanson » et « Ça va mieux ». Sans trop y croire, Ginette se plie aux consignes : Bingo ! Le 45 tours se vendra à plus de 350 000 exemplaires, chiffre historique au Québec, et l'album sera trois fois platine.

Cette réussite va restaurer le blason de René aux yeux de la profession, une crédibilité écornée par l'échec cuisant de la carrière américaine de René Simard dont il est en partie responsable. Il vient de démontrer à une Ginette Reno réticente son flair et son savoir-faire, en lui imposant deux chansons dont elle ne voulait pas, qui sont d'immenses hits. Angélil monte une tournée et lui décroche des flopées de télés qui relancent sa carrière.
Plus largement, il entend capitaliser sur ce succès, le faire fructifier : avec le prochain album, il vise le marché français, le quatrième au monde, avec en ligne de mire le marché anglo-saxon. Avec Ginette, il a la certitude de tenir une chanteuse de dimension internationale et imagine une stratégie de conquête par paliers successifs : la France, le Canada anglophone ensuite les États-Unis.

Révélant un professionnalisme jusqu'ici latent, René Angélil noue des contacts en France avec Pathé Marconi et CBS : il leur présente la vidéo du concert de 1975 devant 200 000 fans, mais se garde de préciser que ce soir-là bien d'autres artistes étaient invités. Les images font leur effet, mais il y a des résistances concernant le physique de la chanteuse, son accent et même sa voix : la France n'est pas trop sensible aux « grandes voix » au moment où Jane Birkin chante « Ex-fan des sixties ».
René ne désarme pas : il rencontre le parolier Eddy Marnay, légende de la chanson française : ce quinquagénaire a écrit d'abord pour Piaf, Montand, Renée Lebas, Bourvil, Frida Boccara... C'est lui qui a adapté en français « Que Sera Sera » avant de lui-même s'adapter aux années soixante (France Gall,

Au-dessus :
La grande Édith Piaf
en 1936, à Montmartre.

Page de droite :
Eddie Marnay en 1994.
Premier compositeur
attitré de Céline Dion.

Richard Anthony, Françoise Hardy) avec plus de cinquante chansons pour Claude François.
Le courant passe très bien entre le manager et le parolier invité à venir au Québec entendre Ginette sur scène. Marnay est renversé par la performance et commence à écrire pour elle. Fort de la caution « Eddy Marnay », Angélil boucle un contrat avec Pathé Marconi : Eddy écrira les chansons, Claude Pascal produira l'album et René dirigera les sessions avant d'organiser une promo télé en France et dans tout le Canada. Courant 1980, « Tout est correct » pour reprendre la devise de René Angélil ! Il ne reste qu'à suivre le plan pour faire décoller la carrière de Ginette. Mais soudain tout se bloque. Ginette ne se montre pas enthousiasmée. Angélil attribue ça à une fatigue passagère. Elle annonce effectivement qu'elle va prendre des vacances avec son nouvel amoureux, Alain Charbonneau. Au retour tout s'écroule : Charbonneau s'improvise nouveau co-manager de Ginette avec son assentiment et réclame à ce titre 20 % des bénéfices. Ce qui est inacceptable.
Par amitié, Marnay tente d'intercéder auprès de l'artiste. Rien n'y fait. Angélil ne peut se contenter d'être producteur des albums au regard de ses ambitions, du travail fourni et des sommes engagées.
Au final tout capote : ironie du sort, au moment où Ginette remporte un Félix (Victoire de la musique) pour l'album réalisé par René, il n'est plus son manager. La chanteuse n'adhère pas pleinement au storytelling postérieur de René sans pour autant accepter d'en dire beaucoup plus (on parlera d'une peine de cœur entre eux) : veillant à conduire elle-même sa carrière, elle regrette de n'avoir pas été toujours informée des initiatives prises. Il était difficile d'imaginer une collaboration possible au long cours entre cette femme refusant d'être sous coupe et un freak control comme Angélil.
« Les managers exposent bien trop leurs stars et ne pensent qu'à multiplier les engagements pour multiplier l'argent jusqu'au burn-out de leurs artistes dont ils abrègent finalement la carrière », écrivait Ginette dans sa récente autobiographie. Prémonitoire ?

Pour René Angélil ce dédit est catastrophique : concrètement, il n'a aucun autre artiste dans son écurie. Financièrement, il est lessivé. Il a englouti tous ses bénéfices dans la préparation de l'opération « Ginette Reno » allant jusqu'à gravement s'endetter, sans parler de ses pertes au jeu. Profondément humilié, il traverse plusieurs mois de dépression. Cela fait près de 20 ans qu'il gravite dans le monde de la musique et du show-biz, mais qu'a-t-il accompli ? À 39 ans, marié, père de 3 enfants, il est fauché, n'a pas la moindre perspective et s'apprête début 1981 à fermer ses bureaux de Laval pour reprendre des études d'économie.
Son destin va pourtant basculer dans quelques mois et faire de lui celui qu'on surnommera au Québec « le maître du jeu ».

Chanteuse populaire au Québec dans les années soixante-dix, elle fut la seconde femme de René Angélil et un modèle pour la jeune Céline pendant 4 ans avant de disparaître du décor. Retour sur sa carrière de chanteuse.

Anne Renée

Manon Kirouac fait ses débuts dans la chanson sous son prénom en 1964 à l'âge de 14 ans en pleine période twist yéyé. Son « C'est le temps des écoles » à la Sheila devient un hit, mais elle suspend sa carrière pour finir ses études. Une fois fait, elle revient en 1969 avec un single signé Anne Renée Kirouac qui ne marche pas trop.

En 1970 sa carrière prend un virage à 180 degrés : elle est signée par Guy Cloutier grâce à l'intercession de l'un de ses plus grands amis, Johnny Farago, l'Elvis québécois, vainqueur d'un concours d'imitation d'Elvis en 1960, ex-membre des Mercedes, en solo depuis 1964 managé par le même Guy Cloutier.

À la demande de Farago, Cloutier manage Anne Renée et publiera ses disques sur Nobel, sa propre maison de disque. Elle repart à zéro sous le nom de Anne Renée et sa carrière trouve un second souffle via une série de 45 tours qui marchent plutôt bien. L'année 1972 sera son année fétiche avec son cinquième single « Un Amour adolescent » (« Puppy Love » de Paul Anka) suivi par un single d'été en duo avec Johnny Farago. À l'automne, Cloutier confie la réalisation de son 45 tours suivant à René Angélil, le bien nommé « On trouve l'amour » (écrit par François-Bernard Socan) qui scelle la relation de la chanteuse avec Angelil et confirme sa popularité. Dès lors, c'est René qui dirigera et produira tous les disques de sa future seconde femme. Anne Renée publiera près de 25 singles jusqu'en 1979 et 5 albums, des duos avec René Simard, Gilles Girard et Patick Zabé.

À la suite de sa brouille financière avec Cloutier, Angélil monte sa propre maison de disques, Show Bizz, emmenant avec lui Anne Renée et Johnny Farago. Le macaron central des singles porte en haut la mention « les disques Show Bizz » avec en dessous « les productions René Angélil Inc. ».

En 1979, avec deux enfants en bas âge, changement de cap : Anne Renée embrasse une carrière télévisuelle en devenant la co-animatrice pendant deux ans de la très populaire émission *Les Tannants* avec Pierre Marcotte. À la dernière de l'émission, elle interprète en larmes son tube « On trouve l'amour » ; submergée par l'émotion, elle doit s'interrompre et reprendre pour conclure par des remerciements humides. On ne la reverra quasiment plus. En 1981, elle quitte définitivement la scène artistique, travaille avec et pour son mari, pour qui elle préside la société TBS, lorsqu'il lance Céline Dion qu'elle chaperonnera jusqu'à son divorce en décembre 1985.

La famille Angélil/Kirouac

« Ce rêve de petite fille, était-ce le mien ? Je me pose la question aujourd'hui, j'ai toujours aimé chanter, mais ai-je eu le temps de me réaliser moi-même ? »

Céline Dion

LA VOIE DU BON DIEU

« Nos parents se sont rencontrés à l'adolescence dans un party de famille chez les Dion, auquel les Tanguay participaient. Maman avait apporté son violon, et papa avait son accordéon », résumait leur fille Claudette Dion. Thérèse Tanguay (ou Tanguy) et Adhémar Dion s'unissent en 1945 à Tuque.

Gens du peuple, ils savent à peine lire et écrire. Lui est bûcheron. Il s'absente de longues périodes pour abattre de l'érable dans les grandes forêts du Canada. Malgré l'éloignement, malgré son souhait de ne pas avoir d'enfants, Adhémar est père d'une petite Denise un an après son mariage. Puis vient Clément. Claudette, future marraine de Céline, naît en 1948 suivie de Liette. Isolée, élevant seule ses enfants, en bonne catholique, Thérèse se tourne vers l'Église. Décidée à « empêcher la famille », formule idiomatique pour « contraception », elle vient chercher l'absolution auprès de son curé qui la lui refuse. Elle voulait « empêcher la famille », elle est empêchée de communier ! Thérèse ne le pardonnera jamais à l'Église : sa foi ne passera jamais plus par là. Déjà sa fameuse détermination ! Accédant aux vœux de sa femme, Adhémar quitte le métier du bois, embauche dans le secteur de la viande, où il devient inspecteur, se sédentarise pour prendre part à l'éducation des enfants. Enfin il fait le serment de ne plus boire une goutte d'alcool jusqu'à ce que les enfants soient autonomes, brisant ainsi le cycle du sévère alcoolisme atavique des Dion. Il ne dérogera pas à sa parole jusqu'aux années quatre-vingt.

Céline entourée de ses parents, Adhémar et Thérèse Dion, en 1988.

En 1951, sur l'initiative de Thérèse, profitant d'une mesure de l'État sous forme de prêt immobilier, le couple achète un terrain nu au 130 Notre Dame à Charlemagne pour y bâtir sa maison dont cette femme de décision a dessiné les plans. Construite de leurs mains, la maison sera rapidement habitable (la cheminée sera faite de pierres ramassées dans les champs).

Quinze années durant, les naissances vont se succéder: le foyer ne s'agrandit pas. La famille s'entasse dans cette maisonnette aux allures de cocon et compte déjà une dizaine de rejetons garçons et filles au début des années soixante: Michel, Louise, Jacques, Daniel, Ghislaine, Linda et Manon sont nés. Pour modestes que soient les moyens, les enfants ne manquent de rien et certainement pas de musique puisque chacun d'eux, à l'instar de leurs parents, joue d'un instrument ou chante. Accordéoniste aux doigts agiles, Adhémar encourage le plaisir de jouer, là où Thérèse se montre plus exigeante reprenant les fausses notes, appuyant l'ambition des plus doués à croire en leur chance. Mais à son grand dam, aucun ne peut ou ne veut briguer une carrière musicale.
À 35 ans, Thérèse accouche de jumeaux Paul et Pauline (1962): ce seront les derniers, elle le jure.
Famille atypique avec 13 petits Québécois, les Dion ont largement œuvré au repeuplement d'un pays où le taux de natalité était de 4,1 enfants à la fin des années quarante ; il n'a cessé de baisser pour tourne autour de 2,1 en 1967.

Thérèse brûle d'échapper aux quatre murs de sa maison où elle déploie une énergie et des trésors d'inventivité pour que personne ne manque de rien. L'un des frères confessera n'avoir dans son enfance vu sa mère que de dos dans la cuisine. Dès que les jumeaux seront scolarisés, Thérèse se promet de reprendre une activité professionnelle et des activités diverses.

À l'automne 1967, c'est l'accident ! Sans doute convaincus de savoir « empêcher la famille », Thérèse et Adhémar conçoivent leur petite dernière. La confirmation de sa grossesse plonge la jeune quadragénaire dans un état dépressif qu'elle s'emploie à dissimuler à la maisonnée, mais qui l'accable les après-midi lorsqu'elle est seule.
Céline naît à terme le 30 mars 1968. Celle que l'on surnommera affectueusement « l'accident » (elle en parlera au Arsenio show en 1992) est un beau gros bébé qui chasse aussitôt la déprime maternelle et enchante ses aînés. La légende voudra que bébé dorme dans le tiroir d'une commode par manque de place.
Chérissant ses souvenirs d'enfance, Céline se souviendra de son premier doudou (« toutou ») et de ses « 14 poupées » (autant que la fratrie Dion !). Elle profite de l'orchestre familial qui compte de nouveaux talents, guitariste, batteur, organiste et toutes les sortes de tessitures de voix s'accordant à merveille. Dès qu'elle est en âge de le faire, la benjamine pousse à son tour la chansonnette avec tout le monde. « L'accident » a « la voix du bon Dieu » !

Dans les années soixante-dix, pour arrondir un peu les fins de mois difficiles, Adhémar crée une « family band » venant animer les mariages, anniversaires et fêtes dans l'arrière-pays. L'affiche promotionnelle artisanale dit « la Famille A. Dion/orchestre de danse »/Sous-titre en bas de l'affiche : « pour bien s'amuser/musique de tous ».

Dans le storytelling officiel, le 18 août 1973 est la seconde date à retenir non comme date clé, mais comme date symbolique : Michel, le grand frère, se marie. Du haut de ses 5 ans, la gamine chante pour la première fois devant une grande assemblée subjuguée.

L'univers familial est un cocon protecteur qu'elle a du mal à quitter parce qu'il suffit à son bonheur : Céline aime être chez elle avec ses frères et sœurs, accrochée à sa mère dont elle dira n'avoir jamais oublié l'odeur, comme elle aime l'odeur de la cuisine qui règne dans cette petite maison. Au-delà pour elle, c'est l'enfer. Si elle joue souvent au bord la rivière, il y en a 4 à Charlemagne, elle déteste l'école à laquelle elle est inadaptée. C'est un lieu d'ennui et de souffrance, dira-t-elle : « L'école me privait de ce que j'aimais le plus, de mon bonheur, de l'odeur de ma mère, ses robes, sa chaleur, la nourriture, la musique que ma famille jouait et la joie. »

Elle préfère rester chez elle en famille à regarder à la télé les *Late Show* américains où elle découvre Barbra Streisand : son univers glamour la fait rêver.

Pourtant, sa petite dernière scolarisée, Thérèse sort enfin de sa maison. Elle ouvre une boutique dans l'un des petits centres commerciaux du coin. En 1979, avec l'une de ses grandes filles, Adhémar, lui, achète et ouvre un petit bar restaurant, Le Baril, situé dans la petite ville du Gardeur à quelques kilomètres de Charlemagne. Cette municipalité distincte depuis 1857 vient alors tout juste de prendre le nom de Le Gardeur – elle sera finalement rattachée en 2002 à Repentigny comme simple « secteur ». Les enfants Dion animent chaque soir musicalement le lieu. Les débuts ne sont pas simples. L'endroit est loin de faire le plein jusqu'à ce que Paul, alors âgé de 15 ans, achète un orgue électrique pour moderniser un peu le son du combo familial. Et ça marche ! Le Baril fait le plein les soirs et week-ends si bien que madame Dion doit venir en renfort aux fourneaux. Son mari est au bar où, assez fatalement, après 25 ans d'abstinence totale, il recommence à boire. Céline parlera des « problèmes de l'alcool », mais restera pudique sur le sujet. Âgée d'une dizaine d'années, elle se joint à ses frères et sœurs musiciens et chanteurs : si elle ne joue aucun instrument, sa voix déjà, mais aussi son engagement, charment l'auditoire. On la réclame chaque soir au Baril et il n'est pas rare qu'elle veille jusqu'à deux heures du matin. Elle interprète les chansons modernes et traditionnelles, beaucoup de Ginette Reno, la plus grande chanteuse du pays qui vient de publier *Je ne suis qu'une chanson*, l'album de son retour dont la chanson titre est

un immense succès que l'on entend partout au Québec. Céline est fan : Ginette chante sur scène depuis ses 13 ans et la cadette des Dion commence à manifester le désir de suivre sa voie. C'est déjà un peu plus qu'un rêve. Ce qui n'est pas pour déplaire à Thérèse, qui depuis des années caresse l'espoir qu'un de ses enfants se lance dans la musique, devienne un artiste connu. C'était son rêve d'enfant à elle, mais avec 9 frères et sœurs à s'occuper, ses parents ne lui avaient pas permis de le réaliser.

En attendant, les longues veillées au Baril n'arrangent en rien les soucis de Céline à l'école. Ses camarades ne sont pas tendres avec elle, les enseignants non plus d'ailleurs. Instituteurs et professeurs se souviendront : « Elle avait l'air d'être d'une autre planète, elle ne parlait pas, ne socialisait pas et n'apprenait rien. »

Page de gauche : Céline Dion sera côtoyée des plus grandes idoles : ici avec Barbra Streisand en 2005.

En haut : Une voix d'ange ?

On la trouve étrange, absente. Plus dramatique, elle est victime de harcèlement, sujet sur lequel, là aussi, elle n'épiloguera pas : on la surnomme « Dracula » à cause de ce chevauchement de canines que ses parents n'ont pas les moyens de rectifier : « J'ai vécu des moments très difficiles à l'école, je n'arrivais pas à avoir de camarades, je ne présentais pas si bien, j'avais des problèmes de dents, j'étais très maigre (...) j'étais bousculée et je ne répondais pas, ils ont pensé : "Elle n'est pas normale il y a un problème", ils ont même pensé que j'étais une enfant abusée et ont envoyé quelqu'un à la maison. »
En réalité, son univers affectif est riche d'une grande fratrie qui adore sa benjamine, ce qui facilite son aisance très tôt avec les adultes. Il reste de cette époque des films super 8 familiaux et bientôt quelques reportages de la télé québécoise qui montreront le sens de la fête et la ferveur musicale de ses membres.
C'est vers l'âge de 11-12 ans que sa vie va basculer.
Elle affirme haut et fort vouloir être chanteuse et comme tous les gosses, elle rêve dans les largeurs, se voit devenir aussi célèbre que Ginette ; sa mère l'y encourage, croit en elle. En son for intérieur, la gamine rêve même plus fort : en abolissant toute barrière de réalité, elle s'imagine secrètement un destin à la Barbra Streisand.
La plupart des biographies (magazines, livres) mettent en avant la volonté précoce de Céline Dion. Il ne faudrait pourtant pas occulter ici le rôle joué par Thérèse Dion et pas uniquement sur le plan factuel qui est évident.

Céline Dion dira : « Quand j'ai eu 12 ans, ma mère avait des plans pour moi, elle voulait faire de moi une chanteuse qui déplacerait les foules au stade de Montréal et qui partirait en tournée dans tout le Canada et au Québec, elle voulait que je sois une nouvelle Ginette Reno, qui était la chanteuse canadienne la plus populaire du pays. »

Tous les enfants ne rêvent-ils pas de la sorte ? Les uns se projettent présidents, les autres, artistes ou champions, footballeurs. Ici, le facteur X qui donne corps au rêve, qui va concrétiser les choses en termes de vouloir et dans les faits, c'est cette mère dont l'influence sur la nature du désir de sa fille depuis qu'elle est petite ne peut être occultée. Difficile de mesurer le degré de cette influence, mais Thérèse Dion a incontestablement joué un rôle dans la construction des aspirations de sa fille cadette. Précédemment, elle avait nourri le même espoir, la même ambition pour ses autres enfants, mais aucun n'avait montré la détermination qui lui semblait nécessaire.

Cette ambition dévorante qui l'oblige à des conduites paradoxales lui reviendra d'ailleurs en boomerang lorsqu'elle découvrira la relation entre sa fille et René, et ses scrupules alors seront inutiles.

Avant René Angélil, c'est bien Thérèse Dion qui a façonné le rêve de sa fille de 10 à 11 ans, c'est bien elle qui a contribué à le rendre prégnant : en témoignent les idées très arrêtées qu'elle a, quasiment un plan de bataille, pour voir sa fille en haut de l'affiche, ce dont elle ne s'est d'ailleurs jamais cachée. On peut s'interroger pour savoir ce qui appartient au vouloir profond de Céline de ce qui a été instillé, ni dans quelle mesure elle n'a pas fait sien le désir d'une mère qu'elle chérit pour la rendre heureuse, ne pas la décevoir non plus, tous ces éléments de psychologie enfantine qui fondent un individu. Il y a quelque chose qui relève à la fois de cette caractéristique parentale connue planifiant le futur de leur progéniture avec plus ou moins d'interventionnisme, mais qui se double ici d'un phénomène plus complexe qu'on peut cerner en utilisant le titre d'un succès de Jean-Jacques Goldman « Elle vit sa vie par procuration ». Ce dont Thérèse ne s'est jamais vraiment cachée. C'est un sujet en soi que ce livre n'a pas vocation à creuser, mais à l'aune des propos cités plus haut, il semblait utile d'en dire deux mots : cette ambition vaudra à Céline Dion une déscolarisation précoce (on va le voir). Pour satisfaire l'ambition maternelle, elle sera projetée très tôt dans un monde d'adultes. « Je n'ai que ma carrière », avouera une Céline lucide en 1992 : en dehors,

Céline Dion, disques d'or et de platine en série à 20 ans.

elle le confesse avec un rien de désarroi, elle n'a pas grand-chose à dire, en dehors, elle ne vit pas grand-chose, un vide qu'elle comblera en devenant mère et qui explique en partie cette confusion entre sa carrière et sa vie, avec pour conséquence une transparence médiatique pratiquement inédite chez un artiste.

Avant de devenir un personnage médiatique truculent sous le surnom de « maman Dion », Thérèse Dion est peut-être plus ou moins analphabète, mais c'est une femme pleine d'ambitions, de bon sens aussi, perspicace, observatrice et déterminée avec beaucoup d'aplomb.
Convaincue du potentiel de sa fille et déterminée à faire d'elle une star de la chanson, madame Dion a des idées très arrêtées sur le chemin qui mène au succès : pas question que sa fille ne se produise dans les clubs en reprenant des succès. Elle doit enregistrer un album de chansons composées pour elle et se faire connaître en passant à la télé.
Mais les Dion n'ont aucune accointance avec le « show biz ». Qu'importe ! Malgré ou à cause de la modestie de l'univers où elle évolue, Thérèse rêve grand et ne recule devant aucun obstacle.
Elle n'a certainement jamais entendu parler du DIY, *Do It Yourself*, qui secoue alors le rock'n'roll, mais maman Dion se fait punk : femme volontaire à l'esprit pratique affûté, elle s'attelle à l'ouvrage.

Au printemps 1981, elle écrit sur un coin de sa table de cuisine plusieurs textes de chansons pour sa fille. Pour les mettre en musique, elle compte sur son fils Jacques, lequel est un peu hésitant, il ne compose pas. Elle lui commande — au sens propre — plusieurs musiques qu'il va réaliser avec le concours de Céline qui trouve les mélodies de voix. Ils composeront une poignée de chansons, quatre ou cinq, dont « Ce n'était qu'un rêve », la pierre fondatrice de sa carrière.

C'est ici que les choses commencent à se compliquer entre la légende entretenue depuis 40 ans et les informations nouvelles dont on dispose racontant une histoire un peu différente. Elle implique quelques personnages longtemps rejetés dans l'ombre et des faits qu'il faut intégrer comme ajustement et parfois réfutation du récit connu. À commencer par la légende, créée par Angélil, selon laquelle la mère de Céline aurait trouvé le nom de René Angélil au dos de l'album *Je ne suis qu'une chanson* de Ginette Reno et lui aurait adressé la cassette. Aucune réponse ne venant, son fils Michel aurait alors pris les choses en main. La suite, *Paris Match* en résumait la substance en janvier 2016 à la mort d'Angélil : *« Jusqu'au coup de fil de Michel Dion, un chanteur plein d'assurance : "Je sais que vous ne l'avez pas écoutée car, si vous l'aviez fait, vous auriez donné des nouvelles !" René soupire : "C'est quoi ? — Ma sœur, elle a 12 ans. — Une petite chanteuse de plus… — Oui, mais elle,*

ce n'est pas pareil !" Il n'y a que trois chansons, dont deux écrites par leur mère. Ça ne lui prendra pas plus de neuf minutes (...) pour ouvrir l'enveloppe en papier Kraft, entourée d'un élastique rouge, qui contient la cassette. Neuf minutes, c'est le temps qu'il faut à René pour rappeler : "Ta sœur, elle peut venir ? — Quand ? — Tout de suite." »

Cette version a depuis fait l'objet d'une révision complète à partir d'éléments nouveaux depuis les ouvrages de Pierre Tremblay ou de Jean Beaunoyer et Jean Beaulne *Et Angélil créa Céline*. Premier personnage à entrer dans la danse : Paul Lévesque dont le rôle a été rappelé et réévalué depuis plusieurs années. Disparu en 2020 à l'âge de 67 ans, Lévesque aura été le premier manager de Céline Dion en 1980.

Malgré son jeune âge alors, il n'a rien d'un novice. Il a déjà managé quelques noms connus de la musique québécoise dont Mahogany Rush, le groupe vétéran du guitariste Frank Marino et surtout Luba, la chanteuse d'origine ukrainienne qui s'est fait connaître avec son groupe éponyme dans les années soixante-dix avant de se lancer dans une carrière solo prolifique avec l'album *Chain Reaction* (1980) – album de platine (100 000) – suivi d'une dizaine de hits qui lui vaudront 3 Juno (l'équivalent des Grammy Awards au Québec).

Lévesque s'occupe aussi de jeunes talents – comme Sylvain Cosette de Paradox – qu'il dirige avec soin, aménageant leurs engagements musicaux le week-end afin de préserver leur scolarité et plus globalement leur futur. Parmi ces groupes, il y a Éclipse, connu aussi sous le nom The Show, où officie aux claviers un certain Michel Dion, le grand frère de Céline. C'est Michel qui va lui parler de sa petite sœur, l'invitant à venir l'écouter au Vieux Baril – Pierre Tremblay évoque lui un concours de rock organisé dans la région où Céline avait repris « Let's Get Physical » d'Olivia Newton-John. Quoi qu'il en soit, Lévesque est soufflé par sa voix. Il se propose de lancer sa carrière.

Madame Dion le convie donc à Charlemagne le 5 décembre 1980. Céline racontera dans son autobiographie : « Après une conférence familiale, mes parents ont signé avec lui (Paul). Paul avait moins de 30 ans, mais c'était quelqu'un de responsable et de méticuleux, respectueux des lois et des valeurs traditionnelles. » Ces quelques lignes accréditent l'existence de ce premier manager au sujet duquel Angélil restait évasif. Le contrat de management que les Dion et Lévesque signent court sur 5 ans (exactement le temps que René estimera nécessaire pour faire de Céline une star).

L'idée du jeune manager consiste à emmener la jeune fille en studio lui faire faire une démo de chansons originales. S'ils sont sur la même ligne au sujet de la façon de procéder, les relations entre Paul et Thérèse Dion vont pourtant vite se tendre. Au rang des « valeurs traditionnelles » que Paul Lévesque défend, il y a la question de la scolarité. Informé des absences répétées de Céline en classe, il intervient pour exiger son retour au collège en adressant une lettre à ses parents en forme de mise en demeure sous peine de saisir le rectorat local.

Maman Dion n'apprécie guère. Et puis, elle trouve le costume de manager un peu grand pour lui. En réalité, il ne correspond pas à l'image un peu datée qu'elle se fait d'un manager traditionnel, trop jeune, pas assez tenace, ni assez diligent à ses yeux.

Au-dessus :
Le groupe québécois Mahogany Rush en 1978 tournait régulièrement avec Aerosmith, Ted Nugent et Heart.

Page de droite :
1985 : Luba, la jeune chanteuse québécoise, produite par Paul Lévesque, premier manager de Céline Dion.

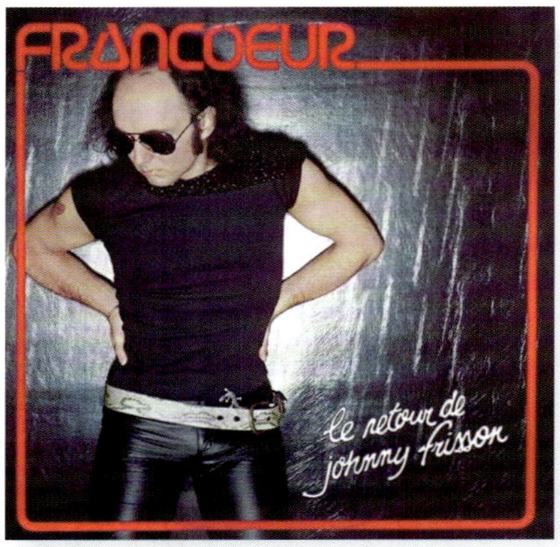

Lévesque restera ainsi plusieurs semaines sans donner de nouvelles à une maman Dion excédée par la lenteur des événements. Pourtant, lorsqu'il la joint, c'est pour lui annoncer qu'il vient de réserver un studio à Longueuil dans la banlieue de Montréal pour enregistrer Céline. Programmée un samedi, la session sera reportée au lendemain, suite à l'incendie qui vient de ravager le Vieux Baril : le club restaurant-musique familial vient de partir en fumée. Une catastrophe pour les Dion que la prochaine éclosion de leur cadette viendra compenser.
Ce dimanche-ci, au studio Pélo de Longueuil accompagné au piano par son frère Jacques, elle enregistre cinq titres : les deux compositions familiales « Ce n'était qu'un rêve » « et Grand Maman », mais aussi « Je m'envole », énorme hit au Québec de Nicole Rieu, « Chante-la, la chanson » de Jean Lapointe et le succès de Ginette Reno « Je ne suis qu'une chanson ». Reprise prémonitoire… Derrière la console, le producteur Luc Lavallée : « J'ai gardé 4 titres en enlevant "Je ne suis qu'une chanson". On a fait seulement 4 copies que j'ai données à Paul Lévesque et au producteur Michel Bélanger. J'ai conservé le master. Je n'y ai jamais touché pendant de longues années. » Pendant exactement 17 ans lorsqu'il tentera de le revendre au moment où Céline Dion accédait à une notoriété mondiale : « J'ai d'abord pensé donner les bandes à Angélil et puis j'ai décidé de les vendre 300 000 dollars. Sony a refusé. Quelques Japonais étaient intéressés, mais rien n'est venu. » Depuis, on n'a plus de nouvelle de ces premiers enregistrements. On n'en sait pas plus sinon que le même Luc Lavallée posséderait également 116 négatifs photo inédits de cette session.

La suite, également confirmée par plusieurs sources, réfute l'un des sommets de la légende : exit la belle histoire de l'envoi familial et du coup de fil du grand frère à Angélil.
La démo en boîte, Gilles Cadieux contacte René Angélil pour lui parler de cette jeune chanteuse de Charlemagne à la voix hors du commun. Quelques jours plus tard, Cadieux et Paul Lévesque sont à Laval dans les bureaux presque vides de l'ex-manager de Ginette Reno, dos au mur depuis son départ. Lévesque veut lui faire écouter l'enregistrement.
Quelques recherches pour cet ouvrage permettent de comprendre les liens entre ces personnages validant cette version des faits : en effet, en 1980, Gilles Cadieux travaille avec Paul Lévesque. Ensemble, ils managent le poète rocker québécois Lucien Francoeur. Âgé aujourd'hui de 75 ans, Francoeur est une véritable icône dans son pays : ex-leader du groupe Aut'Chose, obsédé par Jim Morrison, en 1980 il débutait une carrière solo faite de bruit et de fureur publiant son album *Le Retour de Johnny* enregistré au studio Pélo sous la houlette de Luc Lavallée quelques mois avant que Céline Dion ne vienne y mettre en boîte ses démos.

Céline Dion et René Angélil,
en mars 1988, quelques semaines
avant le concours de l'Eurovision.

Le jeune manager explique à Angélil qu'il cherche un producteur compétent et expérimenté pour réaliser son premier album de ce nouveau talent en qui il croit. Paul considère que ce choix est le meilleur possible, gage de qualité et de succès. Flatté par l'intérêt que lui manifeste Lévesque, Angélil écoute la démo et, selon ses dires, il a du mal à croire que ce soit celle d'une gosse de 12 ans qui chante.
Sur le point de fermer boutique, il reprend espoir. La première chose à faire pour Angélil est de rencontrer cette jeune fille. Il joint madame Dion, lui fixe un rendez-vous le jour même en début d'après-midi : Laval n'est qu'à une vingtaine de kilomètres de Charlemagne. La mère et la fille prennent donc le bus pour rallier la banlieue de Montréal.
Pour les Dion, Angélil est une référence, ils n'ont aucune idée de ce qui se trame en coulisse.
Ce premier rendez-vous décisif de février 1981 a été raconté mille fois : il réunit une jeune fille mal dans sa peau, pas forcément très jolie, timide et un peu frêle, une maman qui de son aveu même parle fort, affiche une faconde pleine d'autorité, un quadragénaire encore glabre économe de ses mots. Stratège, il parle peu, à voix basse. La tessiture et le volume matchent avec l'image qu'il entend donner du manager (sans oublier le cigare).
Difficile pour lui d'imaginer que cette pré-ado à la fragilité physique visible soit dotée d'une telle voix. Céline lui parle de Ginette Reno dont elle connaît le répertoire par cœur. Angélil lui demande alors de chanter, il veut l'entendre a capella sachant la difficulté de l'exercice. Habituée au micro, Céline hésite ; il lui tend un stylo et lui demande un effort d'imagination : elle est Place des Arts devant une foule nourrie. La voix s'élève, juvénile et puissante, capable de modulation et de trémolos émouvants. Angélil est soufflé (se décrivant comme un « grand émotif », il dira avoir eu les larmes aux yeux). À l'émotion se mêle sans doute aussi des larmes de douce revanche : c'est le destin qui met sur sa route cette enfant douée au moment où tout était perdu. Joueur invétéré, il mesure l'insolence de sa chance, une chance qu'aucune des savantes martingales qu'il a établies n'aurait pu garantir. Au moment où il s'apprêtait à rendre les armes, il y a ce « diamant à polir » dont la limite semble être déjà le ciel. Certes, elle a un peu l'air d'une Cosette sans grande culture. Son physique n'est pas parfait avec ce souci de dents surimplantées, ces sourcils trop épais, ce long nez et un menton un peu prognathe. Mais il y a aussi ce regard profond et cette voix en or.

Angélil va habilement manœuvrer. Il comprend très vite qu'il a tout intérêt à se rapprocher de la famille Dion. S'il a fait forte impression sur madame Dion — enfin un manager qui ressemble à un manager ! — la réciproque est vraie. René a déjà un plan, mais il faut d'abord se mettre madame Dion dans la poche. Il a compris sans mal qu'elle est le moteur de la famille. Et pour cela, il va s'en rapprocher et s'employer à la séduire. Il exprime donc très vite le désir de rencontrer toute la famille. Madame Dion l'invite à venir dîner à Charlemagne. Accompagné par Anne, René débarque tiré à quatre épingles dans une grosse voiture, appliquant sa règle, règle assumée,

LE RETOUR DE PAUL LÉVESQUE

Paul Lévesque, l'ex-manager originel de Céline, va refaire irruption en 2007 : en possession des contrats datant de 1981, ils comprenaient des droits sur certaines chansons dont « Je ne suis qu'un rêve », du moins le pense-t-il.
Il accepte que la chanson soit utilisée pour un spot publicitaire de la financière TD Waterhouse Canada, filiale de la Banque TD (TD).
C'est Jacques Dion, le compositeur de la chanson, qui tombe dessus à la télé le 10 janvier 2007. Stupéfait, il entre en relation avec les dirigeants de l'entreprise TD Waterhouse pour apprendre que Paul Lévesque a vendu les droits d'utilisation de la chanson à leur agence publicitaire.
Jacques en informe aussitôt Angélil. En réalité c'est la compagnie Disques Showbizz Inc. de René Angélil, créée avant Feeling Inc., qui a produit et mis en marché le 45 tours de cette première chanson à succès de Céline Dion.
Céline et les membres de sa famille iront en justice réclamant en Cour supérieure une injonction pour empêcher M. Lévesque cette exploitation à toutes fins publicitaires ou autre sans leur autorisation.
Outre la suppression des droits d'utilisation, les Dion exigeront des dédommagements de 1 million de dollars, indiquera la presse canadienne. Ils auront gain de cause sur le fond, mais rien ne transpirera au sujet du dédommagement.

qui consiste à toujours donner le sentiment d'être « millionnaire même sans un sou devant soi », ce qui revient à ce qu'on appelle « à en jeter ! ».
Le couple Angélil fait forte impression. Accueillir l'ex-Baronet et la chanteuse à succès des années 1972 à 1978 devenue l'une des stars de la télé n'est pas rien pour cette famille modeste réunie là au grand complet. Il y a de la fierté et sans doute un peu d'intimidation parce qu'ils voient Anne Renée toutes les semaines à la télé, son mari, lui, en impose sans paraître hautain : homme d'âge mûr, il est éduqué et cultivé, il parle plusieurs langues, connaît New York, Las Vegas, il a voyagé dans le monde entier ! Sa gentillesse séduit, son expérience rassure: Pour ces gens simples et peu cultivés, le couple incarne le glamour du show biz et la réussite. « Toute la famille l'a adopté et aimé tout de suite », dira plus tard Thérèse de René, oubliant Anne Renée !
Décidément, le costume de « gérant » sied bien mieux à monsieur Angélil qu'au bien trop inexpérimenté Lévesque ! Ne vient-il pas de lui promettre de faire de sa fille une star au Québec et en France en 5 ans ? Pour ça, il doit devenir son gérant. Angélil obtient sans mal l'assentiment de Thérèse qui, conquise, ne jure plus que par lui et lui donne son aval pour évincer Paul si nécessaire. C'est toute la famille qui se sent immédiatement redevable envers l'ex-Baronet. À partir de ce jour, elle lui témoignera unanimement une immense gratitude. Il apparaîtra comme le bienfaiteur de Céline. Dans les faits, on peut quand même penser que c'est tout à fait l'inverse qui se passe. L'irruption de Céline est une bénédiction pour René. Au moment même où il touchait le fond, à quelques semaines de fermer ses bureaux et de penser à une reconversion, hanté par ce sentiment d'échec terrible, par la conviction d'avoir gâché une grande partie de sa vie, de n'avoir rien construit, le destin a mis sur sa route cette graine de star. C'est elle qui le remettra dans le jeu, le sauvera de la faillite, un élément d'ailleurs qu'ignorent les Dion. Ils ne savent rien de sa situation financière réelle. Il va la taire, s'employant même à laisser croire le contraire en présentant bien, en jouant son rôle de manager plein aux as. Ce n'est que plus tard que cette partie de l'histoire deviendra partie intégrante de la légende.
Pour lancer la carrière de Céline, Angélil a plus qu'une idée, il a un plan qui est ni plus ni moins celui qu'il avait bouclé pour Ginette Reno avant que son amant ne vienne tout démolir. Mais pour qu'il soit réalisable, il lui faut avoir les coudées franches. Pas question qu'un tiers ne vienne faire capoter l'entreprise. Le fiasco récent lui a servi de leçon : s'il est convaincu de ne devoir manager qu'un seul artiste pour

Adhémar et Thérèse Dion, avec Michel, un des frères de Céline, en 1999.

le conduire au succès, personne ne doit jamais interférer entre lui et l'artiste en question, en l'occurrence Céline. Règle chère au Colonel Parker qui deviendra son propre credo. Et qui implique de facto l'éviction de Paul Lévesque.

S'il a son idée sur la façon de régler la chose, il doit faire face à un autre problème tout aussi épineux d'ordre économique : il n'a pas de quoi financer l'album. C'est ce qu'attendait de lui Paul Lévesque en lui confiant la production/réalisation. Angélil va donc devoir faire le tour d'investisseurs potentiels pour réunir entre 30 000 et 50 000 dollars. Sans le sou, il conserve cependant de nombreux contacts dans le milieu et en particulier chez les médias, qu'il va faire jouer en créant le buzz autour de cette chanteuse de 12 ans (bientôt 13) avant même qu'elle ait un disque à vendre. Une offensive auprès des médias qui présente le double avantage de gagner du temps tout en utilisant le buzz pour convaincre des investisseurs.

Il parvient à trouver de quoi publier un single et s'y résout : ce sera « Ce n'était qu'un rêve » avec, faute de moyens, en face B l'instrumental de la chanson. Le tout premier disque de Céline Dion sort le 11 juin 1981.

Que la chanson ait été composée par des membres de sa famille symbolise ce que sera la première partie de sa carrière frappée du sceau familial non seulement par le public à qui s'adresseront ses chansons, mais aussi comme composante de son aura de fille du peuple, benjamine d'une famille nombreuse qui prendra alors la lumière pour devenir l'une des familles les plus médiatiques du Québec. On ne comptera bientôt plus le nombre de plateaux télé et de reportages qui leur seront consacrés : Adhémar sera invité à jouer de l'accordéon, la fratrie viendra souvent chanter en direct… Dans l'aspiration du succès de leur petite sœur, ils seront plusieurs à tenter une carrière musicale sans grand succès : la plus endurante, la plus accro à la télé aussi, sera Claudette, tentant sa chance tardivement. Finalement, c'est maman Dion qui tirera le mieux son épingle du jeu en devenant une figure populaire du Québec (elle aura son émission de cuisine à la fin des années quatre-vingt).

§

Peu avant la parution du single, Angélil se tourne vers Michel Jasmin, l'un des animateurs les plus populaires du paysage audiovisuel québécois de retour à l'antenne après son grave accident de voiture.

Victime d'un terrible accident de voiture en 1973, il a sidéré le monde médical en parvenant à remarcher. Après plusieurs années d'absence, au début des années quatre-vingt, il est omniprésent en radio et télé (12 heures d'antenne quotidienne). C'est lui qui a fait découvrir le disco au Québec. On le connaît en France comme la dernière personne à avoir vu vivant Patrick Dewaere qu'il interviewera l'après-midi de son suicide chez lui à Paris, dans le 14e arrondissement, le 16 juillet 1982.

Angélil et Jasmin se connaissent depuis les débuts de Jasmin en 1968. René joue franc-jeu, il lui confie être aux abois,

avoir besoin d'exposition pour pouvoir publier le premier album d'une jeune chanteuse en laquelle il place de grands espoirs. Dans une spéciale rétrospective télé *Céline Dion 10ans plus tard*, Jasmin se souviendra : « Je recevais de nombreuses cassettes à l'époque, mais là j'avais été appelé par René Angélil pour aller écouter ça dans son bureau et René était dans une période de sa vie où pour lui, tout allait mal et là, il se trouvait avec plus rien, c'est ce qu'il m'a dit : "Tu vois, je me retrouve, j'ai plus rien là, avec toutes les années où j'ai travaillé". Il me dit "Il y a peut-être une petite fille qui est venue dans mon bureau avec une cassette, tu as le temps d'écouter ça ?" Quand la cassette a été terminée, j'ai dit à René pour blaguer "Si tu la signes pas, moi je vais la signer !" Et René me dit "T'as confiance ?" J'ai dit oui. "Tu pourrais la passer dans ton émission ?" ». Or, ça n'a rien d'une formalité, l'émission est consacrée aux vedettes : « C'est ce que TV Metropole nous demande de présenter, des stars ! » Par amitié, Jasmin va prendre une initiative unique : « J'ai fait quelque chose que je n'avais jamais fait et que je n'ai jamais refait, j'ai demandé à l'équipe de me faire confiance. » Avec l'assentiment de son équipe et sans doute de sa direction, il va donc prendre le risque d'offrir l'antenne nationale en prime time à une inconnue de 13 ans.

L'enregistrement de l'émission se fait dans les conditions du direct le matin du 19 juin pour une diffusion le soir même. Tout de blanc vêtue, chemisier boutonné au cou, Céline interprète son 45 tours avant de répondre aux questions de Michel Jasmin. Mal à l'aise, mais semblant peut-être un peu trop à l'aise, elle ne comprend pas, de son aveu même, toutes les questions, en particulier lorsque son interlocuteur lui parle de ses ambitions. À la voir se prendre les pieds dans le tapis, celui qui n'est pour le moment que son producteur mesure la nécessité non seulement de la former à ce genre d'exercice médiatique, mais aussi d'améliorer son apparence physique, conscient qu'elle ne projette pas (pas encore) une image très chaleureuse. Il y a déjà cette assurance lorsqu'elle chante, mais la gestuelle très appliquée, dénuée d'une timidité qui pourrait toucher, la dessert. Il la trouve également… trop maigre (retour de flamme de son travail avec Ginette Reno ?) ! Lorsqu'elle visionnera l'émission, le soir même en famille avec lui, elle est atterrée : « Je n'étais pas une jolie fille, j'avais des soucis de dents et on n'avait pas l'argent pour m'en occuper. J'étais tellement maigre, je n'étais pas *tough*, pas jolie et certainement pas cool. Je sentais que tout était contre moi, ça a été une épreuve. » (qu'elle se trouve maigre est plutôt curieux à l'aune de la suite !)
En 1995, elle confiera à Michel Drucker : « J'avais toujours l'air d'une pauvre petite fille, j'étais très heureuse, mais j'avais le sentiment que mon bonheur ne se reflétait pas dans mon physique, sur mon visage. »
Quoi qu'il en soit, l'émission va faire décoller le single se hissant n° 8 dans les hits québécois et surtout faire circuler le nom de Céline Dion. René a activé ses réseaux et suscité

Claudette Dion chante Piaf
à Montréal en 2002.

l'intérêt des médias : elle donne ses premières interviews pour lesquelles il la briefe de A à Z : elle se contente à cette époque de répéter ce qu'il lui demande.
Parmi les autres invités de la télé du 19 juin 1981, la chance a placé Rodger Brulotte, animateur télé sportif en charge par ailleurs de la communication des Expos Montréal, la franchise locale de la Ligue de Base-Ball. Angélil l'a rencontré à l'époque des Baronets. Rodger va lui proposer d'engager Céline pour chanter l'hymne national des matchs à domicile des Expos au Stade olympique pour le reste de la saison. Ce sera là son premier engagement professionnel (il existe des images d'elle revenue en 1984 au stade interpréter le « Star and Stripes » costumée en joueuse de base-ball).

Angélil n'oubliera jamais ce qu'il doit à Michel Jasmin, lui renvoyant l'ascenseur souvent : « Parmi les rencontres magiques que j'ai eu le bonheur de vivre dans ma carrière, il y a ma rencontre avec Céline que j'ai eu le bonheur de présenter pour la toute première fois », confiait Michel Jasmin dans le récent portrait « Lumière sur Michel Jasmin ».

Avec un disque en vente et déjà une télé, Céline a à cœur de se consacrer pleinement à la chanson. Maman Dion considère également qu'elle est prête pour embrasser sa carrière. Sur l'insistance de leur fille, ses parents acceptent de la déscolariser cette fois définitivement au profit de cours par correspondance. Le mérite du passage télé revenant à René, Paul

Lévesque s'est un peu effacé jusque-là, mais il est opposé à cette décision : « Je voulais manager la carrière de Céline, mais pas au détriment de sa vie personnelle, témoignera-t-il, je considérais qu'à son âge elle aurait dû être à l'école, mais ça ne semblait pas préoccuper sa mère qui voulait pousser sa fille dans le show-business, mais ça ne me semblait pas bien alors j'ai insisté pour qu'elle retourne à l'école. »
Revenant en 2017 sur cet épisode, Céline Dion mentionnait : « Il y avait avec Paul une certaine incompatibilité culturelle avec notre famille. Il était éberlué pour ne pas dire horrifié de notre façon de vivre bohémienne, artistique, il était choqué que je manque l'école si souvent alors. »

De la même façon que l'impatience de madame Dion, René Angélil a immédiatement capté l'aversion profonde de Céline pour l'école et son désir de se consacrer corps et âme à sa carrière, quitte à se couper des gens de son âge – avec lesquels elle n'a guère de rapports – pour évoluer comme c'est déjà le cas depuis l'enfance au sein du clan familial, dans un univers d'adulte où va se construire sa carrière. Des adultes qui vont la façonner pour cette carrière avec son consentement de gamine de 13 ans et celui de ses parents.
Une aspiration qui convient à René ; s'il a échoué avec Ginette, il a plus de chance de maintenir un ascendant culturel et hiérarchique sur une jeune fille de 13 ans.
Si l'histoire tournera un peu différemment, à ce moment-là et pendant quelques années, il va créer les conditions lui permettant de façonner comme il l'entend sa star en herbe, en exerçant un total contrôle non seulement sur sa carrière, mais aussi sur sa vie en veillant à tenir à distance toute interférence possible, à commencer par de possibles petits copains.

Déscolarisée, Céline n'a aucune chance non plus de combler le déficit culturel qui la sépare de cet homme d'âge mûr expérimenté et éduqué, qui sait tout mieux qu'elle, la plaçant dans une position de dépendance et de soumission. Certains y voient quelque chose de l'ordre du fantasme de l'homme d'âge mûr se positionnant en svengali modelant à sa façon une très jeune fille admirative de son pygmalion. Céline se souviendra dans son autobiographie : « Chaque fois que je faisais une télé, il me chuchotait à l'oreille que j'étais la meilleure. Sa voix que j'aimais tant… "C'est toi la meilleure, tu es chez toi ici, tout le monde t'aime." Et il me poussait très doucement vers la lumière du plateau. »
Dans une interview des années 2000, René Angélil contestera avoir été un mentor : « Je ne suis pas un control freak. Quand elle avait 13, 14, 15 ans, Céline comptait sur l'expérience que j'avais dans ce business. »
Regrettant publiquement d'avoir interrompu ses études, Céline dira dans les années 2010 avoir longtemps manqué d'assurance sur le plan culturel au sens large et avoir souffert de ce complexe. Il lui faudra plusieurs décennies avant d'oser affirmer être « une femme intelligente », propos qui sorti de son contexte lui vaudra — étonnant, non ? — pas mal de railleries (ironiquement leur déferlement valide ce qui précède). Il n'y avait derrière cette phrase aucune arrogance puisqu'elle expliquait là longuement le mal qu'elle continuait à avoir à combler ses lacunes allant même jusqu'à évoquer ses difficultés avec l'orthographe.

Céline Dion sur le plateau de Champs-Élysées en 1985.

En rupture scolaire, Céline est prête à s'investir pleinement dans sa passion. Pour commencer, Angélil veut « polir son diamant ». Là encore il faut passer derrière le miroir, s'éloigner un peu de l'histoire officielle selon laquelle il a lancé Céline Dion seul contre tous et rendre hommage aux personnes qui l'ont épaulée, qui ont aidé la petite de Charlemagne à faire ses premiers pas dans le monde du spectacle. Et en premier, il y a Anne Renée. Son rôle sera déterminant entre mars 1981 et décembre 1985.

Abandonnant la télé, elle vient travailler aux côtés de son mari qui lui demande de prendre Céline sous son aile. Elle en devient donc à la fois la confidente et le modèle. Toutes deux seront très proches pendant plus de quatre années et demie. Anne Renée lui apprendra à se coiffer, à se maquiller, à s'habiller, tout en la briefant sur le milieu musical dont elle souligne parfois la malveillance. Elle lui fait répéter ses interviews, lui permet de gagner en aisance et en maintien. Elle lui apprend, ce qui est très important pour René, à savoir utiliser les questions, quelles qu'elles soient, pour faire passer le message qu'il a été décidé de passer (René Angélil deviendra le champion de cet exercice). Bref, Anne Renée a comme mission de « dégourdir » Céline. Avide d'apprendre, attentive, disciplinée, Céline est prête à tous les sacrifices pour toucher ce rêve. Elle absorbe vite les règles du jeu.
Très vite le couple Angélil l'inscrit en classe d'art drama et lui fait prendre des cours avec une pointure à la personnalité bien trempée : Tosca Marmor. C'est là le premier apprentissage sérieux de cette gamine qui jusqu'ici s'amusait à imiter sans technique des chanteuses qu'elle aimait.

Née en 1901 à Vienne, d'origine juive naturalisée française, Tosca Marmor fut avant-guerre une pianiste de premier plan à l'Opéra. Ayant connu les deux guerres et la déportation, elle deviendra professeur de chant lyrique formant de nombreux artistes classiques avant de mettre son savoir et son esprit vif au service de toutes sortes de vedettes. Elle fera ainsi travailler les voix d'un nombre pléthorique de chanteurs et d'acteurs très connus : Sacha Distel, Mireille Darc, Dalida, Sylvie Vartan, Marie Laforêt, Romy Schneider et même Eddy Marnay, sont passés par ses cours. Julie Gayet la désigne encore aujourd'hui comme un mentor original dont l'enseignement déborde l'aspect purement lyrique pour des leçons de vie précieuse. Intransigeante sur un plan technique, Tosca apprendra à Céline Dion à faire ressortir les syllabes, à atténuer la nasalité de ses voyelles pour lui permettre d'améliorer son interprétation, de l'approfondir en développant son sens mélodique. C'est elle qui l'initie à l'art lyrique et aux mystères de la musique établissant un pont entre Streisand et La Callas qu'elle découvre alors et qui reste à ce jour l'une de ses références rêvant toujours de l'interpréter.

Au-dessus :
Jean Yanne, Dalia, Petula Clark
et Sacha Distel, en 1968

Page de droite :
Céline Dion à 15 ans,
avec Anne Renée,
alors sa coach de vie.

Angélil recontacte Eddie Marnay et lui propose de rencontrer sa nouvelle protégée : la « trahison » de Ginette Reno a renforcé l'amitié de deux hommes. Marnay est souvent au Québec depuis 1980 : il vit alors une histoire d'amour avec (Suzanne) Mia Dumont rencontrée en 1979 aux Francofolies de la Rochelle : cette grande communicante québécoise de 25 ans sa cadette va bientôt devenir le premier agent de Céline qui gardera un très beau souvenir de leur collaboration originelle.

René invite Eddy Marnay à l'accompagner à Charlemagne ; le parolier tombe sous le charme de Céline. Il va passer beaucoup de temps en sa compagnie, à l'écoute de ses rêves, de sa vie, cherchant à capter de quoi lui écrire des textes sur mesure. Inévitablement elle lui fait penser à Mireille Matthieu. Toutes deux sont issues d'une famille nombreuse et ont débuté tôt leur carrière, elles visent le même type de public familial. Cependant, Eddy n'a commencé à écrire pour la Française qu'à partir de la seconde moitié des années soixante-dix (« Mille colombes »).

§

Tandis qu'il réassemble pièce par pièce le plan conçu pour Ginette Reno en l'adaptant à Céline, Angélil espère que la caution Eddy Marnay lui ouvre des portes, notamment avec des labels en France où les auteurs jouissent d'une réelle aura absente dans le monde anglo-saxon.

Mais sa précarité financière est un problème. Outre la perspective d'une humiliante faillite, il craint également de passer à côté de l'opportunité en or que représente sa jeune découverte. Il lui manque les 50 000 dollars nécessaires pour ce premier album : pas question de publier un second single comme lui conseillent certains collègues, et l'orgueil n'a rien à voir avec cet entêtement : il estime que l'album est la seule option permettant à Céline de présenter l'étendue de sa palette vocale et de démontrer ce qu'elle a de spécial. La banque lui refuse tout prêt. Il n'y a plus le moindre… crédit ! Ses débiteurs le harcèlent. Si le milieu professionnel lui concède un réel flair comme producteur, il traîne malgré tout une réputation de mauvais payeur liée à sa désinvolture de joueur compulsif.

Finalement, après plusieurs mois infructueux, grâce à ses contacts, il va finir par décrocher la somme nécessaire, mais ici aussi la diffraction entre la légende et les faits est assez saisissante.

Il faut à nouveau s'éloigner – assez radicalement du storytelling plus *angélien* qu'angélique – pour rendre compte de ces faits.

« J'ai joué ma dernière carte et c'était ma maison » : c'est avec cette analogie délibérée au jeu et à sa capacité à faire tapis que René racontera puis perpétuera l'histoire affirmant avoir hypothéqué sa maison contre la somme nécessaire. Or, il est aujourd'hui quasiment avéré qu'il n'en est rien pour cette bonne raison que la banque a hypothéqué sa demeure depuis plusieurs mois.

En réalité, c'est Denys Bergeron, le patron de Trans-Canada Records, l'un des plus grands labels producteurs/distributeurs du Québec, qui va finalement consentir à engager les 50 000 dollars. Encore un nom effacé des tablettes. Mais pour couvrir les frais, Bergeron demande à René d'enregistrer non pas un, mais deux albums, soit l'album original et un Christmas album. Les albums de Noël sont une tradition aux États-Unis comme au Canada, garantissant presque à coup sûr d'excellentes ventes.

« C'est vrai, Angélil avait des difficultés financières, confirmera Bergeron. C'est moi qui ai financé la production de l'album de Céline. Il n'a pas hypothéqué sa maison, je suis celui qui lui a donné l'argent nécessaire pour produire les deux albums. Il n'avait à l'époque aucun business en son nom propre et il était tellement fauché que j'ai dû lui acheter un jean quand il a été en France avec Céline. Mais voilà, il y croyait tellement à son plan et c'est un tel génie du marketing et il avait un as dans sa manche : Eddy Marnay. Marnay avait une formidable réputation. En Europe, les songwriters ont bien plus d'influence qu'ici, je savais que ça pouvait aider la carrière de Céline en Europe. Je le connaissais bien, il avait déjà composé un titre pour ma femme, Christine Lamer. Il voyait Céline comme la future Barbra Streisand. »

L'enregistrement est calé à l'automne : Céline va démontrer immédiatement une aisance et un professionnalisme surprenant pour une débutante ado qui n'a quasiment jamais mis les pieds dans le moindre studio. Sa rapidité qui deviendra légendaire est déjà là. Elle met en boîte en trois jours au studio Saint-Charles de Longueuil les 20 titres qui constitueront les deux albums à venir. Derrière la console, Angélil et Eddy Marnay, épaulés par Daniel Hétu, restent scotchés, abasourdis par la sûreté vocale de leur protégée qui n'a besoin que d'une ou deux prises pour boucler un titre.

La Voix du bon Dieu sera donc le premier album d'une discographie studio qui en comprend 43 en langues française et anglaise.

Ce disque inaugure l'ère Eddy Marnay, auteur de la chanson-titre ouvrant l'album et prochain single de Céline. Cependant, la participation du parolier français reste plutôt limitée sur cet album puisqu'il ne signe en fait que 4 chansons. Il faudra attendre le disque suivant pour que sa marque se fasse bien plus nette avec 9 chansons sur 10 : ce sera le rythme de croisière des 4 autres albums auxquels il participera.

Outre « Grand-Maman » et « Ce n'était qu'un rêve » par Céline et son frère sur un texte de leur mère, Thérèse a également écrit « Autour de moi » sur une musique de Pierre Tremblay. Ceci dit, c'est là sa dernière contribution comme parolière.

« Elle n'a que son talent pour se défendre, que son succès pour être heureuse. »

Jean-Pierre Ferland

Ginette Reno

une histoire de destins

C'est entendu, Céline Dion est l'étendard, l'étend-star du Québec, elle exalte la fierté de tout un peuple. Ginette Reno, elle, en est l'identité.
Elle occupe une autre place dans le cœur et dans l'inconscient collectif québécois par son parcours et par sa personnalité détonante. Boulimique de la vie, de l'amour, et du reste, elle est comme un livre ouvert.

Dans notre époque familiarisée avec les multivers et autres réalités altérées, au sein de l'une d'entre elles, Céline Dion aurait pu n'être qu'une sympathique chanteuse québécoise partageant parfois la chance de chanter en duo avec l'immense star internationale Ginette Reno, laquelle, après avoir conquis la France en 1981-1982, s'était emparée de l'Amérique avant ses 40 ans sous la houlette de son manager René Angélil.
À la SF sauce Marvel répond la mythologie grecque et ses dieux inconstants jouant au tric trac avec les humains au gré de leurs amours, de leurs humeurs, ou de leurs vengeances.
Le prosaïque champion de poker qu'est René Angélil n'y voit lui rien de plus qu'une question de chance, là où le destin a peut-être interverti les rôles entre une chanteuse confirmée et une débutante de 13 ans : « Si j'avais écouté la cassette de Céline trois mois plus tôt, rien ne se serait passé », affirme Angélil se souvenant de sa rencontre avec Céline. Parce que trois mois plus tôt, c'était pour Ginette qu'il avait préparé le terrain à une conquête mondiale dont il ne doutait pas. Mais Ginette l'avait lâché brutalement, ouvrant la voie royale à cette gamine de Charlemagne s'imaginant depuis sa tendre enfance suivre les traces de cette chanteuse, Ginette Reno, qu'elle aime par-dessus tout. Elle ne les suivra pas, mais tracera sa propre route en héritant des plans et jalons posés par ce manager retrouvant soudain espoir.

Évidemment, tout cela allait créer entre ces deux femmes un lien singulier, peu accessible aux autres. Un lien mystérieux dont Céline Dion a décrit mieux que quiconque la nature : « J'ai eu beaucoup de peine pour Ginette, j'en ai encore aujourd'hui. J'ai récolté toutes les pommes du pommier. J'ai comme l'impression qu'elle avait fait la place pour moi. Elle a pelleté pour moi, elle a ouvert le chemin. Elle avait une équipe, elle n'a pas embarqué dans le train où j'ai embarqué. J'ai eu l'opportunité, j'ai une carrière internationale, mais je vais vous dire quelque chose, c'est que ça a toujours été difficile d'y penser, d'essayer de penser comment elle se sent à l'intérieur d'elle-même, mais je le fais un peu pour elle, je le fais avec elle. »
Toujours aussi prosaïque, Angélil se contentera de dire : « Elle n'avait pas les reins pour devenir une star internationale. »

§

Enfant de l'après-guerre, comme René, Ginette chante dès ses 4 ans pour 25 sous dans la rue Mont-Royal. Elle passera sa jeunesse dans les cabines d'écoute des disquaires affirmant avoir ainsi appris près de 1 700 chansons.
À 14 ans, elle contacte l'impresario dénicheur de talents Jean Simon – celui qui a lancé les Baronets –, qui sera son manager de 1959 à 1965. Il dira « Elle chantait à plein moteur, en se défonçant, sans aucune retenue, et ne parlait que de chansons. Je n'ai jamais connu quelqu'un qui aime autant chanter. C'est sa seule religion. »
Si elle débute portée par la vague yéyé locale, elle révèle très vite une voix exceptionnelle qui lui permet de passer chez les chansonniers dans un Québec très sévèrement divisé sur ces questions musicales (on parlera d'une guerre entre chansonniers et interprètes).

Ginette Reno en 2014 lors du Playoffs de la Stanley Cup, rencontre entre les Canadiens de Montréal et les Bruins de Boston.

À 18 ans, elle est déjà une vedette pleine d'ambitions « Je veux conquérir le monde », annonce-t-elle au magazine *Maclean*. De la mythique Place des Arts à Montréal à l'Olympia, elle commence à se faire un nom jusqu'aux États-Unis où elle est invitée dans les grands shows musicaux télé. On la voit au *Dinah Shore Show*, en duo avec Tom Jones. Elle enregistre un album en anglais dès le début des années soixante-dix. Mais, soudain effrayée, elle se réfugie en Californie en 1973, où elle va prendre près de 60 kg en 18 mois, passant de 53 à plus de 100 kg. Plus jamais elle n'aura sa taille de guêpe antérieure et luttera désormais contre son obésité morbide.

Et il y aura ensuite ce fameux 24 juin 1975, jour de fête nationale, dans un contexte de nationalisme exacerbé, où son interprétation de « Un Peu plus haut, un peu plus loin », une chanson de l'autre grande figure 100 % québécoise, Jean-Pierre Ferland, enflamme plus de 250 000 spectateurs et lui vaut une ovation de 10 minutes. C'est l'un des sommets de sa carrière. Cependant ses ventes de disque se tassent. Elle s'est séparée de son premier manager de mari, Robert Watier. Entrée en lice de René Angélil : devenu son gérant et producteur, il exige qu'elle enregistre la chanson de Diane Juster « Je ne suis qu'une chanson » : 400 000 albums vendus en 1979 ! L'un des plus gros cartons au Québec de tous les temps.

Angélil a un plan de conquête mondiale pour elle. Mais voilà, Alain Charbonneau, futur mari de Ginette, ancien vendeur de photocopieurs, s'improvise manager avec le consentement de sa maîtresse (Barbra Streisand a bien fait de même avec son coiffeur).

Il provoque la rupture que l'on connaît avec Angélil, version que Ginette conteste malgré l'amitié qui la liera sur le long terme avec René : « J'ai des raisons très personnelles pour avoir quitté René, mais ça n'a rien à voir avec mon amant à ce moment-là. » Elle n'en dira pas beaucoup plus dans son autobiographie récente, pourtant riche en révélations (la perte de sa virginité avec Pierre Labelle des Baronets), mais ce qu'elle ajoute pourtant fait masse : « René a dit que si j'étais partie, c'était à cause de mon amoureux de l'époque. Mais ce n'est pas la vraie raison. René n'était pas un menteur, mais il était malhonnête. Même Mme Dion avait de la misère à avoir l'heure juste avec lui. [...] Il faisait son job, on a eu beaucoup de plaisir ensemble, mais il a fait quelque chose un jour qui m'a complètement insécurisée. J'ai fini par perdre confiance en lui. »

On l'a dit et elle se dit « douée en sabotage », mais il y a en elle une indépendance et une liberté viscérale, qui feront dire par la suite à un très amer Alain Charbonneau, son ex-mari : « Ses gérants lui servent de commissionnaires. Une carrière comme celle de Céline Dion, on lui en a offert souvent, et sur un plateau d'argent. Mais madame ne voulait pas. » S'il avait pensé pouvoir la diriger à sa guise, il en aura été pour ses frais : Ginette se montre indomptable et très attachée à gérer elle-même les choses même si elle admettra l'ambivalence de ses sentiments pendant quelques années à l'égard de Céline : « J'étais rouillée et puis j'en voulais à Céline. Je l'enviais parce qu'elle chante, elle, et puis à 50 ans mon deuxième souffle a commencé ». Elle ajoutera « Le soir de la remise des Oscars, j'ai regardé Céline Dion à la télévision. C'est sûr que ça me travaille... Moi aussi, je voulais être une grande star. Mais je voulais aussi être aimée, avoir des tas d'enfants, et préparer des rôtis à mon mari. »

Aujourd'hui à plus de 75 ans, Ginette Reno craint avec une angoisse croissante le moment où sa voix la lâchera, mais elle reste l'une des femmes les plus admirées et aimées du Québec.

1981 - 1986

LA PETITE FIANCÉE DU QUÉBEC

Le lancement officiel de l'album a lieu le 9 novembre 1981 à l'hôtel Bonaventure. Il réunit de nombreux médias, indice de l'attente que René Angélil a maintenu autour de la jeune chanteuse vue à la télé, cinq mois plus tôt. Dès fin octobre, souvent accompagnée d'Eddy Marnay et de Mia Dumont, Céline a fait la tournée des shopping-mall et des disquaires de Montréal pour promouvoir ses deux albums avec séances d'autographes et interviews avec la presse.

Assez vite, les ventes permettent de couvrir les frais engagés. Elles font même mieux puisque le succès que rencontre le disque est prometteur : *La Voix du bon Dieu* s'écoulera en une année à 155 000 exemplaires atteignant le Top 20 des meilleures ventes au Québec.

Avant de passer à la suite, il reste à régler un problème majeur pour Angélil : Paul Lévesque avec qui les relations sont assez vite détériorées. Chacune de leurs entrevues tourne au clash. Ayant compris les intentions de son « partenaire », Lévesque a clairement fait savoir qu'il n'avait aucune intention de lui céder le management lui rappelant leurs accords originels et les contrats signés.

S'appuyant sur le travail accompli depuis des mois, René entend conduire les choses à sa façon, selon la stratégie qu'il a en tête.

Fort de l'appui des Dion, il lui propose donc un nouveau contrat d'association assorti d'un ultimatum de 48 heures. Les termes sont inacceptables pour Lévesque : ils le dépouillent

de toute marge de manœuvre. En réalité, Angélil n'a aucune intention de s'associer, il cherche la rupture. Et l'obtient. Lévesque n'ayant pas répondu à l'ultimatum, il casse leur entente et son contrat.
« J'ai vu ses couleurs. En affaire, je suis dur, c'est certain, mais je suis *straight*, je n'ai qu'une parole, je joue franc jeu », affirmait René Angélil lorsqu'on lui rappelait cet épisode.
L'affaire ira en justice, mais d'expérience, l'homme d'affaires sait que ces contrats de management ne valent pas grand-chose. L'affaire se réglera donc à l'amiable, René Angélil rachetant le contrat pour une somme confidentielle. Interrogé ultérieurement, Lévesque se contentera de dire que personne ne voudrait croire la vérité, mais il n'ira pas plus loin, sans doute pour ne pas mettre en danger la carrière de son nouvel artiste Bruno Pelletier au regard du pouvoir qu'a pris alors celui que l'on appelle au Québec « le maître du jeu ».

§

Promouvoir l'album de Céline est une gageure. Mineure, elle ne peut jouer dans les clubs et n'a pas un répertoire assez étoffé pour jouer en concert. Angélil a donc l'idée de lui faire faire la tournée des centres commerciaux dès le début de l'année 1982, pratique prolongée jusqu'en 1984. Loin de se limiter à Montréal, elle va parcourir toutes les provinces du Québec, la région du bas du fleuve sur la côte nord, la Gaspésie, Québec Ville...
Avec une sono minimaliste, la pré-ado interprète ses chansons installées sur un podium dans les galeries passantes des centres. Yves Boies, directeur des Galeries de la Capitale, explique : « Elle chantait live, elle ne craignait pas de chanter en public. »
L'exercice est ingrat, mais Céline s'y plie sans jamais se plaindre malgré les soucis de voix qu'elle rencontre « Je n'aimais pas chanter le jour à cause de ma voix, j'avais besoin de la réchauffer. C'était traumatisant et spectaculaire », se souviendra-t-elle. Très vite sa présence dans les centres commerciaux attire des foules de plus en plus conséquentes.
Place Laurier (Ivanohé Cambridge depuis 2000), le plus grand centre de Montréal, elle provoquera un attroupement monstre. Installée devant le studio de coiffure Marcel Pelchat, elle restera là des heures à signer des autographes. Soucieuse de son public, Céline ne quitte les lieux qu'une fois son dernier fan satisfait. Des restaurants sponsorisent des concours qui permettent aux gagnants de venir dîner et discuter avec elle. Les médias se déplacent pour rendre compte du phénomène. Ils seront plus d'un millier de Québécois à se bousculer au centre Super-Balconville de Québec. La presse vient l'interviewer. Elle est dans les journaux locaux, bientôt la télé vient faire des reportages sur l'engouement autour de la nouvelle jeune vedette comme au centre commercial Rimouski en 1984. Pendant deux ans, du début 1982 jusqu'à sa prestation devant le pape en 1984, Céline se soumettra à ces longues tournées pour promouvoir ses premiers disques (dont deux albums de Noël).

Lévesque hors-jeu, René sécurise sa position de « gérant » avec la création de TBS Production et la signature du contrat avec Céline le 30 mars 1982, jour du quatorzième anniversaire de la seule artiste de TBS dont le manager n'est alors qu'un simple salarié. Afin de ne pas handicaper sa nouvelle entreprise de ses dettes personnelles, la propriétaire et présidente en est Anne Renée. Très impliquée à la fois dans les affaires de son mari et dans la gestion de la carrière de Céline, Anne Renée a renoncé à sa carrière d'animatrice, sacrifice qu'elle regrettera. Elle continue également de s'occuper de la jeune fille à qui elle fait refaire sa garde-robe et qu'elle conseille toujours dans ses rapports aux médias et, dit-on aussi, dans ceux qu'elle a avec son mari.

Le couple Angélil a été bien inspiré : le 29 janvier 1983, incapable d'apurer ses dettes, dont le montant s'élève à 257 000 dollars, René est contraint à se déclarer en faillite personnelle. Certes, grâce à Céline, l'argent commence à rentrer, mais tout est réinvesti dans sa promotion et autres frais annexes dont le premier séjour à Paris. Anne Renée ne sera pas du voyage.
Le 10 juillet 1982, prenant l'avion pour la première fois de sa vie, Céline quitte le Québec également pour la première fois. Elle est accompagnée par sa mère qui comme convenu la chaperonnera partout pendant les premières années. Pour cette adolescente comme pour sa maman, ce voyage est marquant : rien ne les prédestinait à voir le monde.

Dans son plan de conquête mondiale, Angélil a sécurisé un contrat d'enregistrement avec Pathé Marconi ; le second album *Tellement j'ai d'amour* sera mis en boîte dans leurs studios parisiens pendant l'été 1982.
Eddy Marnay leur fait découvrir la ville, les emmène déjeuner rue Cadet chez Guy et Dodo Morali qui deviendront des proches (ils s'établiront à Montréal avec l'aide d'Angélil). Les photos faites au restaurant, devant la tour Eiffel, au Champs-de-Mars, montrent une ado enfant des années quatre-vingt en jupe-culotte rouge, chemisier blanc, tennis aux pieds.

Elle fera sa première télévision en France cet été-là. Pas sur *Champs-Elysées*, comme le dit Michel Drucker. S'il deviendra son plus fidèle soutien en France, Drucker ne la recevra que l'année suivante lorsqu'elle aura remporté le grand prix Yamaha.

Michel Drucker,
fidèle parmi les fidèles de
Céline Dion, en 1996.

C'est en fait dans l'émission pour la jeunesse *Croque-vacances* qu'elle ira chanter « L'amour viendra » le 20 août : l'émission diffusée l'après-midi est une déclinaison estivale des *Visiteurs du mercredi*. Elle est animée par Claude Pierrard qui officia des années durant aux programmes de jeunesse de TF1. Autant dire que la Canadienne passe un peu inaperçue au creux de l'été.

Tout va s'emballer dès la fin de l'année : se souvenant du succès en 1974 de René Simard au festival de la chanson de Tokyo, Angélil y a inscrit Céline. Le 31 octobre, trois mois après Paris, elle découvre la capitale japonaise. Comme le jeune Simard, elle est médaille d'or ex aequo comme meilleure interprète avec la chanson-titre du prochain album « Tellement j'ai d'amour pour toi ». Sa prestation diffusée en télé est vue par 115 millions de téléspectateurs. Angélil prolonge le séjour à Tokyo afin de permettre à Céline d'enregistrer la chanson en japonais (en phonétique) avant un retour triomphal à Montréal où sa victoire a fait grand bruit. Michel Jasmin, vêtu pour l'occasion d'un kimono, la reçoit à nouveau dans son émission où elle apparaît le front ceint d'un bandeau frontal très années quatre-vingt. L'album paru au Québec le 7 septembre se vend très bien, son single est classé n° 3.

Début 1983, elle est de retour en France : le 24 janvier, elle est au marché international du Midem à Cannes où elle représente le Canada dans la catégorie révélation de l'année. Elle y étrenne le second extrait de l'album « D'amour ou d'amitié » devant 3 000 professionnels. Quatre jours plus tard, elle l'interprète à nouveau lors de sa seconde apparition à la télé française, cette fois dans la plus grande émission de variétés de l'époque et peut-être de l'histoire de la télé française : *Champs-Élysées*. L'émission du 29 janvier 1983 marque sa rencontre avec Michel Drucker. Sidéré par le talent de cette jeune fille, l'animateur le plus célèbre de France – devenu depuis le plus inoxydable – ne se contente pas de lui prédire une carrière exceptionnelle, il va soutenir son début de carrière : en novembre de la même année, il la réinvitera pour chanter « Mon ami m'a quittée » qui ne connaîtra pas en France le même succès que le précédent single. Maman Dion, comme on la surnomme au Québec, viendra sur la scène répondre à quelques questions. Sous le charme de la jeune artiste pour laquelle il confesse une réelle affection, l'ex-gendre idéal, véritable figure du PAF, dira avoir été touché par sa personnalité, par son histoire familiale se souvenant de la photo de la famille Dion au verso de l'album, accompagnée d'un mot manuscrit de Céline « Je vous présente ma famille ».

Eddy Marnay résumera cette implication : « Il ne faut pas oublier que c'est Michel Drucker qui lui a donné sa chance parce qu'il l'a aimée. Il n'a pas l'habitude de donner une chance à ce qu'il n'aime pas et là il a fait en même temps le

maximum, il a déroulé un tapis à Céline, c'est son premier fan. »
Avec une certaine modestie, l'homme du dimanche ajoutait « faire découvrir de nouveaux talents, ça faisait partie de la vocation de mon émission. » Mission accomplie puisque « D'amour ou d'amitié » fera une percée en France en s'écoulant à un demi-million de ventes. Ce qui vaudra à Céline une invitation à l'Olympia l'année suivante. Elle sera à l'affiche cinq semaines de rang, du 6 novembre au 9 décembre 1984 en première partie (avec Philippe Lavil) du chanteur humoriste Patrick Sébastien.

Chaque soir, elle interprète trois titres. Pour le Québec, c'est déjà une forme de consécration :
« Les Français n'ont pas tardé à la découvrir, elle est actuellement à l'Olympia (...) pour nous c'est un élément de fierté (...) le soir de la première, le public l'a redemandée sur scène 6 fois », explique Michel Jasmin qui a envoyé une équipe l'interviewer dans sa loge et filmer deux chansons sur scène (dont « Mon Rêve de toujours »). Le spectacle de Sébastien s'achevait chaque soir par un grand bal masqué avec la participation du public pour lequel Céline se déguisait en danseuse de flamenco.
Malgré tout, Céline ne parviendra pas à vraiment s'imposer dans l'Hexagone. Ses albums suivants ne se vendront plus si bien et il lui faudra attendre le milieu des années quatre-vingt-dix pour que sa carrière décolle en France.
Au Québec, en revanche, elle est désormais « la petite fiancée » du pays. L'humilité de son extraction, ce côté fille du peuple lui vaut une immense popularité. Ses albums se vendent très bien. Ses 45 tours cartonnent. Eddy Marnay passe beaucoup de temps avec elle pour lui écrire des chansons qui lui correspondent. Il aura un regard très lucide : « Elle a beau avoir 14-15 ans, dira-t-il, elle est très mature sans doute parce qu'elle fraie avec des gens plus âgés qu'elle. Elle est très proche de sa famille et très connue au Québec. Elle est devenue très professionnelle et très organisée dans la vie réelle. C'était encore une petite fille très protégée, elle n'avait aucun moyen de s'exprimer elle-même ou aucune clé pour s'analyser, pour analyser ce qui se passait en elle. »
Elle va multiplier les émissions télé (en septembre, on lui consacre un « Spécial Céline Dion »), elle participe à des événements marquants : elle est l'attraction majeure au cours de l'été de *Terre des Hommes* en venant chanter sur une scène flottante à Montréal, son premier spectacle.

Au-dessus :
le 28 novembre 1984,
avec Philippe Lavil et Patrick Sébastien.

Page de droite :
au Stade olympique de Montréal,
devant le pape Jean-Paul II
et 65 000 personnes en septembre 1984.

On lui prête alors une vague romance avec un célèbre joueur de jockey, Guy Delorme, avec qui elle a tourné une scène en décapotable de son clip « D'amour ou d'amitié ». La chanteuse a confirmé bien plus tard en riant avoir eu un « petit cake » (coup de cœur) pour le bel athlète en posant sa tête sur son épaule : elle demandera d'ailleurs à son manager de lui organiser un rendez-vous avec lui. Il n'aura jamais lieu, laissant l'adolescente, qui a l'âge requis pour les premiers émois amoureux, anéantie de tristesse versant toutes les larmes de son corps. Officiellement, Guy Delorme n'était pas libre ce soir-là, mais le moins qu'on puisse dire c'est que René, très irrité, semble-t-il, par la demande, ne s'est pas vraiment démené pour convenir d'une autre date. Il n'a aucune intention de gérer les amours d'une ado avec ce que cela implique de soucis possibles. Une fois encore, le syndrome Ginette Reno refait surface, cette obsession du contrôle. Il s'emploie à créer le vide en termes de présence masculine autour de sa « protégée ».

Aux premières loges, là encore, Eddy Marnay analysera les choses avec intelligence : « Céline était une jeune fille bien élevée qui trouvait son confort et sa sécurité en s'en remettant à ses aînés, spécialement à René qui aime être en contrôle et exerçait un fort impact sur une Céline très impressionnable et devenue le soutien de famille. Elle faisait plus d'argent en un mois qu'Adhemar en un an — les Dion sont très reconnaissants envers René, ils n'ont que des compliments à son égard, ils le trouvent charismatique et intelligent. Il a aidé cette famille comme personne ne l'avait fait avant. »

En 1984, le succès de Céline est tel que René Angélil choisit d'abandonner les tournées des centres commerciaux pour préparer une première véritable tournée sur scène l'année suivante : la jeune fille se produira lors de la manifestation de voiliers *Québec 84* devant 40 000 personnes. Le climax de cette année sera sa performance devant le pape. Dans un pays catholique à 80 %, la venue de Jean-Paul II est un événement extraordinaire. L'enfant de Charlemagne est choisie pour représenter la jeunesse québécoise : le mardi 11 septembre 1984, elle doit accueillir le souverain pontife à son entrée dans le Stade olympique de Montréal où se sont rassemblés 65 000 fervents. Toute la séquence fait l'objet d'une retransmission en direct en télé avec l'inévitable Michel Jasmin au crachoir, installé sur un échafaudage. Le pape ayant demandé un temps de repos, Jasmin est chargé de faire patienter la foule guettant la papamobile. « Aimeriez-vous que Céline vienne interpréter la chanson "Une Colombe" ? », lance-t-il déclenchant une réaction énorme dans le stade. Il est rejoint sur la plate-forme par la chanteuse arborant un ensemble bleu ciel, blazer et pantalon. Avec l'animateur à ses côtés, elle se lance dans la chanson « Une Colombe » son dernier hit au Québec extrait de l'album *Mélanie*. Le pape fait alors son entrée dans le stade dans une clameur indescriptible.
Céline sera ensuite invitée sur la pelouse avec une dizaine d'autres personnes, très émue par l'hommage papal. L'année suivante (13 octobre 1985), à son invitation, elle ira lui rendre visite dans sa résidence de Castel Gandolfo pour lui remettre une rose créée en son honneur au Québec et le disque d'or de « Une Colombe ».

Début 1985, les ventes de disques de Céline au Québec sont bonnes, elle a déjà moissonné plusieurs Félix à l'Adisq (Association québécoise de l'industrie du disque, du spectacle et de la vidéo), mais René Angélil en veut plus : « En façonnant son futur, je façonne le mien », déclare-t-il.

Il commence à affirmer publiquement que Céline va devenir une « star » internationale, que « la limite pour elle est le ciel ». Ses propos font sourire, mais valent aussi à sa protégée des moqueries et un certain mépris de l'intelligentsia médiatique québécoise, moqueries qui la toucheront alors beaucoup (des proches ont affirmé que, sur le point de craquer, elle aurait songé à stopper sa carrière).

Interviewée en anglais, on la voit répondre « vouloir être une star » sous la dictée évidente de René en peinant à répéter des mots qu'elle ne comprend pas.

En coulisse, il se dit qu'Angélil a à cœur de restaurer son ego meurtri par l'échec avec Ginette Reno. Il consacre toute son énergie et beaucoup d'argent à promouvoir son artiste ; quand il n'est pas sur la route ou en France avec Céline et son chaperon maternel, il est en studio ou à Vegas. Négligeant femme et enfants, « il avait l'air d'un possédé », dira l'un de ses proches.

En dépit de sa contribution à l'éclosion de Céline comme à la réalisation des rêves de son mari pour lequel elle a multiplié les actes de confiance, lassée et délaissée, Anne Renée engage une procédure de divorce en février 1985 : apprenant que sa femme a un amant nommé Shell, Angélil réagit très mal, refusant l'échec d'un second mariage. Après des semaines de harcèlement, il pète un câble un soir à son retour au domicile conjugal. Les violences domestiques conduisent Anne Renée à appeler la police par deux fois qui l'escorte pour l'emmener se réfugier chez sa mère. Pourtant, après avoir dénoncé des abus physiques, l'ancienne animatrice et son gérant de mari se réconcilient et tentent de reprendre la vie commune. En vain. Le 15 décembre 1985, Anne Renée introduit une seconde demande en divorce qui ira à son terme. Elle se débarrasse de la société TBS pour permettre à René de créer sa propre compagnie Feeling Productions.

Il renouvellera le contrat de management avec Céline le jour de ses 18 ans, le 30 mars 1986 : elle accepte ainsi de recevoir 50 % des bénéfices.

En mai 1987, à Montréal.

En attendant, René Angélil voit à nouveau s'accumuler les cumulus : séparé, et sévèrement déprimé, il n'est encore pas ce personnage aux allures de parrain au bouc et aux cheveux blancs rares coincés par son catogan, mais un presque quinquagénaire glabre un peu dépenaillé qui a perdu de sa superbe et pas mal de poids. Il flirte avec la dépression. Sa vie personnelle est en pleine dislocation et surtout sa protégée, qui jusque-là avait le vent en poupe, voit ses ventes de disques se tasser sévèrement.
Après avoir distribué les cinq premiers albums, Trans Canada, à qui Angélil est resté fidèle, notamment par gratitude envers Bergeron, fait les comptes et le couperet tombe : le label ne fait pas de sentiment et refuse tout net de publier un autre album de Céline. Nouvelle humiliation pour René qui va rendre Eddy Marnay responsable de cet échec, lui reprochant d'avoir donné une couleur trop exotique à l'album *C'est pour toi* paru en août 1985 dont l'orchestration a été largement confiée à Paul Baillargeon (auteur d'« Une Colombe »).

La compilation qui suivra, *Les Chansons en or*, ne fera pourtant pas mieux : sur la pochette, la très jolie jeune femme de 18 ans (qui fait plus) posant face caméra n'a plus déjà plus grand-chose à voir avec « la petite » ! Preuve au passage que le fameux hiatus d'une année au cours de laquelle Céline aurait disparu pour réapparaître métamorphosée est comme on va le voir une relecture un peu arrangée des faits : fin 1985, elle a déjà fait évoluer son look et a beaucoup embelli. Quant à la fameuse disparition d'une année, là encore la légende a pris le pas sur les faits.

§

Cherchant à comprendre pourquoi sa chanteuse stagne, Angélil passe au crible les articles, il réécoute les commentaires radio et télé, et l'évidence est là, incontestable et cruelle : Céline est en voie d'obsolescence, victime du sort qui touche tous les artistes ayant débuté très jeunes et qui – bizarrement ! – grandissent. René Simard n'ayant su ou pu se réinventer comme chanteur ne sauvera sa carrière qu'en diversifiant ses talents, notamment dans l'imitation et la comédie. René réalise que sa protégée a besoin de se débarrasser de son image d'enfant pour devenir femme. Elle-même aspire à ne pas se laisser enfermer dans une image de chanteuse à la Mireille Mathieu. Elle rêve d'une carrière internationale et brûle de changer d'image. À ces aspirations se mêle un désir plus intime : celui de plaire à René dont elle est tombée amoureuse. Elle ne veut pas devenir simplement désirable, mais irrésistible.
Au sortir d'un dîner dans un restaurant parisien, elle lui a même déclaré sa flamme. Il l'a éconduite gentiment, troublé, mais tenant à garder ses distances. Il expliquera s'être alors interdit toute pensée de ce genre pour des raisons de morale personnelle au regard de la différence d'âge et pour ne pas compromettre sa carrière.

Omniprésente, alertée par quelques comportements, madame Dion n'est pas longue à comprendre la nature des sentiments de sa fille pour son manager. La découverte sous son oreiller d'une photo de René Angélil le lui confirme si nécessaire. Pour cette mère rêvant pour sa fille d'un prince charmant, d'un athlète ou pourquoi pas d'un joueur de hockey, c'est la douche froide ! Thérèse dira alors avoir été accablée par un sentiment de culpabilité : c'est elle qui a jeté sa fille en pâture dans la gueule du lion à la crinière quand même bien entamée : un homme de 46 ans, deux fois divorcé, père de trois enfants dont l'aîné a l'âge de Céline, « Ça n'a pas d'bon sens ! ». Elle aura une entrevue houleuse avec lui (on parle même d'une lettre assassine !).

Pour ne pas compromettre le futur, au moment où la notoriété de Céline plafonne et où des changements s'imposent, Angélil ne décide pas de prendre de la distance, mais en mettre, direction Las Vegas : près de 5 000 km le sépareront du Québec pendant plusieurs mois.

Il règle son second divorce depuis le Caesars Palace et passe ses nuits aux tables de jeu espérant ramasser de quoi financer un nouveau disque. Mais le jeu est un dérivatif hors de prix. On le voit faire des allers-retours en avion jusqu'à Atlantic City simplement pour disputer une partie de blackjack, laissant sur tapis vert des sommes considérables. L'homme traverse à nouveau une période noire, très déprimante, où la seule éclaircie sera de parvenir à décrocher un nouveau label pour Céline et pas n'importe lequel puisqu'il s'agit de CBS Québec. Dans la légende, ce hiatus devait permettre à Céline de se délester de son identité d'enfant-ado. Dans les faits, cette séparation intervient au moment où maman Dion lui a posé une forme d'ultimatum. Coïncidence ?

De son côté, selon leur deal, Céline est en immersion chez Berlitz pour 3 mois : elle va apprendre l'anglais à raison de 45 heures de cours par semaine, 5 jours sur 7, 9 heures par jour. Et si à l'école elle était dissipée, ici elle travaille d'arrache-pied et progresse très vite. Son accent est excellent : elle en ressort avec un bagage qui va lui permettre de devenir par la suite bilingue.

Fatiguée de son physique d'ado ingrat pas tout à fait femme ni tout à fait enfant, elle s'investit elle-même dans sa transformation : depuis 1985, elle a subi plusieurs interventions dentaires. La plus visible a résolu le problème du chevauchement de ses incisives complétée par une lourde et délicate chirurgie de la mâchoire qui rectifie son menton prognathe tout en veillant à ne pas abîmer son palais ni ses cordes vocales. Mieux dans sa peau, élancée, sa silhouette de femme se dessine. Elle l'affermit en pratiquant le jogging, en suivant des cours de danse, déterminée, on l'a dit, à devenir irrésistible lorsqu'elle retrouvera René. Elle n'est encore pas la fan de mode qu'elle deviendra, mais elle veut être dans l'air du temps. Elle jette sa garde-robe d'enfant sage pour se mettre au goût du jour : Vanessa Paradis et le look parisien lui servent de modèle : perfecto, marinière ou haut moulant,

Au-dessus : en session d'enregistrement en 1988.

Page de droite : on croise les doigts pour Céline à Dublin, pour l'Eurovision 1988.

mini-jupes, collants noirs découvrant de longues jambes fines planquées jusque-là sous des pantalons bouffants à pinces. Elle se coupe les cheveux, adopte une coupe frisée dans l'esprit girly années quatre-vingt à la Laura Branigan. Omniprésente depuis 5 ans en télé et dans tout le pays, Céline va disparaître des radars pendant plusieurs mois dans la première moitié de l'année 1986. Des rumeurs circulent : la plus tenace l'envoie au couvent. Une autre affirme qu'elle est enceinte et doit accoucher dans un endroit secret afin de donner son enfant à l'adoption pour une femme suisse.
Le 31 août 1986, elle fera l'une de ses rares apparitions télé de l'année dans l'émission *Silence... On tourne*. Elle y interprète un medley de comédie musicale d'une durée de 7 minutes. 7 minutes décisives pourtant peu soulignées : le premier numéro est l'occasion pour elle de dire adieu à la petite fille sage des débuts en chantant dans ses habits *straight* des débuts une adaptation française de « Somewhere » écrite par Eddy Marnay (clin d'œil à son auteur) avant de conclure par le numéro brûlant d'érotisme de Liza Minelli dans *Cabaret* : elle danse et chante en porte-jarretelles, tourne autour et joue avec la fameuse chaise et son chapeau melon : jamais Céline n'était apparue comme ça, jamais elle n'avait été aussi osée. Jamais, elle n'avait osé !
Le medley synthétise son passé et annonce son futur.

Maman Dion

Décédée en 2020 à l'âge canonique de 93 ans, « Maman Dion » a été un personnage médiatique truculent, incarnation d'un Québec populaire dont elle portait les valeurs traditionnelles
Elle était mère de 14 enfants, grand-mère de 32 petits-enfants et 48 arrière-petits-enfants.

Thérèse Dion naît à Sainte-Anne-Des-Monts le 20 mars 1927 au sein d'une fratrie de 9 enfants. En 1929, ses parents Antoinette et Achille Tanguay (Tanguy) s'installent à Saint-Bernard-des-Lacs, aux portes de l'actuel Parc national de la Gaspésie. Son père, Achille-Lauréat Tanguay sera d'ailleurs considéré comme le fondateur de Saint-Bernard-des-Lacs (le village n'existe plus aujourd'hui).
À 11 ans, elle reçoit son « plus beau cadeau », un violon dont elle apprend vite à jouer.
Thérèse rêve d'horizons lointains, mais n'ira même pas au lycée, retenue à la maison pour s'occuper des puînés par une mère sévère et anxieuse de tout, coupant les ailes à l'esprit aventureux et aux rêves de sa fille.
Thérèse a 16 ans lorsque sa famille quitte la Gaspésie pour La Tuque et arrache une partie de son indépendance en commençant à travailler en pouponnière. Elle veut devenir infirmière.
Lorsqu'elle a 17 ans, elle accompagne son père qu'elle idolâtre, rendant visite à un ami d'enfance, Charles Dion et sa femme Ernestine. Elle y rencontre leur fils Adhémar qui descend l'accompagner à l'accordéon tandis qu'elle sort son violon. Thérèse racontera avoir été séduite par la prestance de ce grand échalas en chemise blanche aux yeux bleus, et au grain de peau parfait. Adhémar sera son premier et dernier amour.
Le couple se marie le 20 juin 1945 : la suite est mieux connue.
En 1951, à la naissance du troisième enfant, Adhémar quitte son métier de bûcheron et revient s'installer à La Tuque pour s'occuper d'une progéniture qui s'agrandit d'année en année.
Grâce à un prêt d'État, le couple achète un terrain à Charlemagne : les enfants font leurs devoirs dans la voiture pendant que leurs parents, avec l'aide de voisins, bâtissent leur maison des fondations jusqu'au toit en deux années.

La reine mère,
Thérèse Dion, en 2001.

Au début des années soixante, ils sont onze enfants qui ne manquent de rien malgré la modestie des moyens. D'une santé de fer, aux fourneaux du midi au soir, Thérèse prépare les repas quotidiennement pour tout ce petit monde selon un ordre bien établi, les aînés sont servis en premier, les cadets ensuite. Quand elle ne cuisine pas, elle tricote des habits. La musique occupe une grande place dans cette famille.

En 1967, les derniers-nés, des jumeaux, entrent en maternelle. Thérèse a 40 ans, elle va enfin pouvoir souffler et sortir de sa maison pour vivre un peu, mais le médecin de famille Émile McDuff lui révèle en fin d'année qu'elle est à nouveau enceinte. Il la suivra attentivement durant cette période où pour la première fois, la mère courage frôle la dépression, dépression qui s'envole à la naissance de la petite dernière, surnommée « l'accident », Céline, en mars 1968.
Finalement, dès la scolarisation de Céline, Thérèse ira ouvrir un petit commerce dans un centre commercial local avant de venir s'occuper du Vieux Baril.
On connaît le rôle qu'elle va jouer dans la vocation de Céline, dans son début de carrière qu'elle suivra de près la chaperonnant jusqu'à sa majorité. Comme toute la famille, elle sera très médiatisée dans les années quatre-vingt au Québec. Si Claudette tentera sa chance dans l'ombre (et grâce à) sa sœur, c'est maman Dion qui sera réellement médiatisée.

Après avoir créé sa fondation venant en aide aux enfants des pays défavorisés, elle va devenir une vraie célébrité du petit écran : elle est une invitée régulière des émissions que Julie Snyder consacre à Céline. Elle y fera un soir la promotion des « pâtés de maman Dion » qu'elle commercialise, ce qui donne une idée de programme à Julie. Avec l'aide active d'Angélil, Julie Snyder est devenue la première animatrice productrice du Québec : elle propose à Thérèse de co-animer avec Éric Salvail une émission culinaire, format 26 minutes, qui va connaître un succès immédiat grâce à la truculence du personnage bourru, plein de bon sens et chaleureux qu'elle incarne. Elle sera la Maïté des Québécois, n'hésitant pas à se prêter à toutes sortes de gags en introduction de programme (elle apparaîtra grimée en Castafiore de Tintin vocalisant sur « Je me vois si belle en ce miroir »).
Bien entendu, Céline viendra participer à l'une de ses émissions auxquelles elle met un terme en 2002-2003 pour s'occuper de son mari mourant.
Céline lui offrira alors une très belle maison où elle passera les quelque 20 années suivantes qu'elle ne quittera que pour accompagner Céline, à sa demande, sur le *Taking Chance Tour* de 2008-2009, initiative qui lui permet de vivre son rêve de découvrir le monde.
Par la suite, elle poursuit ses œuvres caritatives, donnant des interviews jusqu'à ses 91 ans.

L'HEUREUSE VISION

Céline à L'Eurovision 1988

Les nostalgiques se souviennent peut-être de cette série culte Les Mystères de l'Ouest : chaque épisode s'intitulait « la nuit de... » C'est sans doute ainsi qu'on aurait pu intituler ce chapitre : « La Nuit de l'Eurovision 1988 ». Moment somme toute secondaire dans la carrière de Céline Dion, la nuit de l'Eurovision est une date capitale dans sa vie intime comme pour la suite de sa carrière. Une nuit qui recèle bien des mystères avec son épilogue l'année suivante.

L'HEUREUSE VISION

Jamais l'Eurovision n'aura à la fois aussi bien porté son nom et autant débordé son concept originel que l'édition de 1988 : organisée à Dublin qui fête son millénaire, elle verra triompher une Québécoise concourant pour la Suisse avec une chanson francophone écrite par une Italienne et un Turc ! Dans le genre universel, c'est parfait.

Une victoire sur le fil à l'issue d'un final à suspense digne d'Agatha Christie selon les mots du présentateur.

Très populaire pendant deux décennies, en 1988 l'Eurovision est en voie de ringardisation sévère. Sa déconnexion avec la musique pop contemporaine comme avec les charts ne cesse et ne cessera de croître. Le concours n'est plus cette pépinière de nouveaux talents prompts à éclore un soir d'avril-mai ; il ne permet plus de lancer des carrières ou de révéler des artistes au point d'ailleurs où finalement la dernière star à y avoir participé reste bien Céline Dion en 1988.

Certes, le concept a pris un sérieux coup de vieux, mais la retransmission télévisée – cette année par la RTÉ irlandaise – reste regardée par plus d'un demi-milliard de téléspectateurs.

Annoncée comme plus moderne que d'ordinaire, c'est la troisième fois depuis sa création en 1956 que la soirée se déroule à Dublin.

La présence d'une Canadienne à un concours européen a fait polémique en Suisse, mais conformément au règlement, ce n'est pas l'interprète, mais la chanson qui définit le pays représenté : en leur temps, France Gall ou Nana Mouskouri gagnèrent le concours sous le drapeau du Luxembourg : « Ne Partez Pas sans moi », la chanson qu'interprétera Céline est donc l'œuvre d'un duo d'auteurs suisses.

On peut se demander ce qui a conduit Angélil à engager Céline, en pleine tournée, avec le succès de son album *Incognito* paru en 1987, à ce concours vieillissant avec de surcroît des épreuves préliminaires à passer.

Si l'on a souvent mentionné un plan de communication à échelle mondiale, si les biographes évoquent les tractations en cours avec CBS pour un album anglophone, ce n'est a minima ni la seule explication et certainement pas la motivation principale du manager. Ce qu'il a pourtant clairement expliqué, mais que l'histoire n'a pas retenu sans doute parce qu'elle est devenue subsidiaire dès l'instant où Céline a eu un pied dans le monde anglo-saxon : en effet, le but de l'opération, selon ce qu'en a dit Angélil, consistait à s'ouvrir le marché allemand. « On visait le marché de l'Allemagne, le plus gros marché après les États-Unis, ensuite il y a l'Angleterre, le Japon et la France. »

Pour rappel, rien n'étant alors acquis du côté américain, l'Europe restait une option à ne pas négliger. Dans cette optique, l'homme d'affaires syro-canadien s'était associé avec Peter Keller, un Suisse allemand impliqué dans l'industrie du disque teutonne avec pour projet de faire enregistrer Céline en langue germanique. C'est d'ailleurs Keller qui mettra son nouveau partenaire sur la voie de l'Eurovision en lui présentant à l'automne 1987 le compositeur suisse d'origine turque Atila Sereftug. Avec Nella Martinetti, une Suisse d'origine italienne, ils forment un tandem efficace de songwriters spécialisé dans la variété sentimentale : deux ans plus tôt, ils avaient permis à la Suisse de décrocher la seconde place de l'Eurovision 1986 avec l'un de leurs schlagers, « Pas pour Moi », interprétée par Daniella Simons (future épouse d'Atilla). Menant sa propre carrière de chanteuse en Autriche, Nella Martinetti avait composé deux autres chansons pour la Suisse (en 1984 et en 1981 pour Peter Sue and Marc, quatrième de l'Eurovision).

« Fou de la voix de Céline », Atila et Nella se proposent de lui concocter une chanson sur mesure pour l'événement. La démo de « Ne partez pas sans moi » ne convainc guère ni Céline ni René. On est loin d'*Incognito*, c'est même un étrange saut dans le passé. Son plan en tête, René insiste pourtant pour que Céline l'enregistre : les raisons sont plus commerciales qu'artistiques. Il l'inscrit aux sélections suisses rassemblant pas moins de 250 autres candidats (« 249 Suisses, une Québécoise »). Elle se qualifie pour la finale opposant les 9 derniers candidats soumis au vote téléphonique du public.

Retransmise en direct à la télévision suisse, la compétition a lieu le 5 ou 6 février 1988 (selon les sources) : avec 48 points contre 23 pour le second, Céline l'emporte largement s'ouvrant ainsi les portes de l'Eurovision. Le pays tout entier est sous le charme : sa prestation balaie toutes les polémiques au sujet de sa nationalité et son professionnalisme incite à croire en une possible victoire au Concours, ce qui serait un événement : organisatrice et première gagnante de l'Eurovision en 1956 avec Lys Assia (« Refrain »), la Suisse n'a plus jamais regagné par la suite. Trente-deux ans que le pays attend ça ! Chaque canton est derrière Céline qui a dû reprendre l'avion au soir de cette qualification pour rentrer fissa au Canada où elle est attendue le soir même au show des Gémeaux.

En mars, selon la stratégie de Keller et d'Angélil, Céline est en studio à Montréal avec toute l'équipe suisse ayant fait le déplacement. Elle enregistre la VF de « Ne Partez Pas sans moi » puis la version teutonne assortie de trois de ses anciens titres en allemand phonétique : « Hand in Hand » (« Ne partez pas sans moi »), « Was bedeute Ich Mir » (« D'amour ou d'amitié) et « Mon ami, geh nicht fort » (« Mon ami m'a quittée »).

Nella Martinetti, Céline Dion
et Atilla Sereftug
avec le trophée de l'Eurovision.

En-dessous : Céline en promo à Dublin pour l'Eurovision.

Page de droite : Royaume-Uni : 136 points. Suisse : 137 points.

LA NUIT IRLANDAISE

Comme les autres concurrents des 21 pays inscrits, Céline Dion débarque à Dublin le lundi 25 avril (ou le 28, selon les sources) pour un marathon de répétitions et de promotion, émaillé de nombreux rendez-vous avec les médias.

Dès le premier jour, journalistes, observateurs, pronostiqueurs et même quelques concurrents en font la favorite, ce qui la rend nerveuse. Son principal rival, c'est Scott Fitzgerald qui défend les couleurs de l'Angleterre. De son vrai nom Billy McPhail, Fitzgerald c'est un vieux routier, un chanteur de variétés à succès dans son pays au cours des années soixante-dix. Son « Go », dont il est l'auteur-compositeur, a également fait forte impression. Interdits en France, ils le resteront jusqu'à l'irruption d'Internet, les paris sont licites dans les pays anglo-saxons. René Angélil détaillera l'évolution de la cote de Céline auprès des bookmakers tout au long de la semaine : passée de 5 pour 1 à son arrivée, elle est à 3 pour 1 le jeudi à l'issue de la première répétition, puis à 16 pour 4. Finalement à la clôture le samedi matin, elle est *even-money*.

Le samedi 30 avril, dès 19 heures, les rues de Dublin se vident. Une grande partie du pays est devant sa télé pour assister à cette grande soirée annuelle que les organisateurs ont promis plus grandiose que jamais. « La scène était incroyable avec ce très bel et très grand orchestre symphonique de 70 musiciens », dira Scott Fitzgerald programmé dans la seconde partie du programme. Céline Dion, elle, passe en neuvième position. Élancée, elle se présente tout de blanc vêtue, une tenue dont l'originalité retient l'attention des observateurs : jupe courte bouffante en tulle aujourd'hui méchamment démodée et veste cintrée rehaussée d'épaulettes. Un mix pas très réussi entre la Céline virginale, enfant sage aux sourcils épais de ses débuts et la jeune femme moderne encore en éclosion, le tout conforme à l'esprit familial de l'Eurovision.

Le tour de chant achevé, débute la célèbre séance des votes. Chacun des 21 pays attribue 10 notes allant de 1 à 8 puis 10 et 12 à 10 pays de leur choix. Les pronostics ont vu juste : les favoris mènent le bal. Ayant distancé tous les autres pays concurrents, à deux tours de la fin, seules l'Angleterre et la Suisse restent en lice pour la victoire finale. À la surprise générale, l'Angleterre dispose d'une confortable avance avec 133 points contre 119 pour la Suisse, handicapée par le veto de l'Autriche et du Danemark ne votant jamais pour ce pays pour des raisons politiques.

Grâce au Portugal, pénultième votant, la Suisse refait une partie de son retard en obtenant 12 points là où l'Angleterre n'en décroche que 3. Avant le dernier vote, elle compte encore 5 points de retard sur l'Angleterre (131 à 136).

L'Histoire nous l'enseigne, le destin de l'Europe bascule toujours à cause des Balkans : celui de l'Eurovision 1988 également. La Yougoslavie — peu avant son implosion — est le dernier pays votant. Et très vite, c'est la douche froide dans le camp helvète. Ljubljana leur attribue 6 petits points : à peine

la moyenne ! À l'annonce de la note, une rumeur de stupeur s'élève dans la salle où est présente une large délégation suisse. La réalisation télé saisit la réaction du clan québéco-suisse : Céline Dion baisse la tête, un sourire défait aux lèvres et Angélil accuse le coup ; le pari semble perdu.
Quelle que soit la note, il suffit à l'Angleterre de glaner l'une des quatre dernières à distribuer pour triompher. Or, depuis le début de la soirée, tous les pays l'ont récompensée. Les jeux semblent faits.
C'est d'autant plus rageant pour Céline que, grande superstitieuse, elle sait que « Go » en japonais signifie 5 qui est son chiffre porte-bonheur !
Déjà les officiels s'agitent et se pressent auprès de Scott Fitzgerald qui racontera : « J'étais si proche, je pouvais presque sentir la victoire. Juste avant que ne débutent les deux derniers votes, le stage manager de l'Eurovision est venu me trouver en me disant "quand vous aurez gagné, ça va être mouvementé, ne me perdez pas de vue, c'est moi qui viendrai vous chercher pour recevoir votre prix et vous pourrez ensuite chanter à nouveau votre chanson." Je lui ai dit "On devrait attendre un peu il reste deux pays votants." »
Dans un silence pesant, Ljubljana poursuit sa litanie : « Pays-Bas, 7 points, Allemagne 8, Norvège 10... et les 12 derniers points vont à... la France ! » La salle exulte : Céline Dion arrache la victoire avec l'écart minimal possible, un petit point d'avance sur Fitzgerald. La Québécoise est sauvée par la France qui joue là un nouveau mauvais tour à la perfide Albion ! En quatrième position, défendant le Luxembourg débute la Belge Lara Fabian que l'on ne va pas tarder à opposer à Céline Dion.

Accompagnée des deux auteurs-compositeurs de « Ne partez pas sans moi », Céline reçoit son prix des mains de Johnny Logan, vainqueur de l'édition 1987.
Cette victoire de prestige en poche, elle ne prolongera pas son séjour en terres britanniques ; elle doit reprendre l'avion le lendemain pour Montréal. Or, entre le moment de sa victoire, le dîner officiel et son départ, toute sa vie aura basculé de façon drastique faisant de cette Eurovision une date incontournable dans son destin.

Venu à Dublin soutenir sa protégée le soir du concours, c'est au bras de sa maîtresse que René Angélil quittera Dublin. La nuit de l'Eurovision est aussi celle au cours de laquelle la femme enfant deviendra femme. Tous deux ont raconté quelques années plus tard de façon quand même assez détaillée leur ballet amoureux, la folle détermination de l'une contre une *valse hésitation* de l'autre, qui a précédé la consommation de leur union dans la chambre d'hôtel de Céline au cours de la nuit du 30 avril au 1er mai, avec quelques saillies (!) restées célèbres dont : « Tu ne m'as pas embrassée, René Angélil ! » Il s'exécute, mais au lieu du baiser traditionnel sur la joue qu'il lui claque depuis 1985 pour lui souhaiter bonne nuit lorsqu'ils sont en déplacement, il l'embrasse sur les lèvres, dans le cou et la serre contre lui avant de fuir.
« Si tu ne reviens pas, je vais frapper à ta porte », promet Céline au téléphone dans les minutes qui suivent.
« Je veux bien être le premier », finit-il par lâcher, ce à quoi elle répond « Tu seras aussi le dernier ». « C'était comme dans un film », expliquera bien plus tard le presque quinquagénaire.

Cette première nuit scelle une relation longtemps secrète sanctifiée et sanctionnée par un mariage 6 ans plus tard.
Car si Céline Dion est aujourd'hui célèbre pour avoir accepté de confondre sa vie privée avec sa vie publique en toute transparence, sa relation avec René restera cachée cinq longues années avec des répercussions à la fois sur son épanouissement de jeune femme supportant mal cette omerta, comme sur le choix des textes de chansons. Un secret qui lui pèsera d'abord avant de finir par l'étouffer la condamnant à biaiser en interview, à calfeutrer les fuites comme elle peut et à encaisser les blagues et railleries des humoristes. Un secret qui deviendra intenable. Le long et poignant entretien de 1992 avec Lise Payette révèle à quel point la jeune femme en est affectée.

Et cette comédie débute dès le lendemain de cette première nuit d'amour...

Ci-dessous :
Une chanteuse québécoise concourt pour la Suisse.

Page de droite :
Plateau de Sacrée Soirée avec Jean-Pierre Foucault.

BACK IN QUEBEC

Comme en 1982 à son retour de Tokyo, une foule massive guette l'arrivée de Céline à l'aéroport Mirabel de Montréal ce dimanche 1er mai. Elle est attendue par ses fans et de nombreux médias venus la féliciter, preuve du retentissement de sa victoire, propagé par le travail tout au long de la journée de son attachée de presse Francine Chaloult qui a multiplié les coups de fil et donné l'heure de retour de l'héroïne du jour. Arborant une tenue sportwear toute simple, large veste blanc cassé jetée sur un T-shirt vert pomme, Céline Dion irradie de bonheur malgré la fatigue et le jet lag. Une conférence de presse est improvisée sur place : « Ça a pas d'bon sens ! J'ai jamais vu une affaire comme ça ! », s'exclame-t-elle soulignant d'une expression idiomatique sa surprise face à l'accueil chaleureux qu'on lui fait. Enlaçant furtivement l'épaule de son amant manager, elle ajoute avec une bonne dose d'effronterie et d'audace qu'il lui faudra taire par la suite : « J'ai pas dormi... ça paraît sûrement, là (version française « ça se voit »), pour nous deux ! »

Étalant devant ce parterre de journalistes la presse internationale du jour qu'il a consciencieusement collectée avant le départ, Angélil déclare prendre la parole en premier assurant l'assemblée qu'ensuite elle aura tout loisir de poser ses questions à la vedette de la journée. Il a des annonces à faire. En premier lieu, devançant la probable susceptibilité de ses compatriotes, il va intelligemment clarifier les choses au sujet de la participation d'une Québécoise à l'Eurovision comme représentante de la Suisse. Règlement à l'appui, il insiste sur l'énormité de ce qui vient de se passer : une soirée retransmise jusqu'en Russie, vue par plus de 600 millions de téléspectateurs, une conférence de presse à Dublin réunissant « 600 (!?) journalistes », des articles dans la presse internationale qu'il met à disposition et des propositions à foison. Du Angélil pur jus ! Dans une ambiance bon enfant, il s'attarde même sur les paris faits en Irlande. Joueur lui-même, il révèle avoir engagé 200 livres « Tout ce que j'avais sur moi, je l'ai misé sur le n° 9, c'est-à-dire Céline. J'ai été chanceux, elle était encore à 7 pour 1. » et d'exhiber son bulletin gagnant qu'il extrait de l'horrible banane pectorale géante vert émeraude qu'il arbore agrafée par-dessus son pull bleu : « J'étais comme un cheval, numéro 9 ! » s'amuse Céline en passant à nouveau subrepticement son bras autour de l'épaule de son « homme », s'amusant aussi à glisser çà et là des petites phrases à double sens dont elle seule et René saisissent le sens : « Nous sommes ensemble depuis 7 ans et il n'a jamais fait la moindre erreur. Je lui fais tellement confiance et je lui dis tout. Tous mes secrets. Son rêve et le mien sont le même. »
Il joue le jeu, à sa façon, c'est-à-dire plus prosaïque : « Avec Céline, mes rêves se sont réalisés, je ne changerai rien, même pour 10 millions de dollars ! ».
Martelant depuis des mois que Céline est appelée à devenir une immense star, déclarations qui ont suscité pas mal de railleries stigmatisant sa folie des grandeurs, Angélil jubile et renvoie dans les cordes détracteurs et sceptiques. Il fait de l'Eurovision la première marche de l'ascension qu'il a prédite, n'a aucun souci à parler business, chiffres et ambitions. Affirmant que l'essentiel n'était pas de gagner l'Eurovision, mais de « me faire voir » (dixit Céline), il développe : « Il s'agissait de se faire voir par 600 millions de téléspectateurs. Nous on a des projets comme vous le

savez de disques anglais, allemands, français. Pour Céline, ça aura été un tremplin extraordinaire, même si elle n'avait pas gagné. »
Sa stratégie exposée, il ne néglige pas non plus la promotion la plus terre à terre, mâchant délibérément le travail des journalistes : ayant rappelé que Céline est « présentement » en tournée au Québec « à guichets fermés », il annonce un « compromis » : « elle va faire les 3 plus grands shows télé d'Europe la semaine du 9 au 15 mai (...) en France le show s'appelle *Sacrée soirée*, le mercredi soir, c'est 47 % de taux d'écoute. 25 millions de Français ! »

Les journalistes n'ont plus qu'à reproduire les chiffres et les informations gracieusement délivrées par René !
Il en ressort un emploi du temps démentiel : Céline doit boucler une série de concerts au Québec début mai pour directement revenir en Europe : véritable « héros national » en Suisse selon son manager, elle y est attendue le 12 mai pour remettre au pays le trophée de sa victoire. Le lendemain elle sera en Allemagne pour promouvoir son single (« Ne partez pas sans moi » et « Hand in Hand »), mais aussi un nouvel album, une compilation, dont les sorties simultanées en Europe ont été calées depuis longtemps au 2 mai, soit dans l'aspiration de l'Eurovision. Avec plus d'optimisme volontariste que de perspicacité, Angélil achève son exposé en affirmant : « Depuis hier c'est la folie ! Tous les pays veulent avoir Céline, on nous garantit des ventes de disques extraordinaires. » Ce sera loin d'être le cas : en réalité la chanson de l'Eurovision ne connaîtra pas un énorme succès commercial : 200 000 exemplaires s'écouleront en Europe dans les deux trois jours suivants, avant un net tassement puisqu'au total « Ne partez pas sans moi » plafonnera à 300 000 exemplaires, ce qui la classe parmi les titres vainqueurs de l'Eurovision les moins bien vendus. « Ne partez pas sans moi » ne sera n° 1 qu'en Belgique (n° 36 en France). Une partie de l'explication de cet échec relatif est imputable à l'absence surprenante du single sur le marché anglo-saxon : commercialisé dans 6 pays européens, il ne le sera ni en Angleterre ni en Irlande, ce qui n'était jamais arrivé à une chanson gagnante de l'Eurovision. Mince consolation : la chanson entrera en octobre dans les charts québécois pour 23 semaines, culminant à la dixième place.

Angélil l'a répété : la victoire à l'Eurovision n'était pas une obsession puisqu'il misait sur la participation de sa protégée avant tout pour booster les ventes du single et de la compilation. Ce troisième Best Of de la toute jeune carrière de Céline Dion, auréolé du macaron « grand Prix Eurovision » – sera disponible dans 5 pays francophones et aux Pays-Bas. « Ne partez pas sans moi » en est le seul titre réellement inédit. Signé Barbelivien, « La Religieuse » est le dernier single en date puisqu'il est paru un mois avant l'Eurovision en mars 1988. Les dix autres titres, tous écrits par Eddy Marnay, appartiennent au répertoire des débuts. Enfin, autre segment de la stratégie de René Angélil, la compilation sortira en Allemagne avec une autre pochette sous le titre *Vivre*.

Pour mineur que soit le destin de « Ne partez pas sans moi » pris dans la globalité de l'exceptionnelle carrière de Céline Dion, cet épiphénomène renseigne. La diffraction entre le discours tenu et la réalité des chiffres de vente illustre bien la méthode Angélil qui consiste à présenter Céline sous son meilleur jour avec ce qu'il faut d'exagération si nécessaire pour faire monter la sauce médiatique. Conception qui n'est que le prolongement, l'écho, de sa propre posture à toujours apparaître comme un milliardaire aux poches pleines et aux affaires florissantes même lorsque tout va mal et qu'il est fauché. C'est bien ce qui avait séduit madame Dion mère et la jeune Céline au début de leur collaboration. Il n'a de cesse d'imposer l'image d'une Céline Dion *winneuse*, d'accréditer la thèse d'une chanteuse que l'on s'arrache d'ores et déjà avec la volonté d'impressionner CBS.

Invitée à l'Eurovision 1989 à Lausanne, Céline chantera pour la première fois en anglais devant les télévisions. Céline Dion entourée de Lolita Morena et Jacques Deschenaux.

ÉPILOGUE

Céline Dion n'en a pas tout à fait fini avec l'Eurovision. En effet, elle y reviendra l'année suivante comme invitée vedette.
Date cruciale sur un plan personnel, en dépit du battage fait par René, la victoire de l'Eurovision n'aura été finalement qu'un élément parmi d'autres. Cependant, sa prestation l'année suivante aura un tout autre impact.
Conformément au règlement, le pays vainqueur reçoit le concours l'année suivant son sacre : l'édition 1989 se déroule donc le 6 mai à Lausanne, organisée par la Télévision suisse romande. La soirée télévisée s'ouvre par l'arrivée de Céline Dion à bord d'une limousine au palais de Beaulieu. Et là, c'est une jeune femme sûre d'elle-même et résolument sexy qui apparaît : look ultra voyant, tout en cuir, pantalon moulant, veste bleu électrique et haut talons : la Céline Dion virginale de 1988 s'est évaporée (et pour cause !). Forte du succès de son album et de sa tournée *Incognito*, elle a achevé sa mue. Elle traverse le hall, gagne la scène pour interpréter une version écourtée (moins de deux minutes) de « Ne partez pas sans moi ». L'ayant rejoint sur scène avec son coprésentateur Jacques Descheneaux, la comédienne Lolita Morena annonce :
« Céline Dion a choisi d'interpréter son premier titre en anglais "Where Does My Heart Beat Now" ce soir en première mondiale ». Le pari est osé d'autant que le single n'existe encore pas.
Mais cela va se révéler un coup de maître ! En effet, en mai 1989, Céline est encore en studio où elle enregistre son premier album anglais qui ne sortira qu'un an plus tard en avril 1990. Par conséquent, « Where Does My Heart Beat Now » n'est pas commercialisé, et ne le sera qu'en octobre 1990.
Mais, il s'agit d'ores et déjà d'imposer la transition qu'elle opère vers le marché américain. Et c'est exactement ce que fera la performance habitée de Céline Dion ce soir-là. Une intensité d'autant plus impressionnante qu'elle étrenne quasiment son anglais en public et à la télé. Elle est si spectaculaire qu'elle va retenir l'attention des dirigeants des Studios Disney cherchant une chanteuse pour la BO de *La Belle et la Bête* en 1992.

1987-1990

RETOUR INCOGNITO

« J'suis dans l'bain, un tourbillon, et puis l'eau est chaude et c'est René qui s'est toujours occupé pour que l'eau reste chaude et quand il fallait que je saute sur le tremplin à 15 pieds puis à 20 pieds, je faisais le saut, mais je m'inquiétais pas de savoir s'il y a de l'eau dans la piscine, lui il faisait son job, il s'assurait qu'il y en ait et qu'elle soit à bonne température, il disait quand "je dis go elle va faire son plongeon". »

Céline Dion

Céline Dion fait son retour à la télévision dans le *Star d'un Soir* de Pierre Lalonde à Noël 1986, quatre mois avant la parution de son futur album *Incognito*. Le cadre et le moment se prêtent mal à dévoiler sa métamorphose même si elle affiche une assurance nouvelle et une maturité qui s'expriment dans la façon dont elle aborde « Ce n'était qu'un rêve » : la version jazzy qu'elle en fait démontre le chemin parcouru et annonce la nouvelle artiste qu'elle est devenue, celle que le Québec s'apprête à (re)découvrir.

Peu remarquée, comme celle du medley de l'été, cette prestation contient en creux la suite.
Revenant sur son absence, elle avoue craindre d'être un peu rouillée : « Un an quasiment, un an et demi que je n'ai rien fait, je me suis beaucoup ennuyée, j'ai trouvé ça très long, mais je pense qu'il fallait le faire (...) Je suis nerveuse ce soir plus que jamais parce que c'est spécial et puis j'ai comme l'impression d'avoir perdu du métier, ça fait trop longtemps. »
La décision, explique-t-elle, a été prise en accord avec son impresario « Je pensais que ce serait bon de me retirer, on l'a fait pour une chose parce que moi j'aime tellement ça chanter que je voudrais surtout pas tanner les gens », expression idiomatique qu'elle réitère sous une pluie d'applaudissements : « Je ne voudrais pas que le monde soit tanné de me voir. Je suis contente, c'est spécial d'être là. »
Incognito paraît en 1987. C'est l'album du virage à 180° se signalant par une première collaboration avec Luc Plamondon qui lui écrit la chanson titre et « Lolita ». Pour le reste, Eddy Marnay est encore présent avec 5 textes, mais c'est la

dernière fois. Côté musical, Aldo Nova a composé et produit un tiers de l'album. L'ex-guitar hero québécois avait fait une percée sur le marché américain en 1981 avec son second album multiplatine avant de devenir un songwriter prolifique. Outre ces premières chansons offertes à Céline, il va jouer dans quelques mois un rôle important dans la conquête de la terre promise.

De retour aux affaires, Angélil a retrouvé une jeune femme transformée qui a gagné en assurance, convaincue et ravie d'attirer son attention. Il avait déjà constaté ces changements l'an passé, mais cette fois il est soufflé. Il confiera dans l'une des bios officielles : « Après sa transformation physique en 1986, je ne la regardais plus pareil. Je la trouvais physiquement attractive, mais je me contrôlais, essayant de ne plus y penser pour ne pas endommager la carrière de Céline, j'étais trop vieux et les gens ne me pardonneraient pas. »

Le lancement de l'album se fait au Capitole, une discothèque à la mode de Montréal.

Angélil y a convié le gratin du monde musical radio et télé qui ne programme plus beaucoup Céline. À leur tour de découvrir une Céline nouvelle ! L'enjeu est important : avec ce disque de variété pop années quatre-vingt et cette nouvelle image, Céline Dion tourne en quelque sorte le dos à son public originel pour séduire un auditoire plus contemporain.

Photo de gauche :
avec Luc Plamondon en 1993.

Photo de droite : le guitariste
Aldo Nova en 1983.

L'écart est conséquent entre la petite fiancée du Québec aux chemisiers sages boutonnés au col vocalisant immobile pour le pape et cette lolita en perfecto et jupe blanche qui danse en se déhanchant sur la petite scène de la discothèque. Rien ne dit que cette métamorphose soit acceptée. Luc Plamondon, le premier, n'est pas convaincu. Furieux, il craint un suicide commercial : peut-on imaginer une Mireille Matthieu (encore elle !) en mini-jupe et cuir ?

Mais justement ce soir-là, Céline Dion va en finir avec Mireille. Elle ne veut pas se laisser enfermer dans cette case. Ne serait-ce que par son identité canadienne et la double culture qui la caractérise : si elle a voulu chanter comme Ginette Reno, elle flashe aussi sur Michael Jackson, se reconnaît dans l'héroïne de *Flashdance*.

Ses rêves galvanisent ses aspirations et ses aspirations galvanisent son ambition. À René de polymériser l'ensemble en imposant ce nouvel alliage au monde.

Non seulement, ce soir-là, elle enflamme le Capitole, mais *Incognito* plaît. On souligne la qualité des textes associés à cette musique plus moderne, mais aussi la production soignée : loin d'être incognito, la nouvelle Céline est visiblement « bien dans sa peau ».

Précédé par son single, l'album démarre très fort. Le clip participe à ce succès. On en parle encore aujourd'hui au Québec, ce sont les images de cette vidéo que l'on utilise lorsqu'il s'agit de souligner l'éclosion de la Céline moderne : sexy, maquillée, rouge à lèvres et permanente frisée, elle renvoie l'image d'une jeune fille de son temps. Quelques inserts

suffisamment visibles viennent discrètement sexualiser le clip : au plan d'un homme la déshabillant du regard répond celui que Céline pose sur la statue d'un Apollon grec.
Ne se contentant pas d'apparaître en vidéo, elle va à nouveau écumer les plateaux télé, multiplier les prestations avant et pendant sa tournée : Radio-Canada lui consacrera plusieurs émissions spéciales. Au cours des *Beaux Dimanches* du 27 septembre « spécial Incognito », elle apparaît tour à tour en Lolita, en vamp à la Garbo, en rockeuse ou en Marilyn avec un morceau qui fait secrètement écho à se sentiments « My Heart Belongs To Daddy » !
Très à l'aise désormais, elle osera même dans un autre show télé un sketch très drôle pour lequel elle s'enlaidit – « jupe de religieuse », grosses lunettes et perruque – avant de se lancer dans un remake remarquable du clip de Madonna « Papa Don't Preach ». On la voit prendre un malin plaisir à se lamenter : « Madonna : Madonna ! Il n'y en a que pour Madonna ! »
Ces imitations feront d'ailleurs partie intégrante des shows de la tournée *Incognito*. Et c'est sur scène d'ailleurs que sa « métamorphose » sera la plus stupéfiante. La jeune fille un peu transie et immobile va se transformer en une artiste de scène accomplie, dimension qui dans les années à venir deviendra l'une des composantes de son succès international.
Sa première grande tournée *Incognito* va confirmer son succès au Québec : le disque se vendra dix fois plus qu'en France où le succès est bien plus modéré.
C'est en capitalisant sur ce succès qu'Angélil va chercher à convaincre sa maison de disques de publier un premier album anglophone de Céline Dion afin de conquérir d'abord le reste du Canada et à terme les États-Unis.
Il faut s'imaginer combien c'est là une gageure : au désintérêt des Canadiens et Américains pour les artistes francophones, au fossé culturel aussi, s'ajoute ici cet antagonisme historico-politique difficile à comprendre de l'extérieur, mais qui agit comme un mur infranchissable entre le Canada anglais et le Québec. Deux mondes clos sans porosité.
Les tractations pour convaincre CBS souffriront de ces a priori, de ces conflits. D'autant qu'elles se dérouleront coincées entre deux référendums majeurs au Québec qui polluent le climat.
La signature avec CBS International résultera de l'impeccable coordination entre le travail d'Angélil en coulisse et celui de Céline sur le devant de la scène. C'est là sans doute la plus importante réussite commune de leur « team » : l'expression fera d'ailleurs florès à leur sujet dans les médias à cette époque. Leur implication mutuelle et en relais sera déterminante. Sans le travail de l'ombre d'Angélil, sans son obstination, sans ses relations aussi, Céline n'aurait sans doute pas enregistré son premier album anglophone aussi tôt ni bénéficié de l'appui auquel elle aura droit. Chacun selon ses compétences et sa fonction aura œuvré à ouvrir des portes jusque-là fermées et puis à abattre les murs, bref, à fracturer le réel. Angélil lui décroche ces opportunités uniques qui interdisent de se rater ; elle les transcende à grand renfort de performances tout aussi uniques.
Step by step, René va d'abord valider un contrat décent qu'il va parvenir à bonifier. De son côté, sa protégée s'emploiera à donner des gages de son potentiel quand il le faut.

§

Lorsque s'ouvrent les négociations pour le second album de Céline pour CBS, fort du succès d'*Incognito*, Angélil commence par sécuriser une clause selon laquelle la Major garantit une provision de 30 000 dollars pour l'enregistrement d'un album anglophone. Malgré la modestie de la somme, c'est une première étape.

Céline Dion
sur scène en 1988.

La suivante sera décisive. Elle s'articule en deux actes, deux moments forts à quelques mois d'intervalle, l'un sur terre canadienne francophone, l'autre en terre canadienne anglophone.

Premier acte : chaque année en juin, à l'instar de CBS USA, CBS Canada organise dans un cadre bucolique une convention nationale réunissant une centaine de leurs cadres (producteurs, DA, décideurs...). Entre deux parties de golf ou de tennis, on étudie les chiffres de l'année, on discute stratégie et l'on invite quelques artistes maison, notamment les nouveaux venus, à se produire sur scène : c'est à l'issue de l'une de ces conventions que Bruce Springsteen venu jouer seul en acoustique se retrouvera affublé de l'étiquette « nouveau Dylan » !
D'ordinaire ces conventions se déroulent dans de luxueux hôtels montagnards en terres anglaises, mais en 1987, elle se tient exceptionnellement au Québec, à l'Esterel, le grand hôtel des Laurentides au nord de Montréal. Angélil ne laisse pas passer sa chance : il contacte le président de CBS Canada, Bernie Di Matteo. Par amitié, mais aussi pour récompenser ses chiffres de vente, il invite Céline Dion à venir interpréter deux titres d'*Incognito*, cet album qui marche bien dans le monde francophone et qu'il n'a sans doute pas vraiment écouté.
Ce soir-là, devant un parterre de quelque 150 pros roués et peu impressionnables, elle interprète ses deux hits en français. Sa prestation lui vaut un accueil tout au plus poli. Tout va changer lorsqu'elle revient sur scène remplaçant Vonda Shepard aux côtés de Dan Hill sur son hit du moment « Can't We Try ». Sa performance vocale soulève toute la salle saluant par une longue standing ovation la performance de la jeune Québécoise.
Le soir même, absolument extatique, Angélil va trouver Paul Faberman, le jeune vice-président de CBS/Sony encore sous le charme. Battant le fer tant qu'il est chaud, le manager lui rappelle les engagements de la maison de disques en insistant sur le carton réalisé par *Incognito* dont les singles passent même en radio à Toronto, la ville la plus cosmopolite du pays. Il lui fait comprendre qu'il est peut-être temps que Sony honore sa parole et lui donne réellement les moyens d'enregistrer un album en anglais sachant que 30 000 dollars n'est pas une somme suffisante.
Fidèle à sa réputation d'homme de décision rapide, Faberman ne tergiverse pas et triple l'enveloppe dès le lendemain : Angélil dispose de 100 000 dollars pour le premier album. Une somme conséquente, mais en joueur aguerri, il va la remettre en jeu.

Deuxième acte : il se déroule le 2 novembre 1987 lors de la cérémonie des Junos, les Grammy awards canadiens, retransmise en direct depuis Toronto.
Incognito, Céline l'est du grand public hors Québec ; cependant les professionnels de la musique ne peuvent ignorer le succès de son album dans le monde francophone : un entrefilet dans le prestigieux *Billboard*, la référence du métier, a d'ailleurs signalé la chose en parlant du « phénomène Céline Dion » (sic).
L'invitation est plus diplomatique, voire politique, qu'artistique à l'heure où le Québec menace de faire sécession.

L'édition précédente avait accueilli la Québécoise Martine St-Clair : certes, sa prestation avait plu, mais elle ne lui avait ouvert aucune porte. Angélil n'ignore pas que son artiste sert en quelque sorte de caution aux Anglo-Saxons, mais ne perdant pas ses objectifs de vue, il va retourner la situation et se servir des Junos pour accroître le crédit de Céline au-delà du Québec en choisissant de la faire chanter en anglais. Hormis quelques courts medleys pour une ou deux émissions au Québec, jamais Céline n'a chanté live en télé en anglais. Le défi est de taille : il s'agit de frapper fort, de marquer les esprits dans un événement télévisé devant une salle composée de l'ensemble des professionnels de l'industrie du disque. Angélil a toute confiance : Céline fera le job. Moins d'un an après sa formation chez Berlitz, elle est pourtant encore loin d'être bilingue, mais son accent déjà excellent est insensible lorsqu'elle chante. Reste à choisir la chanson idoine : l'évidence inclinerait vers une reprise, un classique qu'elle puisse transcender, mais finalement d'un commun accord, Vito Luprano, le directeur artistique de CBS, Angélil et Céline optent pour « Just Have A Heart » d'Aldo Nova, un titre composé pour Jenna Simons. Céline a enregistré pour *Incognito* son adaptation française sous le titre « Partout je te vois » qui sortira en single en janvier 1988.
Dans l'urgence, Angélil rappelle Aldo Nova : il va retravailler le morceau en studio deux jours de rang, le réécrire et l'arranger pour la voix de la Québécoise. Il deviendra « Have A Heart » : chanson porte-bonheur, Céline la réenregistrera quatre ans plus tard pour *Unisson*.
Lorsqu'elle pénètre sur la scène des Junos, une partie du public de la convention CBS/Sony de juin est là qui a fait circuler son nom. Face à l'ensemble des gens de l'industrie canadienne du disque, en direct devant les caméras, elle livre une prestation pleine de confiance et d'émotion qui déclenche une ovation rare. La presse le lendemain est dithyrambique. « Elle a époustouflé tout le monde », écrit un journaliste.
Angélil résume cet enthousiasme : « Toute la salle voulait savoir qui elle était, ça lui a pris une chanson pour devenir une star au Canada. J'ai la chair de poule quand j'en parle, je savais que sa vie allait changer ».
Dès le lendemain, DA et Talents scouts des autres Majors Compagny sont sur la brèche. Jusque-là demandeur, René Angélil est soudain très sollicité. Ce qui va mettre CBS/Sony au pied du mur. Dès le lendemain après-midi, René et Vito sont dans le bureau de DiMatteo qui triple une nouvelle fois le budget, lequel passe de 100 000 dollars à 300 000 dollars. Voilà qui permet de commencer à envisager de travailler avec des pointures et sur ce plan le gérant a des idées très arrêtées : depuis le début, il pense au wonderboy de l'industrie du disque commercial du début des années quatre-vingt que l'on s'arrache : David Foster. Il avait fait une entrée fracassante dans l'industrie avec Earth Wind and Fire avant d'aller produire les albums les plus vendus des vétérans de Chicago : leur pop jazzy variété ultra produite, au goût de soupe riche quand même bien tiède leur vaudra d'être six fois disques de platine entre 1981 et 1986. Auteur-compositeur producteur arrangeur, Foster est une machine à hits. Et puis il est canadien ! Originaire de Victoria, il incarne à lui seul la chanson *mainstream* de qualité à la production léchée. De Sinatra à Barbra Streisand en passant par Neil Diamond, nombre d'icônes historiques ont trouvé avec lui un second souffle musical dans les années quatre-vingt.
Reste à le convaincre. DiMatteo se montre très clair : il ne peut rien faire de plus pour Angélil sinon lui donner les coordonnées du producteur. Qu'importe ! Ce qui n'était qu'un fantasme 6 mois plus tôt s'est transformé en possible. Le chemin parcouru est déjà phénoménal, mais pas question de brûler les étapes. Aussi confortable que soit d'ores et déjà le budget alloué, pour avoir par deux fois triplé la mise, Angélil va pousser sa chance, mais la route est encore longue...
Et justement, c'est sur la route que Céline va à la fois enraciner sa métamorphose et démontrer que celle-ci ne se limite pas à

David Foster, architecte du succès anglais de Céline, (à droite) enlace Gregg Phillanganes et Sheila E.

une simple mue physique, à une image artificielle, mais qu'elle est devenue une performeuse exceptionnelle, une qualité insoupçonnable jusque-là. Certes techniquement l'*Incognito Tour* est sa seconde tournée, mais l'artiste qui se présente sur scène en 1987 est à des années-lumière de la jeune interprète de la tournée 1985 : la Céline un peu effarouchée malgré sa confiance vocale, statique derrière son micro à la gestuelle emphatique s'est transformée en une performeuse redoutable. Par la suite, lorsque certains critiqueront l'uniformité de sa production discographique, c'est sur scène qu'elle démontrera tout son potentiel, assurant des shows *high in energy* qui lui rallieront une fan base dévouée et des audiences monstres.

Tandis que son impresario sonne aux portes, elle va à la rencontre du public sillonnant le pays. *Incognito* prend des allures de manne à hits inépuisable — 6 des 8 chansons paraîtront en single — Céline est sans conteste l'artiste de l'année au Québec. La scène va confirmer l'ampleur de son succès et sa métamorphose en une artiste pluridisciplinaire. Son aisance fait merveille, son engagement physique conquérant enthousiasme. Réglé au cordeau par Jean Bissonnette, le show est conçu pour lui permettre de démontrer l'étendue de sa palette : il allie danse et chansons originales plus reprises avec des numéros parodiques et des imitations mettant en valeur son humour, nouvelle corde à son arc révélée là encore par cette tournée. Aux reprises de classiques, elle accole des chansons contemporaines, des parodies amicales de hits pour lesquelles elle se grime en Michael Jackson, Cyndi Lauper, Diane Dufresne, Mireille Mathieu... Elle y ajoute une dose nécessaire d'autodérision malgré la conception un peu rigide du show puisqu'il se dira que tout est écrit au mot près, laissant peu de place à l'improvisation et une marge de manœuvre réduite à une artiste dont la spontanéité pourtant fait merveille.

« *L'Incognito Tour* a marqué le show-business québécois, se souviendra Savage, c'était un feu roulant. Des gros rocks, des ballades, des standards, des sketches comiques. Céline faisait des imitations hallucinantes de plusieurs chanteuses et du "Bad" de Michael Jackson. »

L'équipe réunie – techniciens et musiciens pour la plupart québécois – restera inchangée pendant des décennies, quasiment jusqu'en 2014 ! Une fidélité et une longévité à peu près unique dans le monde du spectacle qui doit beaucoup à l'intransigeance de René Angélil. Il maintiendra cette équipe contre vents et marées résistant à la pression des promoteurs, tourneurs, DA qui chercheront à lui imposer des armées de pro *made in USA*. Pas question : *fabriqué au Québec !* Et c'est non négociable.

Il y a là déjà entre autres Claude Lemay, aka Mego, le pianiste (futur directeur musical des shows de Vegas), Daniel Baron, René Savage (futur directeur musical du *Taking Chances Tour* de 2008)...

La tournée s'élance le lundi 11 janvier 1988 à Rouyn, écumant le nord du pays jusque fin janvier. En l'absence de René, Francine Chaloult s'assure de la présence continue de Céline en télé et dans la presse. Reposant sur une impeccable corrélation entre concerts et apparitions dans les médias, ce fonctionnement restera le modèle de chaque tournée suivante à des échelles bien entendu démultipliées.

Après quelques derniers réglages à Laval, Céline s'installe au Théâtre St-Denis de Montréal du 10 février à début mars : elle y donnera un total de 42 concerts en 1988 (21 en février-mars, 6 du 12 au 17 avril, 6 autres en juin, 4 en septembre et 5 en décembre). La première réunit sa garde rapprochée et ses meilleurs soutiens : René bien sûr, Plamondon, Eddy Marnay et sa femme Mia, Ben Kaye, Jean-Pierre Ferland...

De populaire dans ses très jeunes années, la Québécoise achève sa mue en devenant une proto-star dans son pays. Et par conséquent un sujet de débat animé. Si les éloges sont nombreux, les critiques suivent fatalement de près et elles ne sont pas tendres. La plupart émanent d'une presse plutôt « intello » incarnée par un hebdomadaire comme *Le Devoir* ou le journal *La Presse* qui s'interrogent avec de sérieux a priori très québécois sur la portée de ces shows à l'américaine. On peut lire par exemple : « La façon dont on nous présente Céline Dion est une tentative pour conditionner le public à l'appréhender automatiquement comme une star. Ce qui est loin d'être le cas (..) Céline Dion n'a pas d'univers personnel. »
Comme la France a un problème avec l'argent, le Québec n'aime pas tout ce qui peut apparaître comme une forme de starification. L'ambition là-bas se confond avec de l'arrogance. Question de mentalité, réaction viscérale aux valeurs américaines, ces voisins dont on supporte mal le mépris ressenti.
Céline Dion a beau avoir seriné « Je ne suis pas et je ne me vois pas comme une star », les déclarations de son manager entretiennent le doute. Elle saura elle-même rectifier le tir grâce à de nombreuses émissions télé où sa nature, son naturel, son autodérision s'emploieront à démontrer qu'elle reste une fille du peuple. Mais sur le moment, à 19-20 ans, elle a l'air d'être une créature aux mains d'un manager certes dévoué à sa cause, mais aux dents longues, un « gérant » qui exaspère par les plans qu'il tire sur une comète en forme d'étoile. En février 1987, il annonçait d'ailleurs à la presse qu'un deal était bouclé avec CBS/Sony qui allait investir un million de dollars minimum dans le premier album anglophone de Céline dont l'enregistrement débuterait à l'automne. À l'époque, en réalité, il n'était parvenu à arracher que 30 000 dollars de provision, quant à l'album, automne ou pas, il faudra patienter encore trois années. Dans la foulée, il déclenchait un immense fou rire en affirmant face caméra dans un reportage retraçant l'itinéraire de sa protégée qu'en l'an 2000, « elle aura déjà joué dans plusieurs films hollywoodiens, une comédie musicale », engrangé plusieurs *Grammy* et des disques d'or à gogo. La folie des grandeurs !
Le futur lui donnera bien sûr raison, transformant le baratin en oracle et le « mythomane » en grand sorcier infaillible, en véritable « maître du jeu ». Un visionnaire ! Ce qui quand même est loin d'être le cas pour peu qu'on reprenne les éléments dans le sens chronologique montrant une conception datée, voire obsolète, du management rappelant celle d'un Colonel Parker qu'il idolâtre et rencontre souvent. Car à ce sujet, il ne faut pas se tromper, s'il fut un redoutable négociateur, Parker, personnage équivoque, aura plus brillé par l'image qu'il donna de lui-même que par la pertinence de ses choix. S'il protégea Elvis à ses débuts des personnages peu recommandables qui composaient le monde du management des années cinquante, son rôle par la suite reste discutable, notamment après 1960, d'autant qu'il n'aura jamais rien compris au talent hors norme de son unique client appréhendé en simple moneymaker — ce qui n'est pas le cas de René Angélil. Totalement dépassé dans les années soixante-dix, il finira par lui nuire.
La stratégie mythomaniaque d'Angélil consiste à tenir exclusivement un discours positif qu'il qualifie de *winner* construit sur une exagération constante des faits frôlant la contre-vérité.

Au-dessus : Elvis, révélation pour René Angélil, mais son vrai modèle n'est-il pas le Colonel Parker ?

À droite : Céline en février 1988.

UNE FILLE EXCEPTIONNELLE • UN TALENT FABULEUX • • ELLE DOMINE LA SCÈNE • SPECTACLE GRANDIOSE • • UN BIJOU
CELINE DION
LE SHOW DE L'ANNÉE
UN SEUL SOIR
31 MAI — 20h30
EN VENTE MAINTENANT
VENEZ REVOIR LA MEILLEURE PERFORMANCE SUR SCÈNE DE L'ANNÉE
GALA FÉLIX 88
À REDÉCOUVRIR
THEATRE ST-DENIS

Au printemps 1988, alors que Céline fait souffler un vent de jeunesse sur tout le Québec et que René continue de perdre des sommes astronomiques au jeu – il laissera en une nuit 65 000 dollars sur une table d'Atlantic City –, David Foster travaille avec Paul McCartney. Il n'a répondu à aucun des messages du gérant canadien. Au point mort depuis février 1988, le projet ne rebondira que plusieurs mois plus tard. C'est sans doute ce qui décide René à inscrire Céline au Concours de l'Eurovision où elle va représenter la Suisse le 30 avril. Prudent, il ne veut pas négliger le marché européen. Il faut bien l'admettre : si elle a réussi à se réinventer localement, Céline est essentiellement une vedette dans son pays. Son succès se limite alors au Québec. « D'amour ou d'amitié » est son seul hit en France et il date de 1983 ! Quant à sa métamorphose, elle n'a pas vraiment retenu l'attention. Son album *Incognito* l'est resté (à peine 20 000 copies) ! Qu'à cela ne tienne : s'associant à un label allemand, René Angélil vise le marché germanique, potentiellement l'un des plus profonds. Le concours de l'Eurovision n'est qu'un tremplin pour y lancer une offensive discographique.

Cependant, il persiste avec les Anglo-Saxons. L'homme y compte de nombreuses relations dans l'industrie du disque et dans le spectacle. C'est l'une d'entre elles qui va finalement réussir à attraper le Foster au vol pour lui montrer la vidéo d'une captation live de Céline. Décelant immédiatement l'immense potentiel de la chanteuse, mais aussi de la performeuse, David Foster contacte Angélil et saute aussitôt dans sa voiture, affrontant une pluie diluvienne, pour aller voir de lui-même le phénomène sur scène sous un chapiteau battu également par la pluie. Le Canadien a confirmation de son talent avec la conviction qu'il y a en elle quelque chose, un *je ne sais quoi*, qui peut plaire aux Américains. Mais 300 000 dollars, ça n'est pas suffisant pour produire un album de qualité selon ses standards.

Foster s'engage à aller parler à Paul Burger, le nouveau boss de CBS (entre 1989-1992) tandis qu'il charge René de retourner voir Bernie DiMatteo afin de lui arracher le double de la somme engagée en mentionnant son implication. Avec Foster à ses côtés, Angélil a un allié de poids : une conférence téléphonique à quatre aura lieu. Le budget passera de 300 000 dollars à budget illimité.

« J'ai été le lien pour passer à un niveau supérieur », confiera Foster. Malgré une contribution plus modeste qu'attendue sur ce que sera *Unisson*, son implication fut essentielle dans la mise en route de l'album : on le verra à la télé anglo-saxonne en duo avec cette jeune Québécoise lors d'un gala *benefit* contre la fibrose, cause chère à Céline, le 17 décembre 1989 où ils interpréteront « Hard To Say I'm Sorry ». Très lié au couple que formeront dès mai 1988 Céline et René, il les accueillera souvent chez lui à Los Angeles. Pour travailler comme pour leur permettre de vivre leur histoire loin des regards inquisiteurs.

Au-dessus :
Céline Dion, assaillie par ses fans.

Page de droite :
Le couple encore secret manager/chanteuse en 1990.

En effet, au cours de la nuit du 30 avril au 1er mai qui a suivi la victoire à l'Eurovision de Céline Dion, la jeune femme et son gérant ont laissé parler leur sentiment pour partager leur première nuit ensemble.

Les bios officielles relatent les faits comme si on y était : « Chaque soir depuis la première tournée en 1985, il l'embrassait sur les deux joues et lui souhaitait bonne nuit et au soir de cette journée de gloire et de triomphe, il était sur le point de partir sans l'avoir embrassée. Il avait déjà ouvert la porte, elle se précipita en travers de la porte "Tu ne m'as pas embrassée, René Angélil". Il l'embrasse sur la bouche, dans le cou et la serre contre lui, puis il la relâche brusquement et part dans sa chambre, mais Céline lui intime l'ordre de revenir. Une narration totalement écrite par les protagonistes eux-mêmes ! »
Céline a-t-elle été séduite, comme l'affirment certains ouvrages, par l'homme en plein divorce, esseulé et malheureux avec l'envie de *« le protéger pour qu'il n'ait plus de douleur ? À 17-18 ans, elle était affligée de ce qu'on appelle le complexe de la nurse. Elle n'était plus dupe de l'image qu'il projetait, elle préférait l'homme qu'elle découvrait, imaginait et désirait. »*

Dans un long entretien télé à la fin des années quatre-vingt-dix, Angélil expliquera pour sa part avoir « vu une autre personne en travaillant sur *Incognito*. Comme le public, j'étais amoureux de son talent, je ne savais pas que j'étais amoureux d'elle, mais je ne la regardais plus de la même façon. Ça me travaillait, ça c'est sûr, je pensais à elle de plus en plus. J'étais déjà divorcé à l'époque, j'étais seul, mais je me disais, ça n'a pas d'allure, j'essayais de m'enlever ça, ça n'a pas d'bon sens, et c'est arrivé comme ça, un jour où on était en Irlande ».
Avant de reprendre sa tournée québécoise, dans l'aspiration de sa victoire à l'Eurovision et des plans de conquête teutonne, Céline passera une semaine en Europe à promouvoir la chanson, mais aussi une compilation fort opportunément parue au lendemain du concours.
En dix jours, elle va accomplir un mini marathon médiatique ponctué de deux jours de pause et de shopping à Paris. Il débute le 10 mai à Zurich, passe par Paris pour l'enregistrement de *Sacré Soirée*, file vers Copenhague, revient en France pour *Intercontinental* de Guy Lux, et se poursuit en Allemagne où elle participe à *Wetter Das*, le Champs-Élysées germanique, aux côtés d'Elton John qui promet de lui écrire une chanson (ce qu'il ne fera pas). Le 16 mai, elle chante au festival de Mon-

treux retransmis dans les pays francophones dont le Québec – en direct sur la chaîne privée TV Métropole/en différé sur Radio-Canada dans le cadre d'une soirée spéciale Céline Dion où est rediffusé le show *Incognito*. Après un passage à Cannes, elle participe à *Lahaye d'Honneur*, l'autre grande messe de la chanson sur TF1. Le périple s'achève à Rome par *Dominica*, la grande émission de variétés italienne.

§

Ayant choisi de taire et de cacher leur relation, Céline et son *géramant* débutent un jeu de chat et de souris avec les médias, nourri de rumeurs, de mensonges et d'esquives, un jeu qui durera 5 années très mal vécues par la jeune femme comme le montreront diverses interviews, notamment celles de 1990 ou de 1992 avec Liz Payette (auxquelles nous consacrons plus loin deux chapitres). Seul le premier cercle est dans la confidence : « Tout le monde dans l'orbite de Céline savait combien elle était amoureuse de René depuis 1985-1986 ». Ce dernier a l'intelligence d'immédiatement informer ses enfants de sa relation avec Céline. Eddie Marnay, qui vit lui-même une idylle sentimentale avec une femme plus jeune de 25 ans, l'incite à vivre selon ses sentiments. Du côté de Céline, c'est moins simple. Dévastée, Thérèse Dion est particulièrement braquée envers l'homme en qui elle avait placé toute sa confiance, ce professionnel qu'elle respectait et admirait. Elle aurait, dit-on, des pulsions meurtrières qui vont inciter Angélil à se méfier d'une fureur assez compréhensible : à la place du prince charmant athlétique espéré, elle a pour beau-fils un presque quinquagénaire ventripotent à catogan, accessoire années quatre-vingt caractéristique des vieux beaux de l'époque. C'est dire si elle se montre d'abord opposée à cette histoire. Mais Céline n'en a cure. Elle a la détermination de sa mère, l'insouciance de son âge et la volonté de sa propre complexion. D'ailleurs, si ça n'avait tenu qu'à elle, il semble bien qu'elle ait été plutôt encline à afficher son amour au grand jour avant de consentir au secret en se rangeant à la décision de prudence choisie par René. Une chose est sûre : elle en souffrira plus que son amant.

Pour bien marquer son désaccord, maman Dion boudera sa fille de longs mois avant d'infléchir sa position. Une fois le couple marié, la belle-mère et son gendre, s'accordant comme on accorde un violon, diront à l'unisson avoir eu finalement une longue discussion par laquelle René regagna l'affection de maman Dion. Concordance parfaite ! Happy end.

§

Elton John a toujours promis à Céline Dion de lui écrire une chanson. Mais ça ne les empêche pas de faire le bœuf, ici à Las Vegas en 2006.

La tournée *Incognito* reprend dès le retour d'Europe avec le concert du 24 juin qui va déclencher la première grande polémique que de nombreux commentateurs appréhendent paradoxalement comme le point de départ de l'ascension internationale de Céline Dion.

Chaque année, pour la Saint-Jean-Baptiste, Radio-Canada organise sous la direction de Gabriel Dubé une grande fête gratuite qui est traditionnellement une fête de la francophonie dans la Ville Reine dotée d'une forte concentration de francophones. Présentée par Claude Deschênes, la manifestation se déroule au centre Harbourfront sur les rives du lac Ontario.

L'annonce de la venue de Céline va attirer une foule record : « Il n'y avait jamais eu autant de monde », confirmera Dubé. Claude Deschênes et Diane Chaperon-Lor se souviennent eux « d'une foule en délire parce qu'on avait vraiment un débordement de foule. Ça débordait jusqu'au bord du lac. »

Avant sa prestation, Céline a annoncé la couleur : dans une interview radio, elle révèle qu'elle chantera en français, mais aussi en anglais, des reprises de chansons qu'elle aime.

Certes, Toronto est une ville du Canada anglais, mais ce choix de chansons anglophones doit beaucoup à la présence aux premiers rangs de pontes de CBS. Reprise dans la presse, l'info fait du bruit. Des auditeurs appellent pour le regretter, d'autres dénoncent l'occupation des premiers rangs par des officiels anglo-saxons.

Dans une robe rouge ultra sexy, Céline Dion enthousiasme d'abord son public avant de se faire siffler pendant son long medley de tubes américains. « Ça, ça n'a pas été bien reçu par plusieurs spectateurs qui venaient d'un peu partout pour fêter le fait français », se rappelle Claude Deschênes. Déconcertée

par la réaction du public, Céline fait face et s'adresse à ceux qui la huent bruyamment : « Que je chante en anglais ou en espagnol, mon cœur restera toujours francophone. » La pluie écourte le show, abrège le calvaire. « À l'époque, c'était le seul événement francophone d'envergure, explique Dubé, la Saint-Jean organisée par Radio-Canada, c'était comme Noël pour les francophones. Les gens étaient très attachés à cet événement. » Cette hostilité et la bronca qu'elle a suscitée reflètent les tensions qui agitent alors le Québec où les forces nationalistes donnent de la voix et en gagnent. Qu'elle le veuille ou non, Céline est la tête de pont du Canada français, symbole de la vivacité de sa culture. L'affaire fera couler beaucoup d'encre et quelques larmes de rage aussi au Québec où, très véhéments, les nationalistes les plus radicaux se répandront sur les ondes de Radio-Canada pour reprocher à la chanteuse sa pseudotrahison.

§

La majeure partie de l'année 1989 sera consacrée à la finalisation du deal CBS et, enfin, à l'enregistrement de l'album.
Début mai, Céline trouve le temps malgré tout de repasser par la Suisse où se tient le concours de l'Eurovision 1989. Gagnante de l'édition précédente, elle est invitée à venir chanter. Elle choisit d'interpréter « Where Does My Heart Beats Now », chanson encore inédite de son premier album anglophone, qui sera aussi son premier hit américain. Sa prestation aurait impressionné les pontes de Disney qui la contacteront bientôt pour la BO du dessin animé *La Belle et la Bête*. Symboliquement, avec cette performance, Céline Dion ouvrait sa carrière internationale, faisant ses adieux à la chanteuse pur jus Québec.

Enregistré dans les studios de Londres, Los Angeles et New York, *Unisson* est le produit de la collaboration des divisions québécoises, canadiennes et américaines de CBS, réunissant une équipe expérimentée de producteurs, d'auteurs et de compositeurs incluant entre autres Chris Neil, Paul Bliss, Tom Keane ou encore Aldo Nova avec son « Have A Heart » que produit ici David Foster. Responsable de la moitié de la production de l'album, il ne délivrera aucun des trois singles « If There Was Any Other Way », « Unisson » et surtout « Where Does My Heart Beat Now ». Parmi tout ce beau monde, il ne faut pas oublier le DA de Céline, Vito Luprano, qui s'occupera de 21 de ses disques et le mixeur Humberto Gattica, le complice de Foster depuis Chicago, récompensé pour l'album Bad de Michael Jackson en 1988. Ils seront l'un et l'autre des artisans du succès de la Québécoise dans les années quatre-vingt-dix.
Dès l'enregistrement de cet album, Foster annonçait à la presse : « Céline aura une place au plus haut, je ne sais pas si ça arrivera avec moi, ni avec cet album, mais ça arrivera et ce sera énorme. »

Céline Dion en 1990.

Si depuis la révélation de ses soucis de santé on note une forme de consensus au Québec autour de leur figure de proue, Céline Dion a longtemps été méprisée par l'intelligentsia québécoise et malmenée par des humoristes cathodiques. L'angle d'attaque a évolué en fonction de l'évolution de la carrière de « la petite » devenue une diva internationale, mais le trait a souvent été plus violent que drôle avec en arrière-plan l'ombre de René Angélil.

Qui est quétaine ?

Céline Dion parodies • imitations • sketches : une cible facile !

Pierre Barrette, professeur à l'École des médias de l'Université du Québec à Montréal, écrivait il y a peu : « Ça devient de plus en plus difficile de regarder Céline avec un petit regard en coin disant que c'est quétaine (ringard pour les Français). À l'époque où elle chantait pour le pape ou qu'elle faisait des ballades pour percer aux États-Unis, c'était facile de jouer ce jeu-là. Mais ça, c'était avant la notoriété qu'elle a acquise et qui rend les Québécois fiers. Maintenant, cette condescendance-là est perçue comme suspecte au Québec. »
Depuis quelques années *Le Petit journal* en France, ersatz de l'ancien « esprit Canal », promoteur d'un cynisme élitiste qui n'a rien de gratuit puisqu'il voudrait nous apprendre comment « bien penser », a fait de Céline Dion une cible. Mais ça n'est rien à côté de ce que la chanteuse a subi dans son pays depuis les années quatre-vingt.
Les humoristes des Bleu Poudre ou des émissions comme *100 Limites* étaient parmi le populaire au Québec. Sans même parler du groupe parodique Rock et Belles Oreilles (RBO) : formé en 1981, les RBO se voulaient provocateurs. Ils seront jusqu'en 1995 des incontournables dans le paysage télévisuel canadien.

Aux États-Unis, c'est Ann Gasteyer du *Saturday Night Live* qui incarnera Céline Dion dans de nombreux sketches. Sans rancune, la chanteuse l'invitera grimée en elle-même sur scène à Las Vegas devant un public hilare.
Au Québec, étonnamment les deux plus célèbres Céline Dion sont des hommes.
Après Guy A. Lepage des RBO, c'est Marc Labrèche qui, depuis plusieurs années se fait une spécialité de se grimer en Céline Dion. Un travestissement plus rude qu'inspiré, des parodies souvent plus violentes que drôles.

Céline Dion et Jean-Claude Van Damme à Monaco en 1996.

Parmi les plus récentes, il y a la parodie de 2017 du clip que la chanteuse avait tourné pour *Vogue*. Pour rappel, dans cette vidéo de prestige, Céline Dion jouait les mannequins, apparaissant dans un nombre invraisemblable de robes et de tenues des plus élégantes aux plus extravagantes. Un clip qui d'évidence jouait sur le second degré : il ne faut pas être grand clerc pour comprendre la dimension autoparodique de cette vidéo. Une façon d'épingler au passage une frange de haineux et détracteurs lui reprochant ses looks invraisemblables. Mais ce qu'il en ressort avant tout, c'est l'envie de s'amuser de Céline Dion, et de s'amuser ici, de et avec son image de fashionista. Ce qui semble avoir échappé à Marc Labrèche et à son équipe — et si ce n'est pas le cas c'est encore plus cynique ! In fine, il ne propose ici rien de plus qu'une parodie de parodie, ce qui a comme une fâcheuse tendance à limiter la portée humoristique de son clip décalquant servilement les séquences de la vidéo originale. Reste surtout une méchanceté et une certaine violence comme le plan où Labrèche grimé en Céline jette par mégarde dans la Seine la reproduction en latex de la main de René Angélil, reproduction qu'avait fait faire Céline en 2016 pour perpétuer leur rituel avant chacun de ses shows. Il y a aussi cette séquence d'un bel éphèbe se frottant frénétiquement contre la Céline parodique laquelle clame « C'est que de l'amitié ! », écho aux rumeurs de liaison de la chanteuse avec son danseur.

D'une façon générale, l'humour télévisuel québécois très graveleux ne fait pas dans la dentelle, mais il est extrêmement populaire et pour le coup l'expression idiomatique « faire quétaine », signifiant « être de mauvais goût » dont on a longtemps affublé Céline Dion, vaut largement pour qualifier un sketch comme « Céline Is Moving » ; on nage là dans la

farce un peu avariée : passe encore une première partie satirique mettant en scène Céline et René, chez eux, envoyant au rebut des présents offerts par Elton John et une tablette d'éprouvettes vides (allusion aux fécondations in vitro de Céline). La seconde partie est plus scabreuse : on suit une délégation de fans visitant la maison du couple sous la conduite d'une guide officielle. Pendant qu'ils photographient la cuisine de Céline comme si c'était un palais, la guide ouvre le frigo et découvre une autre plaque contenant une dizaine d'éprouvettes congelées pleines : *« Oh ! Look at that! Céline left us some popsicles ! »* (*« Oh regardez ça, Céline nous a laissé des glaces à l'eau ! »*) s'exclame-t-elle. Suit la scène de dégustation où chacun avale le liquide spermatique glacé, conclue par la guide s'extasiant : *« Délicieux ! Décidément, Céline a tous les talents. »*.
Pas quétaine du tout !
Le rôle de Céline est ici tenu par Guy A. Lepage, ex-leader du groupe RBO, qui l'aura incarné tout au long des années quatre-vingt-dix. Depuis 2004, Lepage s'est reconverti en endossant le costume sombre de son producteur Thierry Ardisson pour animer la version québécoise très branchée de *Tout le monde en parle*, toujours à l'antenne en 2024, dans laquelle il a reçu une Céline Dion peu rancunière.
Il jouait déjà Céline en 1992, dans le long sketch « National Geographic présente la conquête du monde de Céline Dion » : le sketch porte sur l'amplification de sa renommée à l'international. Le début de cette parodie est à la limite de l'insultant puisqu'on voit à l'image une guenon tandis que la voix off débite le titre et établit un parallèle entre la jungle et la jungle du showbiz.
La suite s'articule en 4 tableaux répétitifs récapitulant les passages de Céline dans des talk-shows fameux à travers le temps et l'espace. Chacun de ces tableaux est entrecoupé par l'extrait de Claudette Dion annonçant la victoire aux Félix de sa sœur en 1991 d'un « C'est Céline ! » resté célèbre : travesti en Céline, Lepage débarque sur le plateau de Jean-Pierre Coalier (joué par André Ducharme) clamant « Je suis si fière de moi. » Dans le second, elle remet une liasse de dollars à Jay Leno (joué par Bruno Landry) avant de s'exclamer *« I'm so proud of me »*. Dans le talk-show japonais, on assiste au hara-kiri de l'animateur et de Céline se plantant un couteau dans le ventre (?) — une vision assez restrictive de la culture nipponne au passage ! Dernier tableau, tout droit sorti de « l'imagination » des auteurs : le monde finalement conquis, Céline est reçue dans un talk-show de... martiens (si, si !) C'est Chantal Francke qui incarne l'alien dont le nom suffit à décrire l'apparence « la grosse bibite de l'espace ». Difficile d'ajouter quoi que ce soit à ce sketch, sinon qu'il est caractéristique de la façon dont l'ensemble des humoristes québécois ont épinglé leur star.

Au milieu des années quatre-vingt-dix, l'émission *100 Limites* de Pierre Brassard et Raymond Beaudoin mêlait sketches et interviews truqués ou décalés et se distinguait par ses provocations (l'agression de Beaudoin par P.E. Trudeau fera grand bruit).
En 1994, lorsque Céline officialisa sa relation amoureuse visiblement connue de tout le Landerneau médiatique, mais restée tue conformément à l'omerta imposée par René Angélil, les humoristes rassemblent plusieurs extraits significatifs de leurs émissions passées annonçant : « À *100 limites* nous sommes 100 % désolés d'avoir *fucké* le plan de marketing de René Angélil en annonçant 5 ans trop tôt sa relation avec Céline Dion. »
Un « mea culpa » s'affiche en banc-titre sur une image des deux futurs époux qui s'animent et grimacent. La première allusion daterait du 16 février 1989

via une interview bidonnée de Céline par le célèbre personnage du « journaliste bedonnant » joué par Beaudoin. Le dialogue donne ceci :
« Jeudi à Toronto/vendredi matin faire l'amour… ovulation, mais t'es enceinte ? Comment t'as fait ça ? », demande le journaliste dit bedonnant.
— Faut un bon gérant, j'en ai un, ça fait dix ans, répond Céline via un montage frauduleux.
— Quand est-ce qu'il veut que tu accouches ?
— Je peux pas te dire, faut demander à René. »

Même procédé d'interview truquée le 30 septembre 1990, mêmes protagonistes avec le renfort d'Angélil confirmant sa liaison avec Céline (« Elle est pas un peu jeune ? », demande le faux journaliste raccordé par l'image du manager acquiesçant).
Le dernier extrait datant du 4 février 1991 est bien plus intéressant et pour le coup plus gonflé que ces détournements et remontages précédents, procédés vus et revus. En effet, cette fois il s'agit d'un véritable échange entre Pierre Brassard toujours dans la peau de son personnage de journaliste et Céline Dion qu'il a alpaguée dans le parking souterrain du studio de la télé. Sur la défensive, un peu fermée, Céline attend la question qu'elle devine piégeuse : après l'avoir mise en confiance en évoquant son succès aux States, vient la vacherie : *« Do you French René Angelil? »* (franglais idiomatique qui signifie « avoir une relation intime »).
Décontenancée, Céline gagne du temps « Je sais pas si j'ai bien compris la question », mais soudain, une main couvre l'objectif. C'est René Angelil, resté en retrait, mais attentif, qui intervient et met fin au traquenard, passant un savon au trublion : « Je te le dis devant témoin là, tu vas pas passer ça ! J'apprécie pas ce genre d'interview. Je t'ai laissé faire en pensant que ça pouvait peut-être être bon. C'est pas drôle, moi j'aime pas ce genre. »
Quoi qu'on pense du fond, sur la forme, René Angélil est ici absolument dans son rôle de manager. Ce qui suit est en revanche plus dérangeant et confine à de la pure intimidation. Prenant à part Beaudoin, il demande froidement « Tu travailles à quel réseau ? Tu y tiens à ton job, toi ? » Si ses mots ne sont pas tous très audibles, on comprend qu'il s'agit moins de questions que de menaces. Le sketch, bien entendu, ne sera pas diffusé en télé ; inclus par la suite dans un DVD compilant le meilleur de *100 limites*, il sera finalement expurgé, sans doute à la demande d'Angélil.
On touche là l'une des explications de l'acharnement des humoristes envers Céline Dion, à savoir la contestation du pouvoir qu'exerça Angélil au Québec. Si les médias ne furent sans doute pas mis sous coupe, son interventionnisme pèsera sur toute l'industrie du spectacle au Québec où il était plus judicieux d'être dans ses petits papiers que dans son collimateur.
À la différence de son modèle le Colonel Parker, personnage abrasif, Angélil affichait une émotivité surjouée dans sa relation aux médias lui mangeant dans la main tout en se targuant d'être dur, mais juste en affaires. S'il a fait souvent mine en public d'accepter la caricature, en coulisse c'est une autre histoire.
Les trublions du paysage audiovisuel québécois et provocateurs s'engouffreront donc dans cette brèche-là, un exercice risqué, mais également un fonds de commerce puissant avec Céline Dion en dommage collatéral !
Dans les années 2000, Jacques Rougeau et son équipe de NRJ Canada 94.3 et les *Grandes Gueules* détournent « I'm Alive » en un potache « A M'énarve ». René Angélil contactera aussitôt la Radio NRJ pour interdire toute rediffusion sous peine de représailles.

Nouvel incident en 2008 impliquant Jean-Pierre Brassard, véritable bête noire d'Angélil. L'objet du conflit : un énième sketch parodique aux *Bye Bye 2008* raillant le besoin de pouvoir absolu du bon René. Courroucé d'être dépeint comme un obsédé par le contrôle, c'est en parfait obsessionnel du contrôle qu'il tentera en coulisse d'obtenir le licenciement de la directrice de Radio-Canada. L'info fuitera dans la presse québécoise.
Depuis le décès de René Angélil, évidemment, des langues se sont déliées qui racontent leurs démêlées avec lui, son influence, ses exigences et ses manœuvres.

JEU DE DUPES

Entretien avec Christiane Charette

Avril 1990

Le 2 avril 1990, Céline Dion lance son premier album anglophone *Unisson* au Métropolis de Montréal devant plus de 3 000 personnes. En fin de mois, Christiane Charette reçoit la chanteuse et son manager dans son émission télé. Bien moins connue que les fameuses interviews de Sonia Benezra, Julie Snyder, Danielle Bombardier, malgré sa brièveté, cette interview témoigne des tensions que le secret imposé de la relation de Céline avec Renée suscite.
Coincée entre la conférence de presse solaire pleine de rires et de vie en 1988 au retour de l'Eurovision et de sa première nuit passée avec René, et l'entretien déchirant de 1992 avec Lise Paillette où Céline craquera émotionnellement, l'émission de Christiane Charette laisse voir déjà des failles et interroge.

À la fin du mois d'avril 1990, Christiane Charette reçoit Céline Dion et René Angélil : il n'a encore pas le look de maffieux qui l'identifie : il apparaît le visage glabre, catogan triste tiré par les (quelques) cheveux. À l'image du secret de sa relation avec Céline !
À cette époque, il s'invite régulièrement sur les plateaux québécois, veille jalousement sur son artiste, peut-être même craint-il un faux pas. Trois semaines après sa sortie au Québec, *Unisson* est en tête des ventes de disques dans le pays avec plus de 75 000 exemplaires écoulés, mais le disque peine au Canada anglophone et la situation est tendue. L'animatrice va très peu s'y intéresser. Puisque l'artiste et son gérant sont présents sur son plateau, Christiane Charette va se focaliser sur le fonctionnement de leur « team » par la confiance affichée. Disons-le tout de suite, au regard des questions extrêmement directes qu'elle posera, il est difficile de savoir si elle était au courant des rumeurs autour de la liaison de ses deux invités. Et donc difficile de savoir si cette interview était un traquenard ou si la résonance des questions est induite par ce que l'on apprendra par la suite.

Touchée par la réaction positive du public québécois envers *Unisson*, Céline évoque alors son émotion et son plaisir de chanter dans les deux langues. René Angélil s'empare alors de la parole pour recentrer le « débat ». Fidèle à sa stratégie du discours positif qu'il décline depuis 6 ans, il déroule son argumentaire stéréotypé de winner avec tous les poncifs ordinaires : les radios anglaises canadiennes passent le disque plusieurs fois par jour, la presse du *Billboard* au *Mirror*, en passant par le *Toronto Star*, adore *Unisson*, idem pour les médias de presse écrite et audiovisuelle, tous sont unanimes à reconnaître l'immense talent de Céline, « une grande chanteuse ». À l'entendre, toute l'industrie du disque retient son souffle : les gens de CBS USA et CBS Europe « n'en ont que pour Céline », ils l'attendent avec « impatience ».
La réalité est tout autre comme on l'a signalé : la presse canadienne est a minima partagée. En énumérant les magazines cités, il tente un contre-feu. Mais la rumeur se répand que CBS a englouti un million de dollars en pure perte. Au moment de l'interview, malgré l'attitude et les propos conquérants du manager, les choses semblent bien mal embarquées.
Lancé dans sa routine positive, Angélil n'en a pas fini : il explique devoir revenir sur un point, la question de la nécessité d'être à la hauteur de l'attente…
À l'image, on voit une Céline fermée, grave : elle pose un insistant regard sur un René immergé dans son monologue qui ne la calcule pas. Difficile

Page de gauche :
« Allo ? René ? », Céline en 1990.

Page de droite :
Phil Collins, en 1990, bien entouré.

de parler d'agacement, mais d'évidence il y a une certaine tension dans leurs attitudes respectives. Céline finira par laisser échapper en mode sourire « Je ne sais pas si je vais pouvoir parler… », mais ajoute « … et puis non, ça me fait plaisir que tu sois là ».

Christiane Barrette reprend la parole. Ses questions vont devenir très embarrassantes : « Il y une chose dont je veux parler ici, c'est vous deux, du rapport que vous avez. »
C'est tellement direct qu'on se demande si elle a voulu les mettre sur la sellette avec des questions aussi frontales. Elle poursuit : « vous formez un bon *team* qu'est-ce que c'est les rapports entre un gérant et une chanteuse ? »
Toute la suite de l'entretien tournera autour de cette question. Il est vrai que la rumeur court dans les salles de rédaction.
La tension encore volatile devient palpable. Le climat s'alourdit. Une chape de plomb ! Les images laissent voir le malaise qui s'installe. Sur la sellette, le couple va réagir de façon très différente l'un de l'autre.
« Est-ce que vous vous voyez tous les jours ? Est-ce que vous êtes absolument franc, vous René, si vous voyez Céline faire quelque chose qui vous dérange, est-ce que vous lui dites la vérité, la vérité la plus crue ? »
Les yeux au plafond, Angélil se raccroche aux branches et ces branches sont le business, tandis que Céline tourne son regard vers lui. Il l'évite obstinément, esquissant un sourire de composition. Elle, rit nerveusement, porte la main à ses lèvres en glissant « Moi, je peux répondre… », mais son gérant ne lui cède pas la parole : « Moi, sincèrement j'laisse rien passer, c'est mon rôle », commence-t-il par dire.
Comme vaincue, Céline abonde : « Moi, je trouve que c'est parfait, j'apprécie. (cadrage sur elle seule) Je fais toujours du mieux que je peux et René, il travaille toujours très, très, fort pour moi et du mieux qu'il peut aussi. »
Le double sens de la question suivante est-il fortuit ? : « Vous pourriez le partager avec quelqu'un d'autre ? » s'enquiert la journaliste : Céline qui ne se démonte pas et répond du tac au tac en effleurant la main de son manager (selon la gestuelle secrète qu'employait le couple pour communiquer à l'insu de tous) : « J'y arriverais probablement, mais je sais pas si lui, il y arriverait. »

Entre sous-entendus et messages subliminaux, tout dans cette interview est en trompe-l'œil. Provocation vengeresse de jeune femme contrainte de taire ce qu'elle voudrait clamer ? Il y a de ça, du moins la suite incite à le croire. À l'image, René semble terrorisé, en alerte là où Céline affiche une attitude différente, plus complexe à décrypter où devoir et vouloir entrent en collusion, ou ses ambitions et ses passions *s'antagonisent*.
Elle se reprend une fois de plus : « J'le fais travailler très fort parce que j'ai beaucoup d'ambition. Je veux faire des tournées partout. Je veux faire des disques en anglais. Je veux chanter toute ma vie. »

Mais l'interlocutrice insiste et les questions bien gênantes volent en escadrille. À se demander finalement si elle ne chasse pas le scoop, prenant un malin plaisir à cibler René Angélil :
— Mais qu'est-ce qu'elle a, Céline Dion, pour que vous mettiez tous vos œufs dans son panier. Bon, si c'est fini avec elle, si vous vous disputez, si vous la perdez, si elle vous perd, je connais pas votre compte en banque, mais vous misez beaucoup sur elle. »
C'est criant à l'image : mal à l'aise, mais mobilisé pour éviter la catastrophe, le visage obstinément rivé en direction de la journaliste ou des techniciens, il s'emploie à ne jamais croiser le regard de Céline qui cherche à plusieurs reprises à capter le sien. Ce qu'il lui refuse de crainte de n'être découvert ou transparent.
L'ex-adolescente ne l'a pas lâché des yeux, intense tout le temps où il parle d'elle. Évidemment à l'aune de ce que l'on apprendra deux ans plus tard, le visionnage propose une série d'indices peut-être pas si lisibles en temps réel. En filigrane, ce qu'il en transparaît, c'est l'inconfort de René Angélil et la frustration assez criante de Céline Dion, condamnée alors à gérer des sentiments amoureux avec une maturité et une retenue assez atroce pour son âge bien plus facile à contraindre avec l'expérience. Le déséquilibre est plutôt flagrant entre cet homme mûr, réfléchi, capable à la fois par sa personnalité comme par son expérience de vie de donner le change et une toute jeune femme qui s'impose à taire la passion qu'elle voudrait crier, la première de sa vie. Elle est condamnée à refréner un élan essentiel de cet âge. À cet âge. Condamné à aller à l'encontre de sa nature et de ses sentiments, à se faire violence. Ça ne se limite pas à contrarier les élans du cœur et de l'âge, c'est pratiquement une forme d'amputation de sa nature dont il s'agit.

Au-dessus :
Céline et ses fans en 1988.

Page de droite :
en studio en 1988.

On peut se demander si Céline ne sème pas ici des indices avec le souhait, lui aussi secret, mais peut-être bien conscient, que sa liaison ne soit révélée d'une façon ou d'une autre.
La décision de poser des barbelés autour de leur histoire n'est pas franchement bilatérale, elle a été édictée par René. Il en a fait un dogme à cultiver non pour protéger Céline, mais pour protéger sa carrière. Céline était prête dès 1988 à briser le tabou. Il n'est même pas certain qu'elle n'ait jamais cru au potentiel destructeur pour sa carrière de la révélation de sa relation avec son manager. Femme des années quatre-vingt-dix, malgré son isolement certain, elle savait sans doute que les mœurs avaient évolué sur ce genre de sujet. Et puis, tout indique qu'elle était prête à assumer les conséquences de son histoire, que ça tourne mal ou non. Si ça n'avait tenu qu'à elle – et ça ne tenait qu'à elle – elle n'aurait pas patienté cinq longues années traumatisantes.
Par la suite, on lui posera souvent la question sur la façon dont elle a vécu cette période et les seuls mots qui reviendront seront « C'était terrible » : un euphémisme ! Elle dira ne garder aucun bon souvenir des circonvolutions que leur imposa cette omerta. Quand on lui parle du frisson de l'interdit et du secret, elle s'agace.
Une fille de son âge n'est pas supposée vivre de la sorte, réprimer tout ce qui crie en elle. Mais là encore, la femme s'est effacée devant la chanteuse, une chanteuse drivée depuis ses 12 ans par un manager dont elle ne contestait aucune décision.
Sans doute à bout, elle va provoquer son *géramant* en répondant à Christiane Charette : « Il me connaît plus que moi-même. (...) J'ai commencé à travailler avec René, non seulement travailler, mais à avoir une relation amicale avec lui et même plus que ça. (...) J'avais 12 ans et je le vois vraiment comme mon père du show-business. »
Elle vient de le dire texto : c'est « plus qu'une relation amicale » ! Oui, elle l'a dit, mais en brouillant les pistes, en reléguant René au rang de figure paternelle, ce qu'on peut interpréter aussi sans doute comme une façon de le piquer pour lui signifier sa lassitude et l'inviter à ne pas trop tarder à les déclarer comme couple !

En 1992, à Londres.

BAS LES MASQUES

Entretien avec Lise Payette

1992

Parmi les dizaines et dizaines d'entretiens qu'a donnés Céline Dion tout au long de ses 40 ans de carrière, son entretien en octobre 1992 avec Lise Payette verra la chanteuse, désemparée, sur le point de révéler sa liaison avec son manager, suscitant de nombreuses questions.
Lise Payette est une personnalité du monde médiatique et politique québécois ; ancienne ministre et auteure, elle est surtout une femme de médias radio-télé.
En 2007, à la demande de Céline Dion, elle lui écrira pour son concept album *D'elles* une chanson intitulée « Je cherche l'ombre » dont le rapport avec l'entretien de 1992 est criant. Julie Snyder réunira les deux femmes pour la première fois depuis 25 ans sur le plateau de son émission spéciale consacrée à la publication de l'album.

En 1992, les entretiens cathodiques de Lise Payette connaissent un grand succès. Avec son allure de bonne maman rassurante, elle incite à la confidence. Elle est la Mireille Dumas version senior du PAQ *(paysage audiovisuel québécois)*.
L'enregistrement de ce tête-à-tête précède de quelques mois la révélation publique de la relation de Céline et René au cours de l'émission de son amie de Sonia Benezra.
Cet échange intimiste est resté célèbre par l'émotion d'une Céline Dion à fleur de peau. Asphyxiée par quatre années de secrets, elle révélera aimer un homme qu'elle refuse de nommer à la faveur d'un moment plutôt dramatique. Mais il y a bien plus. Les trente premières minutes de conversation prennent une étrange résonance aujourd'hui, notamment au regard de ce que traverse la star ces dernières années.
« Plus je vis des choses merveilleuses, plus je trouve ça difficile. Normalement ça devrait être le contraire, mais ça devient très dur à supporter… la discipline… je peux pas faire une erreur », confesse Céline, des sanglots dans la voix et les larmes aux yeux, terriblement lucide sur le prix à payer. Lise Payette rebondit :
— Je comprends. Vous devez avoir parfois l'envie de poser votre sac de côté et d'avoir une vie normale.
— Le pire, c'est que non ! rétorque aussitôt la jeune star.
Même si cette dichotomie est simple à comprendre, elle est l'indice d'une souffrance.
— J'ai 24 ans et je ne peux pas me permettre de faire une gaffe. Même moi, je suis exigeante envers moi. (…) Je deviens même très exigeante, mais je veux que ce soit comme ça. (..) Le fait d'avoir commencé jeune, ça m'a peut-être empêchée de respirer un peu. »
La suite creuse dans le même sens : « Après le show, tu as eu une standing ovation et là ton gérant vient te voir et il dit c'était super, mais… Il y a toujours des "mais" et je veux qu'il soit comme ça avec moi. Quand René vient dans ma loge et qu'il me dit "Il y a ça et ça", je ne le regarde même pas parce que je sais qu'il va y avoir des "mais". Je l'accepte, mais c'est très difficile. »
Elle évoque ensuite sa défaillance sur scène à Chabroc lorsque sa voix l'a lâchée au moment de chanter « C'est quoi l'amour », défaillance l'ayant conduite à consulter un ORL. Il lui ordonnera 3 semaines de silence pour reposer ses cordes vocales « Ce sont les plus belles vacances de ma vie, on me fichait la paix », glisse-t-elle.
Et la sursollicitation n'est pas simplement vocale : « Il y a toujours beaucoup de monde autour de moi ». Avec une honnêteté douloureuse, elle revient sur les liens familiaux, constate qu'ils se tendent et se distendent, regrette des chicanes de famille, des gens qui se brouillent et se jalousent bien plus que par le passé. L'image familiale idyllique des débuts n'est plus qu'un souvenir. Sans oublier les difficultés relationnelles que sa réussite a engendrées avec d'incessantes sollicitations financières :
« Avant on me demandait un billet de 100 puis ça a été de 1 000 et à chaque fois que je reçois un coup de téléphone, c'est pour de l'argent. Maintenant je leur dis d'appeler mon comptable et lui il voit si c'est possible et nécessaire. Ma mère m'a dit "qu'ils ne te fassent pas ce qu'ils m'ont fait." »
La phrase est énigmatique.
La somme de ce qui précède – et la suite le confirmera – montre une jeune femme qui souffre, mais reste lucide : elle sait qu'il est moins question d'une série de sacrifices nécessaires ou inévitables que du sacrifice qu'elle a dû ou qu'elle a accepté de faire, le sacrifice d'elle-même, pour vivre la vie qu'elle vit.
Elle ne se sent pas exactement piégée puisque c'est là ce qu'elle a désiré vivre, puisque c'est le sens qu'elle a voulu donner à son existence, mais elle mesure, souffre et accepte le prix à payer pour ça. Il est exorbitant et l'addition pourrait bien être encore plus salée avec au bout de cette route, la solitude et l'isolement.

L'entretien va alors prendre un autre tour. Lise Payette oriente de façon insidieuse la conversation en l'amenant à parler de choses plus intimes. Elle n'ignore pas que la mystérieuse vie amoureuse de Céline intrigue notamment la presse *people* et les tabloïds avec cette qualité de faire vendre du papier.
Lise Payette s'engouffre dans la brèche qu'elle vient d'ouvrir lorsque Céline lui confirme n'avoir jamais reçu de fleurs de la part d'un homme. Elle la questionne au sujet du mariage, des princes charmants :
« Non, c'est plutôt plus réaliste que ça, ne peut s'empêcher de répliquer Céline et d'ajouter : avant c'était à ce point-là. »
Où l'on apprend qu'elle a rêvé du prince charmant et par conséquent n'a pas toujours été séduite par le « bien plus réaliste » René Angélil !
« Comment vous allez faire pour savoir qu'un homme vous aime pour ce que vous êtes et non ce que vous faites ? »

La question, banale, n'est qu'un alibi pour l'amener sur un terrain que Céline sait miné. Elle s'apprête donc à donner une réponse convenue, la même depuis quatre ans, et puis finalement marque un long, très long, silence : huit secondes en télé, c'est énorme. Ça dure un siècle. Son silence est ponctué par un geste nerveux de la main chassant une poussière. Elle se tord la bouche comme pour retenir ses mots, réprimer ce qui la ronge. Elle donne le sentiment d'être sur le point de laisser sortir ce qui lui brûle les lèvres, fatiguée d'aligner les mêmes alibis, de prétendre que le temps d'aimer cher à Douglas Sirk, elle ne l'a pas, plus tard peut-être, toutes ces esquives et toutes ces échappatoires, cette façon de donner le change qu'elle retrouve entre guillemets dans les tabloïds, tout ça lui reste en travers de la gorge. En réalité, elle n'est pas simplement fatiguée, elle est à bout. Elle est au bout de cette dissimulation et des mensonges, sur le point de céder comme cède un barrage à la montée des eaux. Ça n'a rien d'une confession, acte volontaire, c'est de l'ordre de la catharsis :
« Je pense l'avoir déjà trouvé… c'est un secret que j'ai hâte de délivrer. »
Huit secondes ont été nécessaires pour ne pas tout déballer, mais pour la première fois, elle a fait une entaille dans la gangue protectrice.
— Vous avez du mal à vivre avec ce secret ?
— Oui
— Vous voudriez que ce soit connu de tout le monde ?
— Oui, oui !
— Voulez-vous nous le dire ? glisse la Payette dont le ton doucereux change déjà un peu.
Mais Céline s'est reprise, elle a joué avec le feu :
— Non, fait-elle, les yeux en l'air, rattrapée par un petit rire nerveux en se balançant en arrière de sa chaise, pleine de tics obsessionnels trahissant cette nervosité.
— Il y a une contradiction ? insiste l'ancienne ministre.
— Oui.
— Pourquoi ? Parce que ce n'est pas possible ? »
Second long et lourd silence. Le même. Huit autres secondes au cours desquelles son visage se constelle d'une désolation frappante. Désemparée, elle secoue la tête, regarde ailleurs, gagne du temps :
« … La prochaine interview peut-être, murmure-t-elle avec un sourire humide.
— C'est un rendez-vous ? rempile son interlocutrice finalement très insistante, du genre rouée aux interrogatoires.
— J'aimerais… »
Soudain, bas les masques, comme disait justement Mireille Dumas : sa grande cousine québécoise se transforme sous nos yeux en Appoline *BFMémeuse* et consorts :
« Et là, vous allez nous dire la vérité !? »
C'est à peine une question. Chassez le naturel : jetant sa panoplie frauduleuse de psychanalyste cathodique, mamy Freud a bien vu la brèche, elle s'y enfonce sans pitié, chasseuse de scoop ou à défaut pêcheuse d'infos : l'animal est sur le flanc, il est ferré, il faut assurer la prise :
« Et là, vous allez nous dire la vérité, toute la vérité ! s'assure-t-elle sachant que tout ce qu'elle ajoute, ajoute à l'embarras de la jeune femme qui, mouchoir à la main, essuie ses larmes et rit pour ne pas pleurer.
— Oh…, soupire-t-elle, lasse, démasquant l'insistance de celle qui se prétendait et se présentait en confidente. Elle dégrise instantanément, ne tombe pas dans le panneau, se reprend et à son tour tire une ficelle du métier pour s'échapper : troquant son désarroi contre un rire face caméra, elle veut conclure :
— C'est difficile, c'est dur… le show-business !
Le rictus est amer. Ses larmes lavent la persécution.

Au-dessus : Céline Dion est une des artistes qui a participer à plus d'émissions de télé au monde.

Page de droite : presse + paparazzis = pression

— … Sûrement, murmure-t-elle.
— Vous serez capable de l'assumer à ce moment-là ? se gargarise Lise Payette qui insiste et puis se ravise. Mamie Lise comprend qu'il ne faut plus pousser Céline dans les orties, elle n'aura pas son scoop, mais ça n'a plus d'importance, à la place elle a un moment de télévision.
— Quand on a tant d'amour, clame Céline en pleine rechute, étranglée par l'émotion et des larmes intempestives, t'as hâte de le crier sur tous les toits, c'est dur à garder, ça… »
La journaliste manifeste son approbation, cherchant à rétablir la confiance un peu entamée par sa charge. Elle pose pourtant la question la plus pertinente qui soit :
« Pourquoi faut-il le garder ce secret ? Pas pour la carrière ?
Céline acquiesce.
— Seulement pour la carrière ? réitère l'animatrice.
La réponse fuse, les larmes aux yeux, elle confesse :
— C'est tout ce que j'ai.
— Et c'est ça qu'il faut protéger
— Ouais. »
L'aveu est terrible. Parce qu'on touche là quelque chose de profond chez cette jeune artiste qui depuis ses quelque dix ans avec l'assentiment et la complicité de sa mère se préparait à devenir une icône de la chanson. Elle l'est devenue dès ses 12 ans. Elle en a 24. Mais au-delà de cet horizon obsessionnel, c'est le vide.
Pour n'avoir rien voulu d'autre en s'y dédiant corps et âme, se pliant aux ordres des adultes, disciplinée et stakhanoviste, Céline a décroché sa lune, mais elle ne connaît rien d'autre ou plus exactement tout ce qu'elle connaît, tout ce qu'elle vit est appréhendé sous le prisme de cette « carrière ». Même les sentiments amoureux. Ils s'y plient, se confondent avec « sa carrière » devenue à la fois planète et trou noir aspirant tout le reste. C'est là que se niche la dimension tragique du destin qu'elle s'est choisie autant qu'on le lui a tracé et qu'elle n'a pas les moyens de dépasser ou de tourneboulier. Elle n'a pas les outils pour le faire.

Et là, ce n'est plus de la tristesse qui transparaît. C'est de la détresse.

L'entretien n'est pas fini. De crainte non d'avoir été un peu loin, mais que ça se soit vu, madame Payette tempère :
« Je veux pas faire d'histoire, je ne veux pas être "celle qui a fait pleurer Céline Dion pendant une heure." »
Ah non ?… Sans rire ? Ça frôle la duplicité, Céline Dion ayant justement la réputation bien établie de fondre facilement en larmes. Tout le Québec le sait, s'en émeut et s'en amuse gentiment. Céline elle-même en a fait un sketch sur scène où elle présente en membre des AW *Anonyms Weepers* (« les chialeurs anonymes »).
Ne doutant de rien, et parce qu'on n'est jamais mieux servi que par soi-même, l'animatrice conclut :
« Mais j'ai l'impression que ça vous fait du bien… C'est comme une thérapie.
Le procédé est grossier, cousu de fil blanc, il n'autorise qu'à acquiescer et à remercier. Sa patiente s'exécute, que pouvait-elle dire d'autre sinon le très paradoxal :
— Je n'ai rien à cacher. »

Le reste de l'entretien sera plus convenu : il sera question de politique, d'amour filial, de voyages, de sa mère et des kangourous d'Australie !
Au-delà de l'état de détresse où cet échange dévastateur l'a conduite, Céline Dion semble pressentir de quoi son avenir sera fait ? D'une certaine façon, elle anticipe son destin fusionnant avec une carrière, carrière qui est et restera « tout ce qu'elle a » si bien qu'elle y associe et y associera intimement, une fois mariée, sa vie de femme.
En effet, ce secret dont on a noté dans un autre chapitre la toxicité, en particulier pour une jeune femme, tombera en 1993. Une libération en trompe-l'œil, aliénante par bien des aspects, puisque dès lors, le couple fera de sa vie une impeccable vitrine dont la transparence nécessitera bien entendu un contrôle méthodique de l'image.

« Ma vie privée, c'est ma carrière. »
éline Dion

EN ROUTE POUR LA GLOIRE

LES ANNÉES QUATRE-VINGT-DIX

Le 2 avril 1990, trois jours après ses 22 ans, Céline Dion lance *Unisson*, son premier album anglophone au Métropolis de Montréal devant plus de 3 000 personnes.

Cet album, premier étage de la fusée Céline Dion 'SA, a une mission : conquérir le Canada anglophone et faire ne première percée dans le marché américain où cependant ucune date de sortie n'a été fixée. Il démarre très bien au Québec avec 75 000 albums vendus en 3 semaines, ce qui place en tête des ventes : en juin, on en sera à 125 000. Cependant, le disque peine à trouver son public dans le reste u pays anglophone où il est largement distribué. Pour tout ire, René tablait sur de tout autres chiffres. Ça ne se présente as aussi bien qu'il ne l'espérait et ça prend même vite une ilaine tournure. Le premier single « Unisson » passe au travers comme le fera le second d'ailleurs. Aucun des deux n'accroche le Billboard Top 200 ! Ce qui hypothèque toute chance e voir l'album distribué aux States. L'échec au Canada anglais profile et une partie de la presse musicale enfonce le clou. On parle d'accident industriel et d'échec annoncé : *The Boy, The Record* n'y vont pas de main morte, la concurrence se les rotte : comment CBS a pu croire qu'une francophone pouvait imposer en anglais ? La rumeur se répand que la maison e disque a perdu plus d'un million de dollars en misant ur Céline Dion.

Bref, non seulement les ventes ne décollent pas, mais on leur avonne la planche ! Angélil contre-attaque en affirmant u'à Toronto, la radio passe le disque plusieurs fois par jour, ue les magazines sont fans et que CBS n'en a que pour sa protégée : toujours cette stratégie de *winner*, ici encore, pour le moins, en décalage avec les faits. « Conquérir le Canada anglais a été une tâche herculéenne », dira l'homme d'affaires par la suite. Il encaisse alors une énorme pression. Pendant les préparatifs de la tournée qui doit passer par le Canada anglais, il doit se battre pour imposer une équipe technique essentiellement québécoise : « Céline peut faire des choses partout dans le monde. C'est toujours la petite Québécoise » clame-t-il plus déterminé que jamais, discrètement appuyé par Richard Lachance, le patron de CBS Québec, déclarant lui : « Sa stratégie a toujours consisté à protéger les racines canadiennes et québécoises de Céline. »

Dans un climat d'incertitude, et c'est un euphémisme, la chance justement une fois encore va sourire. À nouveau via une convention.

Ayant appris que le congrès international de CBS doit se tenir en juillet au château Frontenac, Angélil contacte Richard Lachance et avec son appui parvient à faire inviter Céline. Rebelote ! Elle va devoir performer devant l'industrie du disque : cette fois il s'agit de tout ce que la Major Compagny compte de décideurs et de pros à l'échelle mondiale. Sa prestation est programmée tôt dans la journée, ce qui la contraint à chauffer sa voix plus tôt que d'ordinaire. Elle interprète « Where Does My Heart Beat Now » qui figure sur l'album, mais n'est encore pas sorti en single. Sa prestation va littéralement couper le souffle de la salle, la laisser d'abord hébétée et silencieuse avant que ne déferle une énorme salve d'applaudissements. Céline Dion a marqué les esprits. À René de prendre le relais et de filer au but.

Dès le lendemain, il est à New York. Conquis par ce qu'il a entendu la veille, Paul Burger valide la sortie de l'album aux États-Unis assortie d'un budget promotionnel illimité. Le département promo new-yorkais se met immédiatement au travail : il présente le prochain single « Where Does My Heart Beat Now » et son dossier le 6 septembre aux responsables du *Tonight Show* et sécurise un passage dans l'émission mythique devenu le modèle de *talk-shows* toujours en activité en 2024 (Jimmy Fallon Jimmy Kimmel, Paul Colbert...). Conformément aux vœux du boss de CBS, cette première télé lance une campagne intensive autour de la promotion de ce « Where Does My Heart Beat Now » qui a fait chavirer tout CBS à la convention de l'été, contribuant à restaurer l'intérêt du label pour l'album.

En semi-retraite, Johnny Carson présente le show encore en alternance avec Jay Leno qui le remplacera l'année suivante : Céline viendra interpréter son disque avant d'être interviewée par Leno, dérogeant là à la pratique habituelle qui veut que le numéro musical soit distinct des invités.

Plus exceptionnel encore : Céline sera réinvitée en novembre, accueillie cette fois par Johnny Carson *himself*, elle réinterprétera « Where Does My Heart Beat Now ». Le même mois, elle est à Los Angeles pour une séance de dédicace au Tower Records de LA, où les Depeche Mode ont créé une émeute en mars. Sur les murs de la ville, des graffeurs ont peint d'immenses portraits colorés de Céline d'après la pochette d'*Unisson*.

Accompagné par un beau clip, indispensable à l'heure de MTV, « Where Does My Heart Beat Now » décolle aux États-Unis (n° 4 en décembre dans le Billboard 100). C'est la première percée de Céline Dion aux States et elle va enflammer les ventes de l'album enfin disponible chez les Yankees : il s'en vendra 3 millions d'exemplaires.

Cette première apparition au *Tonight Show* va également avoir un énorme retentissement au Québec : elle fait les gros titres du JT de Jocelyne Cazin qui y consacre un reportage. Céline sera ensuite invitée à *Ad Lib* de Jean-Pierre Coallier dont le talk-show s'inspire directement du modèle américain. La façon dont il l'accueille en dit long sur l'affection du pays, sur ce qu'elle représente et sur un réel sentiment d'appartenance (presque au sens propre) : « La petite est de retour », s'exclame Coallier.

Elle est accompagnée de René Angélil : contrairement à la légende selon laquelle il reste dans l'ombre, dans ces années-là au Québec, l'ex-Baronet est sinon omniprésent du moins très présent dans les médias québécois. Coallier va devoir d'ailleurs imposer la présence de la chanteuse à ses côtés pour qu'elle ne cède pas la place à son impresario : « Ah non, je la veux à côté de moi, dit-il, vous reviendrez, monsieur Angélil. » Ce qui n'empêchera pas ce dernier de bondir pour confisquer la parole avant qu'on ne la lui donne, interdisant toute tentative d'interruption de l'animateur et de Céline avant d'avoir déroulé ce qu'il avait à dire ce soir-là. La première salve s'attarde sur les tractations de CBS avec le *Tonight show* : n'oubliant pas,

Pages précédentes :
Céline Dion à Atlanta en 1992.

Page de droite :
Céline fête ses 10 ans de carrière
en 1991 à Montréal.

le journal de montréal

Le no 1 des quotidiens français d'Amérique

50¢

LA SOIRÉE DES FÉLIX 1990

«JE NE SUIS PAS UNE ANGLOPHONE»

CÉLINE REFUSE SON TROPHÉE

pages 4 et 5

28 SONATA GL...

LIVRAISON IMMÉDIATE

$11,995 Transport, préparation, transmission automatique en sus

ENTRETIEN

GARANTIE

DESMEULES HYUNDAI

HYUNDAI UN ACHAT INTELLIGENT

comme toujours, avec une insistance un peu lourde, à tresser les lauriers de CBS, il salue le formidable travail des pontes. Non seulement le laïus est préparé, redondant, mais ça sent la flagornerie à plein tube.
Sa seconde intervention consistera à annoncer un concert supplémentaire à Montréal précisant « Tout est *sold out* ». En toute fin d'émission, Coallier, pour la première fois, lui proposera d'énumérer les dates restantes, ce qu'il fera.

La tournée débute à l'automne 1990 pour 18 mois avec en 1991 les premiers concerts au Canada anglais.
Les prestations au Québec lui vaudront des articles parfois mi-figue mi-raisin : le côté show à l'américaine laisse circonspect. On parle de « show Hollywood » (on reprochera même des éclairages trop aux couleurs des États-Unis). Pour la seconde fois, la chanteuse perdra sa voix sur scène et sera contrainte de reporter tout un segment de la tournée pour la reposer. Un problème récurrent (à Paris à l'Olympia) qui la conduira à consulter le plus grand spécialiste médical qui s'occupa notamment de Sinatra ou d'Elvis. Suivie de près, elle apprendra à prendre soin de ses cordes vocales, notamment en s'astreignant à de longues plages de silence parfois jusqu'à trois semaines. On touche là l'une des particularités de Céline Dion qui, à l'étonnement des spécialistes, n'a physiologiquement, naturellement, ni la constitution ni l'équipement vocal nécessaire pour atteindre les notes qu'elle sort. C'est son athlétisme, sa volonté qui l'emmènent à des envolées et des tenues de notes impossibles.

Le 20 octobre, lors de la soirée annuelle de l'Adisq, où triompheront Roch Voisine et Uzeb, « la Petite » va créer la polémique en montant sur scène, visage fermé, pour refuser le Félix que s'apprêtait à lui remettre Aldo Nova et sa sœur Claudette (son fameux « C'est Céline ! » à l'ouverture de l'enveloppe a fait le bonheur des humoristes locaux à travers moult détournements.)
Nommée « l'artiste anglophone de l'année », elle s'explique : « Je suis québécoise, mon public a compris que je ne suis pas une artiste anglophone. »

La presse dominicale le lendemain s'en donne à cœur joie : « Céline a ajouté ce qu'il faut de piquant à cette soirée de l'Adisq qui s'annonçait morne et sans surprise »/« Pleins feux sur Céline qui crée un émoi et refuse son trophée. ». L'année suivante, à son initiative, l'intitulé sera modifié avec la création

En 1991, avec le Prince de Bel Air, Will Smith.

d'un prix du « québécois s'étant illustré sur le plan international ». C'est « plus juste », dira-t-elle. Elle n'a pourtant pas fini d'être empoisonnée par le sujet : l'année suivante, elle aura l'imprudence lors d'une conférence de presse à Séville de se prononcer contre l'indépendance du Québec et le respect mutuel des deux cultures à l'aune d'un nouveau référendum où l'on frôlera la sécession à quelques milliers de voix près. La déclaration fait un tollé au Québec. Ce qui la conduira dès lors à s'abstenir de toute allusion politique du moins jusqu'à ce que l'ouragan Katarina ne ravage La Nouvelle-Orléans en 2005 : secouée par les images montrant des gens en perdition sur les toits dans l'attente de secours qui ne viennent pas, la Canadienne craque en direct chez Larry King et lance son fameux « Take a kayak » pour aller sauver ces gens avant de demander comment le gouvernement américain peut avoir les moyens financiers de faire la guerre en Afghanistan et en Irak et abandonner sa propre population.

En 1991, Céline va enchaîner les télés américaines et canadiennes. On la voit dans les talk-shows (« Joan Rivers » en janvier 1991), au VH1 en novembre 1990, aux American Music Awards le 28 janvier aux côtés de Will Smith où elle présente le meilleur groupe de... Heavy Metal ! En janvier 1991, *Entertainement This Week* lui consacre un premier reportage. D'autres suivront. En mars 1991, elle rafle deux Junos. Les premiers d'une longue liste. Au Québec, Sonia Benezra, l'animatrice qui monte, rajeunissant le paysage audiovisuel local avec ses émissions pop, accompagne Céline à Los Angeles. Elle lui consacre plusieurs reportages et émissions. Animatrice et artiste sont très proches l'une et l'autre : Céline lui réservera ses exclusivités, ira inaugurer son émission dominicale, y révélera même dans quelque temps son secret et son prochain mariage. Les années quatre-vingt-dix seront les années Sonia Benezra, les années 2000, les années Julie Snyder.

§

Le succès d'*Unisson* est de bon augure et prépare le terrain pour l'étape suivante sur le plan international où il va falloir confirmer pour rester en prise avec le marché américain, mais comme elle l'a annoncée depuis 1987, Céline Dion n'oublie pas sa francophonie. Il y a près de trois ans qu'elle n'a pas publié d'album en français ; succès majeur au Québec avec 200 000 exemplaires, *Incognito* n'a pas renversé la table en France ne s'écoulant qu'à quelque 20 000 exemplaires soit dix fois moins. Dans les faits, au moins jusqu'au succès de « When Does My Heart Beats », si le nom est connu, Céline Dion n'est pas réellement identifiée. Classé n°8 en France, *Unisson* brouille un peu plus l'image et tend à l'assimiler à une artiste anglo-saxonne. Dans un emploi du temps déjà dément, la chanteuse va trouver un mois en septembre pour aller enregistrer à Paris un nouvel album pour lequel Angélil a pris une décision drastique en sortant du jeu, sans états d'âme, Eddy Marnay après dix années de bons et loyaux services. Malgré les liens amicaux, malgré les portes que son nom a ouvertes, il lui semble désormais trop « vieille France » pour Céline. L'auteur historique

sera blessé moins par la décision que par la manière dont il l'apprendra (par un tiers).
Auteur de deux chansons d'*Incognito*, Luc Plamondon lui succède. Dans l'esprit du gérant, il s'agit d'en faire le parolier sinon exclusif du moins majeur des chansons francophones de Céline. Légendaire au Québec, moins connu en France, Luc Plamondon est néanmoins un acteur majeur de la musique notamment par sa connexion avec Michel Berger (*Starmania*) que Céline rencontrera longuement dans ses studios. D'ailleurs l'album paraîtra en France sous le titre *Des mots qui sonnent* ; au Québec, où il est sorti six mois plus tôt, en novembre 1991, il s'intitule *Céline Chante Plamondon* : on y trouve quatre inédits écrits pour la Québécoise, et huit reprises dont quatre extraits de *Starmania*.

Paru le 29 avril 1992, l'album sera un demi-succès : les singles se ramasseront sévèrement dans le Top 50. Il faudra attendre 18 mois pour que « Un garçon pas comme les autres » (aka « Ziggy ») ne décroche la deuxième place en juin 1993. Ce (mini) hit reboostera l'album qui finira par très bien se vendre sur la durée (600 000 exemplaires).
Dans les deux, trois années suivantes, volant de succès en succès aux States, Céline Dion n'aura pourtant encore pas rencontré un succès équivalent dans l'Hexagone. C'est Jean-Jacques Goldman qui le lui offrira dans des proportions phénoménales, équivalentes à son impact mondial.
La parution de *Des mots qui sonnent* précède de quelques jours au Québec, quelques semaines aux States, la sortie du second album anglais sobrement intitulé *Céline Dion*. Une collusion qui n'inaugure pas tout à fait sa carrière bicéphale, mais en a déjà toutes les caractéristiques avec l'allure quasi-schizo qu'elle va prendre, la rendant impossible à suivre dans le détail.
Deux ans après *Unisson*, le second album anglophone, *Céline Dion*, est calqué sur le modèle du premier. Malgré l'absence de David Foster, il réunit une armada de pointures à chaque poste, écriture, composition, réalisation, avec notamment l'arrivée de Diane Warren, la songwriter majeure du moment qui signe pas moins de cinq titres sur cet album, sans oublier la faveur d'un génie puisque Prince offrira un titre peu connu « With This Tear ». Walter Afanasieff en est le principal maître d'œuvre.
Album à large spectre musical, power pop, gospel, funk, soft rock, il est conçu pour avoir une force de frappe commerciale maximale avec une tripotée de hits potentiels. Finalement c'est l'interprétation de la chanteuse qui vient agréger et unifier cet

Photo de gauche :
avec Michael Bolton en 1994.

Photo de droite :
la chanteuse Nathalie Simard
et son frère René en 1989.

ensemble assez hétéroclite, offrant des opportunités diverses (Céline ira chanter le gospel « Love Can Move Mountains » à la cérémonie d'investiture de Bill Clinton).
Céline viendra défendre ses deux albums dans l'émission spéciale que lui consacre Sonia Benezra en février 1993. Elle interprétera « Je danse dans ma tête » puis « Quelqu'un que j'aime, quelqu'un qui m'aime », mais aussi son nouveau single en anglais « Water From The Moon » qui, comme le précédent, n'entre pas dans le Top 100 US. Plus sexy que jamais, elle apparaît en pantalon moulant noir assorti d'un haut qui découvre son ventre.

René est une fois de plus présent aux côtés de celle qui est encore aux yeux du grand public sa protégée. Comme lors de *Ad Lib*, il monopolise la parole le temps de dérouler les points qui l'intéressent sans oublier de féliciter Sonia pour le succès de son émission. Vito Luprano et deux éminences très grises de Sony Musique viendront ensuite remettre des plaques commémoratives pour le million d'albums vendus au Canada.
Avant sa grande tournée à travers tout le Canada de mi-août 1992 à mai 1993, Céline est catapultée en première partie des concerts américains en plein air du *Time, Love and Tenderness Tour* de Michael Bolton. Elle n'a encore jamais joué aux States. Il n'y a que les Américains et René Angélil pour établir une connexion entre cette chanteuse à voix et la caricature de hard rocker FM qu'incarne le chevelu quadragénaire. Un choc des cultures ! Un choc tout court qui aurait pu être préjudiciable à une Céline Dion aux prises avec des conditions techniques médiocres (pas d'espace scénique, un *sound system* avarié, et des problèmes d'horaires) face à un public indifférent ou dissipé. La tournée débute le 13 juillet 1992 au Hollywood Bowl de Los Angeles et s'étend sur 25 dates. Jetée contre son gré dans la gueule du lion, elle assure comme elle peut sans se plaindre et s'aguerrit, évitant le désastre qui se profilait. Comme baptême du feu, Céline Dion pouvait espérer mieux, moins rude et plus glam'.
La tournée canadienne qui suit, une cinquantaine de dates, sera bien plus gratifiante avec toutes les dates *sold out* en un temps record au Canada anglais. Angélil, qui privilégie les numéros comiques en première partie, a choisi d'emmener Anthony Kavanagh qui racontera avoir eu deux semaines pour adapter son set à la langue anglaise.
Céline retourne ensuite en résidence au Théâtre de Montréal avant le Théâtre du Capitole pour 14 dates inaugurales à la demande du nouveau propriétaire des lieux, Guy Cloutier, le plus ancien ami de René, un Cloutier qui ne tardera pas à être rattrapé par la justice pour pédophilie sur la plainte de la chanteuse Nathalie Simard, petite sœur de René, dont il a managé la carrière dès l'adolescence.

Avec près de 80 dates, 16 villes aux États-Unis avec Bolton et 33 villes au Canada, Céline Dion aura joué devant plus de 500 000 personnes. Sa popularité dans tout le Canada est telle qu'elle se permettra de repousser les concerts de mai 1993 à l'été suite au décès de sa nièce Karine luttant depuis des années contre la fibrose, combat dans lequel la chanteuse s'est investie. Secouée par cette disparition, elle poursuivra le combat tout au long de sa carrière par des *benefit shows* et des dons.

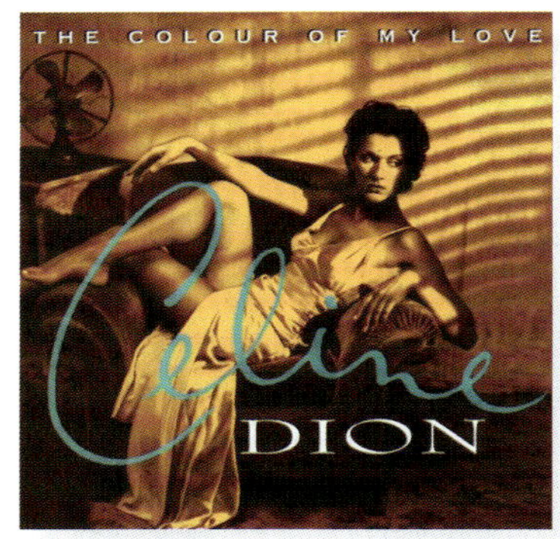

Les années quatre-vingt-dix vont être un tourbillon qui emportera Céline aux quatre coins du monde, la consacrant bientôt comme l'une des stars majeures de l'*entertainement*. À mener de front ses activités, elle semblera sur tous en même temps, passant du Japon à New York en une nuit, atterrissant chez Drucker le lendemain, se glissant en studio dans la foulée et ainsi de suite au point où on se demande si elle n'est pas dotée du don d'ubiquité. Ce rythme insensé ne laissera aucune place à toute vie privée sinon à devoir la confondre avec sa carrière : le 30 mars 1993, le jour de ses 25 ans, René la demande en mariage, ouvrant la porte à la révélation de leur relation qui attendra encore quelques mois, c'est-à-dire la sortie le 9 novembre du nouvel album anglophone *Color of My Love*. Céline Dion annonce leurs fiançailles sur scène la veille, au cours d'un concert au Métropolis de Montréal. Si elle a ainsi préparé le terrain, c'est avec l'émission de Sonia Benezra que le grand public va découvrir une union dont la presse n'ignorait plus rien.

Sonia va vendre la mèche. Plus exactement se faire la complice de Céline afin de révéler un secret qui la torture ; l'animatrice rappelle les paroles de sa nouvelle chanson « The Power of Love » : *« Coz I'm your lady and you're my man »* et demande à Céline : « Tu l'as choisie pour déclarer publiquement ton amour pour René Angélil, c'est ça ? »
Sous les ovations du public, la chanteuse glisse un « C'est drôle » et rit.

Dans un podcast de 2020, Sonia Benezra est revenue sur les coulisses de cette émission : « Avant d'entrer sur le plateau, Céline n'était pas du tout nerveuse. René, lui, tremblait, il avait peur de ruiner la carrière de Céline, mais elle avait hâte d'annoncer ce qu'elle avait à annoncer parce que c'était plus gros qu'elle. C'était lui qui était nerveux et elle qui était déterminée. Il a fallu que je pousse René dans le dos pour le faire sortir, il ne voulait pas avancer, je lui ai dit "Go, ça va bien se passer" parce que je crois tellement en l'amour que je me suis dit : qui peut être contre ça ? »

Ce qu'explique ensuite la star télé devenue actrice est important pour la suite : « On a toujours eu l'impression que c'est René qui dictait tout, j'ai l'impression qu'à ce moment-là, les rôles ont un peu changé, Céline est devenue plus 50/50 avec lui, elle avait beaucoup à dire et allait le dire, c'était le début où elle s'assumait et où elle a fait sa place. »

Au-dessus : Sonia Benezra
par qui le secret est enfin éventé.

À droite, en haut : Céline avec son
futur mari et son coiffeur en 1993.

En bas : le 17 décembre 1994,
ils se disent « oui ».

René Angélil expliquera : « Moi j'ai eu une surprise, cette journée-là Céline était totalement en confiance avec Sonia et elle lui a confié qu'on avait une relation au-delà d'agent à artiste. J'avais peur d'une mauvaise réaction, qu'on dise que j'étais trop vieux et je pense que Céline n'aurait pas fait ça si ça n'avait pas été Sonia. »
Bien entendu, au courant depuis longtemps, dans la même émission, Luc Plamondon en direct au téléphone joue le jeu et renchérira « Je suis très déçu, je pensais que c'était moi l'homme de ta vie ! » Il lui annonce également le beau score que fait finalement l'album dont le lancement a été difficile : elle est disque d'or avec « Ziggy » (250 000) et avec l'album (100 000), lui confirmant un Olympia calé à septembre 1994.
Trois mois après cet Olympia, le 17 décembre 1994, Céline Dion épousait René Angélil : le couple s'offrait là un mariage princier retransmis en direct à la télé québécoise. La mariée fit sensation avec ce diadème cousu sur la tiare. Le 5 janvier, un nouveau mariage cette fois selon le rite byzantin melkite était organisé à… Las Vegas !

§

Color of My Love aura porté chance au couple : il deviendra le premier album de la Québécoise à se hisser au sommet des charts en se vendant à sept millions d'exemplaires, signe d'une progression régulière d'album en album. « The Power of Love », single produit par David Foster, atteint la première place au Canada et aux États-Unis et la quatrième place au Royaume-Uni. Des records qu'allaient pourtant pulvériser les deux albums suivants tandis que *D'eux* enregistré avec Jean-Jacques Goldman devenu l'album francophone le plus vendu au monde assure une place unique à Céline dans le monde francophone.

Dans le tourbillon qui l'emporte au sommet des charts et de la célébrité, elle ira chanter à la cérémonie d'ouverture des Jeux olympiques d'été à Atlanta (« Power of a Dream »).

En 1996, *Falling Into You* raflera tous les prix, battant de nouveaux records de vente. Tommy Mottola, le grand patron de Sony, ne tergiverse pas et consentira une avance de 55 millions de dollars pour l'enregistrement de l'album suivant, le plus gros deal de Sony qui n'aura pas à le regretter. *Let's Talk About Love* en 1997 sera un album phénomène avec 32 millions d'exemplaires écoulés, porté par le hit « My Heart Will Go On » du film *Titanic*. En 30 mois, Céline Dion aura vendu 60 millions d'albums. Pendant 18 mois, ses disques s'écoulent au rythme d'un par seconde: devenue une immense star mondiale, la plus grande chanteuse de la seconde moitié des années quatre-vingt-dix, elle voit son succès décuplé par des tournées incessantes entre 1996 et 1999 (le concert du 19 juin 1999 au Stade de France est resté mythique).
Et pourtant, le 31 décembre 1999, le couple choisira de mettre un terme au tourbillon ascensionnel qu'ils ont créé en 1991-1992 avant qu'il ne les aspire. Parce qu'il y a un prix à payer. Après 13 ans de travail en surrégime, Céline appréhende les choses avec ce qui semble être un certain détachement. Elle annonce alors vouloir prendre plusieurs années de pause, notamment pour avoir un enfant. Elle a révisé ses priorités, mesure le temps qu'il reste à son couple au regard de la différence d'âge : « Je regrette qu'on ne se connaisse pas mon mari et moi, j'ai envie de vivre avec lui, d'avoir des enfants, je vis avec un homme qui a 56 ans, j'en ai 30, il ne sera pas là éternellement malheureusement. »
En effet, opéré d'un cancer de la gorge, René Angélil vient de frôler la mort (« J'étais prêt à mourir, j'ai remercié pour la vie que j'ai eue. »)
En rémission, il parlera d'un break d'au moins cinq ans avec peut-être un film au cinéma dans deux ans. Abandonnant pour une fois sa défroque de winner, il explique s'attendre à une décrue, une inévitable phase de dégonflement, et même un certain « déclin de la carrière de Céline ». Il sait que c'est la loi du métier, que de nouveaux artistes vont débouler qui vont prendre la lumière et faire de l'ombre à sa femme: « je sais qu'un jour ça va s'arrêter, quelqu'un va venir de plus populaire et la popularité de Céline va descendre, ce qui est normal ». Qu'importe, il confie n'avoir aucun plan au-delà. Sa vision, dit-il, s'arrête au 31 décembre 1999.
Il la retrouvera très vite pourtant.

Photo du haut :
René et Céline
à Monte-Carlo en 1995.

Photo du bas :
le Stade de France en 1999.

Rock 'n' Roll Céline

Phil Spector et Céline Dion Histoire d'une rencontre avortée

Invitée musicale du *David Letterman Show*, ce 8 août 1994, Céline Dion conclut sa prestation par une reprise pleine d'autorité du « River Deep Mountain High », succès majeur de Ike & Tina Turner en 1970, l'un des chefs-d'œuvre de Phil Spector.
Soufflé par cette performance, le père du Wall Of Sound en semi-retraite adresse un courrier à Sony pour proposer de produire soit plusieurs titres, soit l'intégralité du quatrième album anglophone de Céline Dion.

La machine à hits des Girls' Bands des années soixante, producteur des Beatles, de Leonard Cohen, John Lennon, Ramones est une légende noire du rock. Une noirceur qu'il paiera cher puisqu'après avoir été acquitté dans un procès retentissant du meurtre de Lana Clarkson en 2003, une ancienne actrice tuée par balle dans l'antichambre de son manoir, lors d'un second procès engagé par l'État de Californie, les témoignages de ses ex-femmes dépeignant un dangereux maniaque l'enverront croupir en prison jusqu'à sa mort malgré les nombreuses zones d'ombre persistant autour du décès tragique de la jeune femme. Triste destin d'un génie musical qui séquestra des années durant sa femme, la très résiliente Ronnie Spector, après lui avoir offert pour cadeau de Noël deux enfants adoptés au débotté. Ses comportements très limites sont légion (il menaça le canadien Leonard Cohen quittant le studio un flingue à la main en lui hurlant « Je t'aime »).

En 1995, le tandem Dion-Spector a tout du ticket qui peut être gagnant-gagnant : il peut permettre un retour dans le jeu d'un Spector qui n'a plus rien produit d'important depuis des lustres, quant à Céline, méprisée par la presse rock, *Rolling Stone magazine* en tête, elle a là la possibilité d'accrocher une crédibilité nouvelle. Elle est d'ailleurs emballée à l'idée de travailler avec le sorcier du son.
Un accord est rapidement trouvé entre Sony, René Angélil et Spector qui ne produira sans doute pas l'album entier selon la politique – délibérément commerciale – en place depuis *Unisson* (même si David Foster lui reprochera de l'avoir pensé).

Malgré tout, les sessions Spector semblent bien avoir lancé le travail sur le futur *Falling Into You* en juillet 1995 à l'Ocean Way Recording studio d'Hollywood à l'initiative de Spector qui prend en charge financièrement l'intégralité des coûts puisqu'il va faire venir un orchestre de plus de 60 membres selon les souvenirs de Céline Dion.
Fidèle à sa réputation, ses méthodes sont extrêmes : une journée et une nuit durant, il demandera à Céline de chanter encore et encore « Is This What I Got From Loving You ». La Québécoise ne se démonte pas. Si elle a l'habitude d'être parfaite dès la première prise, elle se plie aux desiderata de Spector sans fléchir. D'ailleurs, avec David Foster, elle est rouée à ce genre de toquades !
D'autant qu'aussi bizarre soit-il, Spector affiche à son égard un réel respect.

Phil Spector, monsieur Wall of Sound.

MONO

Il semble bien que de nombreuses personnalités aient été conviées à cette séance de travail : un commentaire récent publié sur YouTube par un certain @13FreedomofSpeech invité, explique-t-il, par Rodney Bingenheimer, se souvient de la présence de Penny Marshall, Kato Kalein, Marvin Mitchelson et même Woody Harrelson accompagnée par une femme asiatique.
Également présents, les exécutifs de chez Sony Music et le staff d'Angélil, eux, s'inquiètent. Certes, Spector a pris en charge ces sessions à rallonge, mais il ne manquera pas de les facturer au moment de finaliser l'album. Ils craignent également que ce genre de marathon vocal dans lequel il entraîne Céline n'endommage ses cordes vocales. David Foster et René Angélil ne cachent pas non plus leurs doutes d'abord et bientôt leur irritation.
Le genre de contexte propice à faire disjoncter un Spector n'ayant pas l'habitude d'être sur la sellette. Et ça ne rate pas, parce qu'après s'être rendu odieux à une partie de l'équipe, il dégoupille un soir et menace avec un fusil David Platel, l'un des bras droits de René Angélil.
Celui-ci réagit aussitôt, provoquant l'éviction de la légende du son.
L'affaire va faire grand bruit dans les médias. Si, par le passé, René a su se dresser face à CBS pour défendre son *team*, ici il a beau jeu de brandir son inflexibilité dans la mesure où il a le soutien de sa maison de disques décidée à se débarrasser du génie à talonnettes.
Angélil fait coup double : il vient de se payer publiquement et à peu de frais un Spector fragilisé, actant la fin de sa toute-puissance, tout en renforçant sa propre image de manager à principes.
Céline est sans doute la seule qui gardera un souvenir assez ému de cette collaboration avortée par un certain conservatisme : elle se souviendra avoir senti les longs regards d'un Spector plissant ses yeux sur elle « J'ai aimé cette expérience malgré ou à cause de sa folie. » Ce qui ajoute – et comment ! – aux regrets : pour la première fois, la poule aux œufs d'or de CBS s'aventurait avec une envie évidente au-delà de la soft power pop calibrée sans pour autant renier l'approche mainstream. Pour la première fois, elle travaillait avec un créateur et non un faiseur à l'impeccable professionnalisme.
Cette éviction fera le jeu d'un autre grand timbré, un freak control tout aussi obsessionnel, mais bien moins inventif, en la personne de Jim Steinman qui n'hésitera pas à affirmer que le travail de Spector avec Céline est « cauchemardesque. Ils ont juste eu des problèmes. Je vais en rester là. Le staff s'est retrouvé sans rien qu'ils puissent utiliser. »

Il héritera de la production de « River Deep Mountain High » (tout un symbole !) en plus de celle de sa pièce montée monumentale « It's All Coming Back To Me Now ».
La musique de Steinman n'obéit qu'à un unique credo : fasciné depuis 1975 par l'album *Born To Run* de Springsteen, il *wagnerisera* le souffle romantique rock'n'roll de cet album unique jusqu'à la caricature (tout ce que refusera de faire Bruce Springsteen).
Toute sa production postérieure ne sera qu'une déclinaison de cette approche hyperbolique avec la réussite commerciale que l'on sait puisqu'elle accouchera de l'un des albums les plus vendus aux États-Unis, la madeleine de plusieurs générations de teenagers américains, *Bat Out Of Hell* de Meat Loaf et offrira à Bonnie Tyler son hit « Total Eclipse Of The Heart ».

Page de droite : Jim Steinman et Meat Loaf, en 1978.

En enregistrant le grandiloquent « It's All Coming Back to Me Now » avec le renfort de Roy Bittan du E-Street Band, également impliqué dans la production, Céline décuplera involontairement la fureur de Meat Loaf, qui traînera Steinman devant les tribunaux estimant que la chanson lui revenait de droit.

« It's All Coming Back to Me Now » paraîtra en single malgré sa durée de plus de 7 minutes, accompagné de son clip gothique : le pari « Bonnie Tyler » de CBS sera payant puisque la chanson se hissera n° 2 (« All by Myself » du même album ne sera que n° 4).

Dans le *New York Daily News*, David Foster aura quand même alors l'audace de qualifier le travail de Spector avec Céline de... « pompeux » !

Quant à ce pauvre Phil Spector, humilié par toute la publicité négative consécutive à son éviction, il répliquera en 1996 à la sortie de *Falling Into You* par une lettre publiée dans *Entertainement Weekly* dont on a retenu la première phrase stigmatisant sa mégalomanie en oubliant la suite :

« On ne dit pas à Mozart quels opéras écrire, ni comment les écrire. Et on ne dit certainement pas à Phil Spector quelles chansons écrire, ni comment les écrire, ou quels disques produire, ou comment les produire. Si vous souhaitez entendre les enregistrements étonnants et historiques que j'ai réalisés avec Miss Dion, n'ayez crainte, vous les entendrez, car je suis actuellement en train de les terminer, et puisque je les ai payés, ils m'appartiennent. J'ai l'intention de les publier sur mon propre label pour les faire entendre au monde entier qui pourra les comparer à sa production courante, peu importe le nom qu'on donne à cette chose. »

Il est possible et même probable qu'il n'ait jamais achevé ce travail, mais on ne peut exclure non plus un veto en coulisse de Sony Music. Propriétaire des bandes depuis la mort de son père en 2021, Nicole Spector aurait refusé récemment de les vendre à Sony.

On en connaît malgré tout quelques titres : des versions incomplètes repiquées d'après les cassettes de travail (qui remplaçait alors les acétates). On parle d'une dizaine de cassettes dont la fameuse *Phil Song #11 Take #7* en vente sur Discogs en mai 2021. Certains fans possédaient bien avant Internet quelques autres enregistrements obtenus à prix d'or dans des conditions qu'ils préfèrent taire.

À ce jour on connaît au moins trois titres : malgré des lyrics un peu différents, « Tonight I'll See the Morning With Him » est certainement une cover du « I Wanna See Morning With Him » (I.Levine et T.Wine) qui figure sur *Memphis*, l'un des meilleurs albums de Petula Clark (1970) enregistré à l'American studio de Chip Moman peu après la collaboration historique de ce dernier avec Elvis dans les mêmes lieux, avec les mêmes songwriters et musiciens (une trentaine de titres majeurs de son comeback). Un choix qui démontre la finesse des choix de Spector ainsi que sa connaissance de la musique. L'approche *rhythm and soul* originelle est totalement abandonnée au profit d'un tempo très lent qui fait de ce titre peut-être le moins intéressant des trois, mais n'a pas à rougir au regard de l'ensemble des titres de *Falling Into You* dans lequel il se fond à merveille.

Les deux autres sont de véritables perles : si « Is This What I Got From Loving You », un titre écrit par Spector et Carole King pour les Ronettes est également ralenti d'un tiers, les versions incomplètes qui nous sont parvenues laissaient augurer du meilleur. Idem « What Am I To Do » un titre écrit par l'un des plus fameux tandems des années soixante, Doc Pomus et Mort Schuman pour les Paris Sisters produites par Spector en 1962.

D'EUX + 4 GARS = UN HOMME EN OR

Céline Dion et Jean-Jacques Goldman

Bien sûr, il y a cet album *D'eux,* l'album de tous les records auquel on accole des chiffres et des superlatifs qui en découlent. Débarrassons-nous de ça tout de suite : 6 millions d'exemplaires vendus en 1995, l'album le plus vendu de tous les temps en France comme au Québec, sans oublier la moisson de hits singles avec en point d'orgue « Pour que tu m'aimes encore ».
Factuellement, cet album marque le point de départ d'une collaboration au long cours marquée par deux albums de rang (1994/1998), une implication plus limitée, mais décisive sur les suivants.

Car au-delà des chiffres, cet album est fondamental sous plusieurs aspects : d'abord parce qu'avec ce disque, Céline confirmait ce qu'elle a toujours affirmé : sa volonté de continuer à chanter en français, le respect qu'elle continuera d'avoir pour ce public. Plus que l'album *Céline Dion Chante Plamondon*, paru alors qu'elle n'avait qu'un pied dans le monde anglo-saxon, *D'eux* inaugure une production bicéphale complétée par des tournées menées de front avec ses engagements aux États-Unis, à Vegas. Si son nom n'est pas inconnu en France en 1994, elle est loin d'être aussi connue qu'au Québec. Sa reprise de « Ziggy » lui a valu un peu d'attention, elle a fait l'Olympia, mais voilà, on ne met pas forcément un nom sur son visage au début des années quatre-vingt-dix en l'associant à des chanteuses comme Lara Fabian avec qui elle ne partage finalement que d'avoir concouru à l'Eurovision 1988 (que Céline a gagné). Bien entendu, en 1994, ses hits anglais marchent en France, mais ils ont brouillé un peu plus les pistes.

Au-delà du succès phénoménal des albums qu'il lui a composés, au-delà même des chansons qu'il lui a écrites, il n'est pas usurpé de considérer que Jean-Jacques Goldman est le premier à s'être réellement intéressé à Céline Dion artiste, à sa personnalité, à son monde, à sa sensibilité, le premier à l'avoir appréhendé non comme phénomène vocal, mais

comme une chanteuse, à avoir traité sa voix non comme véhicule performant, mais comme vecteur d'émotion. En poussant la réflexion, on peut même se demander s'il n'est pas le premier directeur artistique à avoir vu et cherché à comprendre une artiste dont il a révélé la singularité et la sensibilité. Même si le registre vocal en anglais est plus haut, il n'est pas impossible qu'il lui ait ouvert une voie plus intimiste, plus proche de ce qu'elle est et qu'elle aura besoin à intervalles réguliers de retrouver. Retour sur une rencontre déterminante.

On sait le peu de goût de Jean-Jacques Goldman à apparaître dans les médias envers lesquels il entretient une relation teintée de méfiance et de mépris, où se reflète le refus d'un univers dans lequel il ne se reconnaît pas et qu'il ne reconnaît pas. Son sens du social, le dégoût que lui inspire ce qu'on peut appeler « le système » pour ne pas entrer dans les détails, le conduiront à adopter des positions aussi tranchées que ses silences. Sans lui, *Les restos du cœur* ne seraient probablement plus qu'une pastille INA datée qu'on sortirait aux rétrospectives décennales. Cette attitude aurait pu nuire à sa carrière — le système fait payer cher ce genre de rebuffades — mais bien avant de bénéficier d'un totem d'immunité en tant que le plus bankable des artistes du music-hall, c'est en s'effaçant du décor qu'il parviendra à se rendre incontournable. C'est en entendant « D'amour ou d'amitié », le hit en 1983 de Céline, qu'il la découvre et commence à suivre sa carrière tandis que la sienne décolle. Au milieu des années quatre-vingt, il est déjà l'un des plus gros vendeurs de disques du pays. Tandis que Céline s'éclipse une année, lui, s'ouvre une nouvelle voie en allant écrire et réaliser *Gang* à la demande de Johnny Hallyday avec comme gageure de succéder à *R'N'R Attitude* écrit par Michel Berger. Porté par des hits comme « Je te promets » ou « Laura », *Gang* doublera les scores de l'album précédent.

À l'origine, pour la Québécoise, la connexion Plamondon conduisait d'ailleurs directement à Michel Berger, que Céline avait rencontré en 1991 (des images en studio sont connues) et avec qui il était question d'enregistrer son album francophone suivant. Le brusque décès en août 1992 du compositeur de *Starmania* en décida autrement.

Suivant l'ascension de Céline dont la carrière internationale semble prometteuse, mais qui reste une outsider en France, Goldman plonge dans sa discographie et y discerne plus qu'une grande voix. Sa technique bien sûr l'époustoufle : quand on lui parlera d'évolution, il rétorquera qu'à douze ans, tout était déjà là chez elle. Mais au-delà de la grande voix, de ses performances vocales que plébiscitent les Américains, lui, décèle quelque chose non pas de plus, mais d'autre, de différent, un grain de voix, un son particulier, dira-t-il, « pas spécial, mais c'est le sien ». Derrière cette voix, plus exactement à l'intérieur de cette voix, il entend, on l'a dit, une personnalité à la sensibilité unique, une dimension encore en jachère, occultée par le phénomène vocal.
C'est non seulement ce qui l'interpelle, mais c'est cette dimension qu'il a envie de faire sortir.
En 1993, il vient de publier *Rouge* chez Sony et demande à sa maison de disques de le mettre en contact avec Céline Dion et son manager en manifestant son désir de lui écrire un album.

Page de gauche :
Jean-Jacques Goldman en 1991.

Au-dessus :
Johnny Hallyday

René Angélil convient donc d'un rendez-vous au prochain séjour de Céline à Paris.
Les médias propageront la légende selon laquelle Goldman aurait de façon obsessionnelle tout lu, tout vu, tout entendu de Céline Dion avant de la rencontrer. La question lui sera posée de façon répétitive, lui arrachant une réponse dont la demi-teinte stigmatise à quel point ce genre de commentaire est caricatural. Cela étant, il a écouté de nombreuses interviews, vu des télés et connaît sa discographie.

La première rencontre a lieu dans un café du côté de l'Opéra, à deux pas de l'hôtel où séjourne le couple québécois qui s'apprête à se marier en fin d'année. En proposant d'écrire et de réaliser un album pour Céline Dion, Jean-Jacques Goldman a une idée très précise de ce qu'il attend d'elle. Il a longuement étudié ses précédents albums et sa façon de chanter. Lui-même convaincu de la beauté des voix puissantes, il ne veut pourtant pas que la chanteuse se limite à cette technique. Il est décidé à la sortir de sa zone de confort.
L'entrevue est plutôt déconcertante pour le plus grand vendeur de disques français. « Tout de suite, j'ai senti à la fois l'intérêt et une certaine réticence », précisera-t-il en 2013 : l'intérêt, c'est celui que manifeste Céline, la réticence c'est celle d'Angélil ! Les raisons restent nébuleuses. Le storytelling expliquera qu'il « craignait que les textes du talentueux compositeur ne conviennent pas à sa protégée ». L'argument ne tient pas vraiment.
Certes, en 1994, s'il est un artiste respecté qui vient d'écrire trois chansons pour Pagny, Goldman n'a encore pas l'étiquette de hitmaker (« monsieur 3 sur 4 »), ni le tableau de chasse qui est aujourd'hui le sien, soit près de 150 chansons pour une cinquantaine d'artistes.
Doutant de son aptitude à écrire pour une femme, Angélil aurait selon les récits ou freiné des deux fers ou carrément rejeté son offre.
Une objection absurde parce que si le grand public l'ignore, en professionnel averti, René Angélil ne peut avoir ignoré qu'à ses débuts, dans la première moitié des années quatre-vingt, JJG a écrit et composé (presque exclusivement) pour des chanteuses : ce sont d'ailleurs ses chansons pour Anne-Marie Batailler qui lui vaudront d'être repéré et signé par l'éditeur Marc Lumbroso en 1979 qui lancera sa carrière.
Jean-Jacques écrira un titre pour Jeane Manson, mais surtout, il compose et écrit pour plusieurs jeunes chanteuses aujourd'hui oubliées comme Jane Surrey, Sabrina Laury, Linda Singer, Émilie Bonnet et pour deux talents prometteurs fauchés en pleine jeunesse : Danielle Messai (emportée par une leucémie) et bien sûr, Sirima, assassinée au moment où « Là-Bas », son duo avec le chanteur, devenait un tube majeur.
Last but not least, après presque cinq ans de disette, Patricia Kaas venait de décrocher un nouveau hit avec « Il me dit que je suis belle » signé Goldman. Elle sera d'ailleurs la seule chanteuse avec laquelle l'ex-Taï Phong entretiendra une collaboration au long cours — plus modeste — en dehors de Céline.
In fine, il semble surtout qu'Angélil ait eu d'autres noms en tête, à commencer par celui de Luc Plamondon, personnalité très médiatique au Québec, un peu moins en France. Il ne faut pas sous-estimer chez l'ex-Baronet un certain conservatisme sur le plan musical même, comme en attestent certains choix de chansons pour Céline. En d'autres mots, son goût n'est pas toujours fin et son flair n'a pas toujours été, disons, infaillible (c'est ce que dira d'ailleurs Vito Luprano, le DA de Céline).

Céline Dion avec
Jean-Jacques Goldman en 1998.

Discussion entre producteur et compositeur, lors d'un match de hockey à Montréal en octobre 2000.

Désarçonné par la tiédeur du manager québécois, Jean-Jacques Goldman adressera malgré tout les démos de trois titres. Et là, à l'écoute, c'est Céline qui flashe. En particulier lorsqu'elle entend « Pour que tu m'aimes encore » qui reste l'une de ses chansons fétiches, le seul titre français dans la set-list de Vegas, même si elle en fera une version en anglais qui laissera Goldman pour le moins dubitatif : « C'était une rencontre incroyable, dira-t-elle. Je n'oublierai jamais, jamais ce moment-là. »
Conquise, elle est déterminée à travailler avec Goldman et personne ne peut s'y opposer. Sur ce plan, cet album est également un jalon important. Désormais, elle est en capacité de choisir et d'ailleurs, c'est sans doute ce qui caractérise la discographie francophone, ce qui la distingue de sa discographie américaine où l'approche est plus commerciale, plus collective (et moins collaboratrice).
Pour clore le chapitre, les rapports entre Goldman et Angélil semblent s'être limités au minimum syndical, c'est du moins ce qu'il ressort des nombreux documents visuels existants des différentes sessions de travail en France ou à Vegas où Angélil brille par son absence : à Las Vegas en 1998, Céline emmène Goldman en studio ou l'y rejoint seule en 2004. Entre un chanteur réfractaire au show-biz et un manager ne jurant que par lui, il est probable que le courant fut en basse tension.

§

J.-J. Goldman aborde le travail en studio avec des idées bien arrêtées au sujet de ce qu'il attend et de la façon de l'obtenir : « Il y avait deux ou trois détails que je souhaitais modifier dans la voix, la prononciation des "n", des "r" et une façon d'interpréter ».

« Au moment où je l'ai rencontré, je voulais l'impressionner (...), avoue Céline, je lui ai donné toutes mes cordes vocales, toutes mes notes que je pouvais chanter. » C'est exactement ce que ne veut pas celui qui marche seul.
Certes, sa technique vocale est impressionnante « en justesse et en tempo. C'est une musicienne qui se sert de la voix comme instrument, une musicienne vocaliste », mais il va la convaincre d'aborder ce disque avec une tout autre approche : « Il m'a dit : "Tu sais, ce serait bien si tu déchantais" ».
Lui ayant demandé de ne plus rouler les « r », il veut l'amener à se débarrasser de ses tics à la Ginette Reno ou à la Mireille Matthieu, à savoir une certaine grandiloquence propre aux chanteuses réalistes depuis Piaf. Le résultat le surprend : « Je pensais qu'on allait devoir travailler là-dessus un moment, ça lui a pris 30 secondes pour comprendre et pour le faire », dira-t-il, sidéré par cette célérité.
« Céline n'a même pas besoin de répéter, elle comprend tout de suite et trouve l'émotion juste », a confié Erick Benzi, l'autre architecte de *D'eux*. Céline comprend vite et se laisse guider : ici il lui demande par exemple de s'imaginer chanter avec un bébé dans les bras, pour instiller plus de douceur dans la voix, là de puiser en elle, d'aller à l'os de faire surgir ce que renferme cette voix, pas ce qu'elle projette, afin de l'amener à s'approprier les chansons.
Cela représente un changement radical qui n'exclut pas la technique,

mais elle doit être au service de l'émotion jusqu'à *s'invisibiliser*. L'émotion prime sur la performance et sur la prouesse.
Céline Dion va lui faire immédiatement confiance : « C'était pas du travail d'être avec Jean-Jacques, se souvient-elle dans le documentaire *Au Bout de Nos Rêves*, c'était une grande histoire d'amour ».
Pour « Vole », dont le texte évoque directement le sort tragique de Karine, la nièce défunte de Céline atteinte d'une fibrose, il opte pour une approche spécifique en faisant le choix de ne rien lui en dire avant le jour de l'enregistrement. Contrairement aux autres compos, Céline la découvre et l'enregistre sans l'avoir assimilée au préalable, ni travaillée avec Jean Jacques, à vif.

Vole, Vole (...) Va rejoindre l'autre rive
Celle des fleurs et des rires
Celle que tu voulais tant
Ta vie d'enfant

Elle va mettre en boîte l'album complet, douze titres, en une semaine dont le doux-amer « Ballet » ou leur duo « J'irai où tu iras ».
Avec ce disque, Céline franchit un cap. Elle le dira elle-même : « En anglais il y a souvent cette tendance, il faut toujours se surpasser vocalement, physiquement, il faut s'habiller que ce soit toujours tout, tout le temps, tenir les notes encore plus longtemps jusqu'à ce qu'on n'ait plus envie d'aller chanter parce que ça va demander des efforts acrobatiques que j'ai pas envie parfois de faire et d'aller me casser la gueule. »
Insoupçonnable et insensible à toute flagornerie, Goldman la décrira comme humble, chaleureuse, facile au quotidien. L'expérience a été si fluide, l'entente si parfaite, qu'il la qualifiera de bénédiction et de malédiction « Parce que j'ai plus tellement envie de travailler avec les autres (chanteuses) — rires — je n'ai plus la patience en me disant que Céline, elle, comprendrait en 3 minutes et en plus avec le sourire là où ça prendra un mois à d'autres. »
Et là encore, il ne s'agit pas d'un bon mot gratuit : par la suite, s'il écrira deux chansons pour Mauranne, à l'exception de Patricia Kaas, il ne travaillera quasiment plus avec aucune autre artiste féminine.
Il acceptera même d'accompagner Céline au Québec en promotion dans l'émission de Sonia Benzera (interview et duo).

§

Trois ans après le succès phénoménal de *D'eux*, Céline et Jean-Jacques remettent le couvert avec *S'il suffisait d'aimer*. Il se dit qu'il laissera sur cet album bien plus de liberté vocale à la chanteuse, la laissant suivre ses émotions, mais le travail fait en amont en 1995 ne nécessite plus d'avoir à la diriger : pouvoir chanter plus grave sans forcer sur ses albums francophones permettra à Céline de venir se ressourcer.
Certes, il admet avoir écrit des textes plus denses, abordé des thématiques moins grand public que sur *D'eux*, à l'exception des singles « On ne change pas » ou « Dans un autre monde » pur jus Goldman calibré pour la radio, mais il refuse d'entendre parler d'évolution entre les deux albums. L'album connaît aussi un énorme succès, et est certifié double disque de platine.

Pour la suite, s'il imagine poursuivre une collaboration, ce ne sera pas à n'importe que prix ni n'importe comment : « Tant qu'elle me le demandera et tant que j'aurai des idées pour elle. » Il ajoutait en 2003 : « J'ai fait une vingtaine de chansons pour elle. J'ai pas un album, mais 3 ou 4 chansons. Je la respecte trop, je me respecte trop pour lui faire des chansons comme ça. Je préfère l'entendre chanter des très belles chansons des autres si moi j'ai des chansons moyennes. »

Et c'est très exactement ce qui se passera : il n'y aura pas de troisième opus (du moins à ce jour) cependant Goldman sera impliqué à des degrés divers dans 3 des 4 albums originaux francophones sortis entre 2003 et 2016, s'effaçant totalement sur *Sans Attendre* qui réunira une flopée de nouvelles signatures du show-biz français (de Miossec à Maxime Leforestier en passant par Grand Corps Malade).
Comme il l'avait dit après leur seconde collaboration, en 2003, il n'a guère qu'un ou deux titres pour Céline et propose de réaliser un disque collectif avec l'équipe des deux précédents : Jacques Veneruso, Erick Benzi, Gildas Arzel. *4 types et une fille* sera enregistré dans un modeste studio de Vegas en quinze jours « de détente ». Assisté de ses complices, Goldman prendra en charge la direction artistique abandonnant à René Angélil le titre ici très honorifique (et lucratif) de « producteur ».

Céline aura ces paroles lourdes de sens au moment de l'enregistrement en 2003 : « J'ai ce luxe d'être près de ces mecs, entourée de Jean-Jacques, c'est comme si j'enlevais mon armure et que je devenais légère à nouveau. »

Exclusivement composé de textes de femmes, son concept album *D'elles* (clin d'œil à *D'eux*) en 2007 sera supervisé par Goldman, venu à nouveau travailler avec Céline à Vegas. Elle ne se contente pas de le citer parmi les nombreuses personnes remerciées sur le livret, elle consacre une phrase entière à « l'orpailleur » *« qui s'est penché sur toutes les copies pour faire le tri »*.

« Ce n'est que du plaisir pour elle et pour moi ; elle va vendre quelques millions de disques de plus, elle s'en fout parce que le marché francophone pour elle, c'est vraiment que du plaisir comme moi parce que j'ai pas non plus besoin d'elle pour vivre », résumait en 2003 Jean-Jacques Goldman, confirmant une histoire d'amitié et de fidélité, du moins musicale, cousue au fil du temps, tissée de respect et de sincérité. Une amitié qui ne se démentira pas.
Ce dont témoigne « Encore un soir » la chanson titre de l'album de 2016 qu'il écrira sur l'insistance de Céline peu avant le décès de son mari :

« Allez, face à l'éternité,
ça va même pas se voir
Ça restera entre nous,
oh juste un léger retard (...)
Un peu de nous, un rien du tout
Pour tout se dire encore ou bien se taire en regards
Juste un report, à peine encore, je sais, il est tard. »

Conférence de presse pour le spectacle *A New Day* à Las Vegas en mars 2003.

Las Vegas,
16 septembre 2004.

« La vision extraordinaire que Céline et René ont eue il y a plus de deux décennies a totalement réécrit l'histoire et le futur de l'entertainement à Las Vegas. »

John Meglen de Concerts West en 2020

VIVA LAS VEGAS

Photo de gauche : avec Franco Dragone, concepteur de son spectacle à Las Vegas, et directeur artistique du Cirque du Soleil.

Photo de droite : Céline Dion inaugure les travaux du Colosseum du Caesars Palace en 2002.

En mars 2003 Céline Dion s'installe au Colosseum du Caesars Palace de Las Vegas. Contre toute attente, le spectacle *A New Day* gardera l'affiche pendant cinq ans et attirera pas moins de 3 millions de spectateurs d'un peu partout dans le monde « On n'avait pas vu ça depuis l'époque l'âge d'or d'Elvis ». Céline Dion allait totalement bouleverser le paysage de l'entertainement à Las Vegas.

Le concert du 31 décembre 1999 au centre Molson de Montréal ne conclut pas simplement la plus grande tournée mondiale de Céline, mais referme un chapitre de sa carrière, soit dix années en crescendo constant qui ont fait d'elle une immense star. Mais si la courbe n'a été qu'ascendante en termes de chiffres et de notoriété, le couple décide d'échapper au tourbillon créé avant d'être aspiré : René vient d'ailleurs de frôler la mort, victime d'un cancer dont il se remet doucement.
Il a réservé un 747 qui embarque amis et famille à Las Vegas pour célébrer le nouveau millénaire dans une fête réunissant plus de 250 personnes.
Quelques jours plus tard, le 3 janvier, le couple assiste à une représentation de leurs compatriotes du Cirque du Soleil, la troupe que dirige Franck Dragone : c'est alors l'un des rares spectacles réellement originaux qu'accueille Vegas, ville à nouveau en plein marasme, devenue l'asile des vieilles gloires à la Wayne Newton ou Tom Jones. Céline est totalement conquise par le spectacle.
Quelques semaines plus tard, Franco Dragone rend visite au couple en Floride et très vite germe l'idée de créer un show grandiose sur mesure pour Céline en résidence à Vegas.
Avec pas mal de flair, René Angélil a vu venir la crise du disque : l'alternative de la résidence lui semble adaptée d'autant qu'il n'est pas question de repartir en tournée : Céline est enceinte

courant 2000. Une résidence peut lui permettre de concilier sa maternité et la scène. René s'est-il inspiré du modèle que fut le comeback d'Elvis lorsque le Colonel Parker opta pour installer Elvis dans le tout neuf et ultra moderne International Hotel tablant sur la venue de fans du monde entier ?

Selon les estimations, l'investissement nécessaire pour préproduire et produire le show avoisinerait les 140 millions de dollars, hors salaire de Céline Dion. Pour rendre l'affaire rentable avec un taux de remplissage de 70 %, il faut nécessairement une salle de 4 000 places sur au moins deux ou trois ans. Or, il n'existe aucune salle de cette capacité à Las Vegas où la norme est de 2 000 places (seul le MGM dispose d'un théâtre de 3 000 places).
Dragone propose le MGM dont le directeur artistique est le premier à avoir cru dans le Cirque. Le Bellagio est également intéressé, mais Angélil incline pour le Caesars Palace. Par fidélité, dira-t-il, à moins que ce ne soit parce qu'il y a sa table. Depuis 1966, il y descend plusieurs fois par an sans oublier de laisser des sommes colossales sur tapis vert. Arthur Goldberg, le boss du Caesars Palace, qui devait décéder peu après, croit au projet. Ses successeurs seront plus regardants, cependant la proposition coïncide avec le début des travaux monstres engagés par l'hôtel casino : depuis quelques mois, la firme Park Place Entertainment a lancé un vaste projet de rénovation des infrastructures hôtelières et de divertissement du Casino. Cependant, rénové ou non, le théâtre existant n'est pas une option. Un tout nouveau sera donc érigé sur le Strip.
La construction de ce théâtre spécialement construit pour Céline Dion sera le fruit d'un montage financier réunissant plusieurs partenaires. C'est Pierre Lacroix, l'une des personnalités du hockey québécois (mort à Vegas en 2020) qui aurait mis Angélil en relation avec Philip Anschultz, lequel venait de racheter une modeste structure : Concert West/AEG Live. Le Colosseum sera le tout premier projet d'AEG (la société pèse aujourd'hui plus de 8 milliards).
Le début de la résidence est fixé à début 2003 ; le contrat d'engagement de Céline sur deux ans s'élève à 100 millions de dollars.

La scénographie et le concept architectural du lieu sont confiés à une société également québécoise, Sceno Plus, la société de Pierre Bergé qui est en train de s'implanter à Sin City (elle est impliquée depuis 25 ans dans divers autres projets). Prenant en compte les idées de la chanteuse, la salle s'inspire librement du Colisée romain et de l'hémicycle grec, un demi-cercle avec des places rapprochées pour plus d'intimité et une visibilité parfaite de la scène jusqu'au troisième balcon. La scène, elle, sera en plan incliné à la demande de Dragone : impact visuel garanti pour les spectateurs, véritable cauchemar pour les protagonistes sur scène ! Enfin, un mur vidéo high-tech de 10 millions de dollars sera ajouté par la suite.
Le problème majeur pour Céline, comme pour tout chanteur à Vegas, c'est le climat qui assèche et irrite la gorge. On se souvient des images du film *That's The Way It Is*, montrant Elvis aux prises avec ce qui se nomme *« the Vegas Throat »* (on l'entend s'en plaindre et en souffrir sur nombre de ses enregistrements). Un système très pointu d'ionisation de l'air sur scène a été pensé et soulagera relativement la voix de Céline Dion.
Les travaux sont très vite lancés comme toujours à Las Vegas. La création du spectacle repose sur une logistique exigeante : il faut contractualiser et loger pour deux ans minimum plus de 50 danseurs, des choristes, des musiciens et des techniciens. Les tableaux que conçoit Dragone sont spectaculaires : l'un d'eux envoie Céline voler à plusieurs mètres au-dessus de la scène. Leur réglage nécessite de nombreuses répétitions.

Le 25 janvier 2001, Céline met au monde son premier enfant, René-Charles, né par procréation médicalement assistée, sujet dont elle parle librement. Cette naissance comble la nouvelle maman. Et pourtant, il n'y aura pas d'année sabbatique. En 2002, elle est à nouveau en studio : certes 4 années séparent *A New Day Has Come* de *Falling Into You*, l'album de tous les records, mais en réalité, moins de deux ans après avoir annoncé un long congé au terme d'une épuisante tournée, Céline Dion s'apprête à replonger dans « le bain », métaphore qu'elle a faite sienne.
A New Day donnera son nom à l'engagement à Vegas. Et pourtant, son successeur *One Heart* paraît à la veille du début de sa résidence. Deux albums en une année : pour quelqu'un en congé sabbatique, c'est pas mal !
Si bien que dès 2002, la voilà à nouveau à pied d'œuvre en répétition, répétitions qui se poursuivront au Colosseum dès le début février 2003.
Toute aux joies de la maternité, la trentenaire peine à retrouver de la motivation. On sait qu'elle aurait même demandé à René de la délier du contrat, quel qu'en soit le coût. Au regard des investissements engagés et des enjeux, c'est totalement exclu. Le couple va donc faire le choix de s'établir à Las Vegas avec l'acquisition d'une luxueuse demeure dont il fera sa résidence principale en s'impliquant dans la communauté et dans la vie locale afin de concilier vie familiale et travail.

La résidence au Colosseum Vegas a été annoncée courant 2002 : la première est fixée au 25 mars 2003. Les observateurs se montrent circonspects, voire pessimistes. Les attentats du 11 septembre 2001 n'arrangent rien : « N'importe quel nouveau projet de construction était alors accueilli avec pessimisme, à Vegas », explique le grand spécialiste de Sin City, Norm Clarke, l'homme au bandeau, chroniqueur culturel du *Las Vegas Review-Journal*.
« Une chanteuse de Montréal ? Dans un théâtre de 4 000 sièges ? C'était inimaginable », résume Robin Lech, autre vétéran du journalisme, chroniqueur du *Las Vegas Sun News* et créateur du site *VegasDeluxe.com*. C'était un pari de 250 millions de dollars. Personne n'avait jamais parié ce montant d'argent sur une chanteuse et un théâtre ! »
Un peu partout, on parle alors du spectacle comme d'un « second Titanic », allusion au succès de Céline, un navire prêt à couler à pic en deux mois pas plus : « Tout le monde a pensé que nous étions fous et était persuadé qu'on allait échouer », dira au *Billboard* John Meglen, président de Concerts West et promoteur des concerts.

§

Janvier 2003 : le timing serré vire au délire dans la dernière ligne droite avant la première.
Le 10 janvier, Céline est au salon international Daimler-Chrysler, dont elle a été l'égérie dans sa jeunesse et qu'elle va représenter à nouveau : après avoir donné une conférence de presse, elle se produira devant les employés de l'usine Chrysler.
Le 26 janvier, elle vient chanter « God Bless America » au

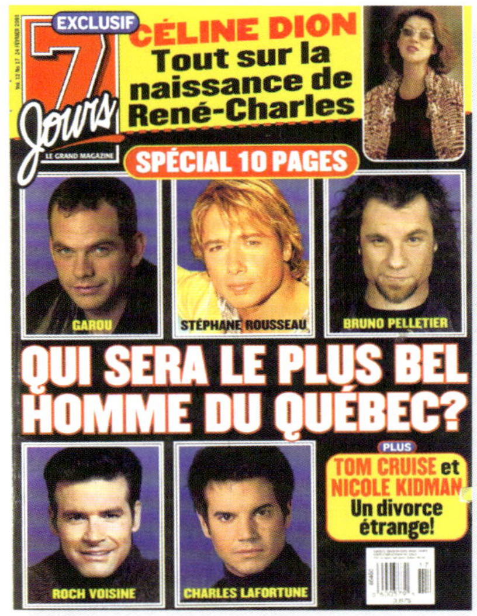

fameux Super Bowl, le programme le plus regardé de la télé US, journée qui coûte la vie chaque année à 500 000 poulets puisque, ce soir-là, pas moins d'un milliard d'ailes de ces volatiles sont englouties à toutes les sauces !

Le 31 janvier, nouvelle journée de promo commerciale, cette fois pour le parfum Dion et Coty Beauty tandis que débutent les ultimes répétitions dans un Colosseum où s'activent encore des armées d'ouvriers et de techniciens.

Le 2 février, elle tourne le clip de son prochain single, l'excellent « I Drove All Night ».

Les répétitions se poursuivent tout au long de février dans le théâtre.

Le 15 mars, à dix jours de la première, Oprah Winfrey y fait son émission.

Le 23 mars, Sigfried et Roy, les ambassadeurs mondiaux de la ville qui ont accueilli le couple à son arrivée à Vegas sont invités à leur tour « chez Céline » au Colosseum. En octobre de la même année, le tigre du duo sur scène bondira à la face de Roy pendant le spectacle, ajoutant l'horreur à l'obsolescence de leur numéro.

Le 24 mars paraît *One Heart* qui avec 5 millions d'exemplaires se vendra deux fois moins que le précédent album un an plus tôt. Des chiffres qui témoignent moins d'un reflux de popularité que de la violence et de la rapidité avec laquelle s'installe la crise du disque qui engendrera la mutation de l'industrie (c'est la grande époque des copies pirates en CD).

Enfin, le 25 mars 2003, c'est le grand soir. Une conférence de presse avec Franco Dragone est calée après le show. Pour l'occasion, la chaîne CBS diffuse le soir même une émission au titre trompeur *Céline in Las Vegas... Opening Night Live!* animée par Justin Timberlake, elle est constituée d'extraits live on tour et des répétitions du show (plusieurs on fait l'objet de captation).

La peinture est encore fraîche lorsque Céline Dion, cheveux très courts blond platine, investit la scène pour une première qui va époustoufler un public où les amis sont nombreux. Une seule anicroche, cocasse, passera la rampe : les nombreux changements de costume qui ponctuent le show et deviendront l'une de ses signatures reposent sur un ballet en coulisse réglé au cordeau où chacun est assigné à une fonction précise : habilleuses, assistantes, coiffeuses s'activent autour de Céline pour lui permettre en un temps record de réapparaître changée comme par enchantement. Ce premier soir, dans la panique, une chaussure se perd : qu'à cela ne tienne, Céline choisira de revenir sur scène nu-pieds !

Le journaliste Hugo Dumas rapportera avoir croisé à la sortie un Luc Plamondon euphorique. « Après avoir bu une bouteille de champagne et demi, il a sauté dans la fontaine du Caesars tout habillé. »

Ambitieux dans son concept, le spectacle proposé est exceptionnel dans son exécution, porté par l'énergie de la Québécoise. Un Robin Leach, qui en 50 ans a vu défiler tous les artistes possibles, capte l'essence du show : « Quand j'ai vu *A New Day* pour la première fois, c'était une expérience à couper le souffle. Ce n'était pas juste elle sur une scène à chanter. C'était une production scénique complète. Ce succès ne se résume pas simplement au nombre de sièges dans le théâtre, poursuit-il. C'est aussi à propos des gens qui viennent de partout sur la planète. Ces personnes font la fête, ils mangent au restaurant, ils jouent au casino. Ça aide beaucoup la ville. »

Et, effectivement, le succès de cette résidence va avoir des répercussions bien au-delà du domaine de l'*entertainement* qui vont bouleverser le visage de Las Vegas, révolutionner son économie, sa physionomie.

Céline Dion en Belgique, en octobre 2002 avec la troupe de son spectacle *A New Day*.

« Céline a aidé à remettre cette ville sur pied, constate Clarke dix ans plus tard. Elle a redressé le bateau qui avait dévié de sa trajectoire. Son héritage sera toujours qu'elle a aidé la ville au moment où elle en avait le plus besoin. »
Si au lancement René Angélil s'inquiétait de n'avoir fait le plein de réservations que sur 3 mois, il va vite se détendre : Céline jouera pendant deux ans quasiment à guichets fermés chaque soir, exploit que seul Elvis était parvenu à accomplir (dans une salle de 200 places, mais avec 2 shows par soir). Comme au temps de Presley, où des charters de fans volaient vers Vegas, on vient du monde entier pour voir ce spectacle dont le succès va définir un nouveau modèle d'affaires dans la capitale du jeu. Robin Leach écrira : « Céline Dion a changé le monde du divertissement, elle a changé le paysage de Las Vegas et la façon dont les spectacles étaient planifiés ici. C'est remarquable de voir qu'une femme qui chante peut à elle seule déterminer les fortunes financières de la plus importante ville de divertissement au monde. »
La présence de la Canadienne a également un pouvoir non quantifiable que les chauffeurs de taxi parviennent à percevoir, expliquant que l'atmosphère n'est pas la même en son absence, elle est plus terne, moins festive.

Céline Dion participe incontestablement à la relance de la vie économique de Vegas et à sa mutation : des boutiques se créent, de nouveaux services s'implantent qui vont faire de la capitale du jeu une ville attractive sur le plan touristique. Des artistes jusque-là réticents à s'enterrer à Sin City acceptent des résidences : « Jusque-là c'étaient des artistes en fin de carrière qui allaient y jouer, explique Angélil. Là, c'était la première fois qu'une vedette au top de sa carrière s'y installait. Maintenant, toutes les tournées mondiales passent par Las Vegas ».
Un an après les débuts triomphaux de Céline Dion, c'est Elton John qui à son tour pose ses valises pour cinq ans à Las Vegas avec son *Red Piano*.

Céline aura surtout ouvert la voie aux artistes féminines désormais programmées dans la ville : Kate Perry Lady Gaga, Jennifer Lopez, Shania Twain, Britney Spears, Christina Aguilera, Mariah Carey, Gwen Stefani...
Sur un plan financier, le Caesars Palace peut se frotter les mains : Céline rapporte chaque soir six fois plus que son salaire de 100 millions de dollars avec une recette quotidienne de près de 600 000 dollars (le prix des places est d'environ 140 dollars). Devant de tels bénéfices, la direction lui propose une prolongation de deux ans qui est acceptée. Une rumeur insistante affirmera que cette prolongation a été validée pour couvrir les pertes monstres de René aux tables de jeu. Une situation qui rappelle hélas son modèle, le Colonel Parker, dont Elvis épongeait les pertes au mépris de son talent, de sa santé et de son consentement.

Selon le fondateur de Vital Vegas, Scott Reuben : « René était un homme qui aimait les jeux d'argent de façon obsessionnelle. » La résidence de Céline lui aurait « permis d'obtenir des règles plus favorables. Le casino lui permettait de rembourser une partie de ses dettes pour qu'il puisse continuer à jouer là-bas. » Selon ces informations « À une époque, René a pris la décision de rester au Caesars Palace afin de renégocier ses dettes. Une partie de celles-ci a d'ailleurs été remboursée lorsque Céline a accepté de prolonger son contrat au Caesars. » Un contrat négocié par René Angélil qui avait été « très clair à ce sujet », peut-on lire ensuite.

Au-dessus : Céline Dion relance Las Vegas. Ici, elle a le droit à sa boutique souvenirs.

Page de droite : Céline Dion en Afrique du Sud, en février 2008.

Pour ne rien arranger, l'imprudence d'une cadre supérieure de chez Harrah's Entertainment Inc, propriétaire du Caesars Palace, relance les soupçons d'endettement. Interviewée par un journal anglais, Jan Jones se laisse aller à révéler que les soirs où Céline est sur scène, René passe sa nuit au casino et mise plus d'un million de dollars par semaine. L'info est reprise un peu partout. Pour mettre fin aux rumeurs, l'homme d'affaires « autorise » le Caesars Palace à révéler ses pertes « réelles » : officiellement, elle se monte à 230 000 dollars pour les années 2005 et 2006 combinées. Pertes qui auraient été compensées par la victoire du businessman à un tournoi majeur de poker en 2007. Il aurait empoché 259 709 dollars (il donnera son trophée, un bracelet en diamant, à... Céline). Moralité : non seulement René Angélil n'a pas perdu d'argent, mais il est même bénéficiaire de 20 000 dollars ! C'est un *winner*, réputation dont se gargarise le président du Caesars Palace, Gary Selesner : « Dans la vie et dans les affaires, René est un gagnant, et l'une des meilleures personnes que j'aie jamais connues. Le Caesars Palace est désolé pour les embarras qui ont pu avoir résulté des spéculations des médias. »

Au démon du jeu et des rumeurs engendrées va s'ajouter en 2002 une accusation de viol venant rendre la situation plus scabreuse : le 15 mars 2002, René Angélil est visé par une plainte pour viol engagée par une certaine Yun Kyeong Kwon Sung. Les faits remonteraient au 18 mars 2000. Elle affirme avoir été assaillie et violée dans sa chambre au Caesars Palace par René qui à l'époque lui avait versé deux millions de dollars pour acheter son silence. En 2002, elle lui en réclamera 20, prétendant avoir conservé la robe du soir de sa supposée agression. Face au chantage, cette fois Angélil a prévenu la police qui confond Sung et son mari pris en flagrant délit de tentative d'extorsion de fonds. Parvenant à se disculper des accusations de viol, René sera contraint de reconnaître avoir eu des relations sexuelles tarifées avec Yun Kyeong Kwon Sung finalement condamnée à 5 ans de prison (son mari à 4). Rendue publique, l'affaire passera relativement inaperçue dans la presse.

§

La dernière année de sa première résidence, Céline fait appel à la styliste Annie Horth pour rafraîchir les costumes : elle restera attachée à la chanteuse jusqu'à leur brouille en 2014, remplacée par le très courtisé Law Roach dont le départ à son tour en 2023-2024 a fait couler beaucoup d'encre.

Finalement, le 15 décembre 2007, Céline Dion met fin à sa résidence et cette fois, pas de break annoncé. Elle s'embarque directement pour une tournée mondiale 2008-2009. La première depuis dix ans.

Elle reviendra en résidence à Colosseum en 2011 dans des conditions personnelles similaires à 2003, à ceci près que ce n'est pas un nouvel enfant que le couple accueille en 2010, mais des jumeaux.

Le Colosseum a fait l'objet de grands travaux. À l'été 2008, il a été totalement rénové avec l'installation d'un nouveau système sonore high-tech.

Le concept de *Céline* est différent de *A New Day* : toujours présenté et dirigé par le producteur Ken Ehrlichil, il est recentré sur la chanteuse entourée de 31 musiciens dans une mise en

scène plus sobre. Sans oublier l'aspect technologique assuré par la firme québécoise Moment Factory qui permettra la création de duos virtuels sur scène. « Ça n'a rien à voir avec tout ce que vous avez pu voir avant ! », annonce Claude Lemay, le directeur musical du show qui sera remercié deux ans plus tard par René Angélil.
Le retour de sa *game changer* est une bénédiction pour la ville durement touchée par la crise des *subprime* qui a débuté juste après le départ de Céline Dion – étrange corrélation.
Selon l'économiste Stephen Brown, de l'Université de Las Vegas, il s'agit du « pire déclin économique que Las Vegas ait connu depuis 60 ans. Aucune ville américaine de taille comparable n'a été aussi durement heurtée par la récession. »
La reprise interviendra dans les mois qui suivront le retour de Céline Dion : l'économie repart, les édifices recommencent à pousser, et les salles de jeu se remplissent à nouveau. Mais c'est surtout la diversification des services, l'éclosion de nouvelles boutiques, la présence d'organisme comme l'UFC avec l'engouement autour du MMA qui vont faire de Las Vegas à nouveau un lieu d'attraction. Ce dont témoignent les nombreux films hollywoodiens qui en font leur cadre à commencer par la série des *Ocean Eleven* ou celle des *Hangover/Very Bad Trip* (*Lendemain de veille*, version québécoise).
Là encore, Angélil préfère relativiser : Céline n'est pas une super-héroïne sauvant la ville de la destruction : « Notre pression, c'est de faire un bon show. Ce n'est pas de changer l'économie », avait-il dit à la presse en 2011.
Une chose est sûre : Las Vegas n'est plus ce terminus d'anciennes gloires, ce lieu de perdition et de déperdition de joueurs invétérés. Aujourd'hui, le divertissement et les détaillants sont des piliers économiques attirant 42 millions de touristes chaque année (pour comparer : la France accueille 100 millions de touristes étrangers par an…).

Les répétitions du nouveau show *Céline* débuteront en Floride dès le 18 janvier 2011 avec des horaires très matinaux. Pourquoi ce retour, lui demande-t-on : « Je trouve que je chante mieux maintenant depuis que je suis mère. Ça serait dommage que je ne me paye pas ce trip-là », justifiera la reine de Las Vegas. En revanche, avec trois enfants dont deux en bas âge, plus question de se produire 5 jours par semaine : si cette résidence s'étendra sur près du double d'années que la première (huit ans avec une année de break) elle comptera quasiment moitié moins de dates (424 contre 715). Le 8 octobre 2016, Céline Dion donnera son millième show au Colosseum.

En septembre 2018, sur les réseaux sociaux, elle annonce clôturer sa résidence le 8 juin 2019. L'annonce fait l'effet d'une douche froide. Les chauffeurs de taxi, véritable baromètre de l'humeur de la ville, dépriment sévèrement, comme l'explique la journaliste Denise Bombardier : « Les chauffeurs de taxi faisaient triste mine. Le PDG de la MGM me disait que Céline était une mine d'or pour la ville. Il y avait cinq vols directs par jour entre Las Vegas et Montréal. Toute une industrie s'était construite autour d'elle. »

§

Le 30 mars 2018, Céline Dion ne pourra pas fêter ses 50 ans sur scène : malade, elle est contrainte d'annuler son show.
Les célébrités se presseront pour assister au show et se faire photographier en coulisse avec la star. En 2013, Céline expliquera avec humour à Jimmy Kimmel : « Quand on a commencé, tout le monde pensait qu'on allait couler le navire, les vibrations étaient mauvaises alors je me suis dit puisque je vais couler ma carrière ici, autant en profiter pour récolter les autographes ; j'avais préparé un tableau pour célébrités en me disant, ce sera pour mes enfants plus tard ».
Michael Douglas et sa femme Catherine Zeta-Jones, Sylvester Stallone, Placido Domingo seront parmi les premiers à venir (mai 2003) et puis Barbra Streisand, Michael Jackson, Anthony Hopkins, Priscilla (ex) Presley, Lisa Marie Presley…
Une seule personne ne signera pas le fameux *board* de Céline « Il m'avait écrit une chanson, mais il ne pouvait pas signer, il n'avait pas de nom à l'époque. Il m'a dit : "Je n'ai pas de nom" et je suis assigné à ne pas utiliser celui de Prince ! »

Page de droite : première de son nouveau spectacle au Colosseum au Caesars Palace de Las Vegas, le 15 mars 2011.

Pages suivantes : Las Vegas, le 27 août 2015.

LAS VEGAS EN CHIFFRES

Les 16 années de résidence de Céline en font « le music act » ayant rapporté le plus d'argent à Las Vegas depuis Elvis Presley. Quelques chiffres et trivia pour finir qui donnent le tournis :

• Les frais de construction du Colosseum s'élèveraient à 108 millions de dollars.

• La salle contient 4 296 places.

• *A New Day* compte 717 shows du 25 mars 2003 au 15 décembre 2007. Le Billboard Boxscore en recense 714.

• Céline Dion n'a annulé que 12 shows sur plus de 700 !

• Le second engagement *Céline* du 15 mars 2011 au 8 juin 2019 compte 424 shows avec un hiatus d'une année entre août 2014 et 2015. Le Billboard Boxscore recense 437 shows.

• Au total, on compte 1 141 shows sur 16 ans soit 4,5 millions de spectateurs.

• Selon les chiffres publiés dans le Billboard Boxscore en décembre 2018 :
- *A New Day* aurait rapporté plus de 330 millions d'euros,
- *Céline* aurait rapporté plus de 215 millions (entre 2011 et 2018). Il faut y ajouter les recettes de 2019, estimées entre 17 et 26,5 millions de dollars.

Les deux spectacles, *A New Day* et *Céline*, auraient donc généré quelque 580 millions de dollars US. pour 4 555 752 de billets vendus/D'autres chiffres donnent 681,3 millions de dollars de recettes.

• Céline aurait été devancée un temps par Elton John dont la première résidence *The Red Piano* entre 2004 et 2009 rapportait chaque soir une moyenne de 690 000 dollars contre 650 000 pour Céline.

• La *tracklist* des shows ne comptera qu'un seul titre en français : « Pour que tu m'aimes encore ».

• Céline a interprété 251 fois son tube planétaire « My Heart Will Go On » entre 2011 et 2019, soit un show sur deux.

QUELQUES CHANSONS

« Beauty and the Beast »

Janvier 1992

« Beauty and The Beast » n'est pas la première chanson BO de film enregistrée par Céline Dion contrairement à ce qu'on lit un peu partout, notamment sur le site des *Inrocks* dont le dossier consacré aux chansons de films de Céline Dion montre une rédaction plus prompte à multiplier les piques éculées qu'à affûter ses informations. La présence de Céline chez ce média est d'ailleurs le signe d'une condescendance propre à une intelligentsia qui finit par se rendre détestable à taper gratuitement sur des stars populaires.
En 1985, dans sa première époque, Céline enregistrait les deux chansons d'un film québécois pour enfants *Opération beurre de pinottes* (*The Peanut Butter Solution*) de Michael Rubbo, produit par Rock Demers. La BO et les chansons « Dans la main d'un magicien » et « La ballade de Michel » sont signées du grand Lewis Furey sur des paroles d'Eddy Marnay.

Courant 1991, Spielberg produit *An American Tai : Fievel Goes West*, la suite du dessin animé *Fievel* dont il a confié la Bande originale à James Horner. Le film comprend quatre chansons, dont « Dream to Dream » qu'enregistre Linda Ronstadt. Insatisfaite du résultat, elle se retire du projet ; René Angélil, ayant eu vent de ce retrait, parvient à mettre Céline sur les rangs. Très heureuse de cette opportunité, elle l'enregistre sous la direction de James Horner.

Officiellement, fan de Linda Ronstadt, Spielberg l'aurait convaincue de réenregistrer la chanson. Il semble qu'en fait, il ait rejeté la version de Céline Dion : officieusement, entre une légende de la musique américaine et une Canadienne francophone alors débutante, sinon inconnue, très méconnue, il n'y a pas photo, le choix a été rapide. Informé de ce revirement, Angélil attendra quatre jours pour oser le dire à Céline, dégoûtée et totalement anéantie.
Disposant de nombreuses relations, son manager va entendre parler du prochain film de Disney, le très ambitieux *Beauty and The Beast*. Ce serait la performance de « Where Does My Heart Beat Now » par Céline invitée en 1989 à l'Eurovision qui aurait convaincu les pontes de Buena Vista de lui confier la chanson finale du DA ; il s'agit de la reprise en version modernisée de la chanson qu'interprète dans le film le personnage de Madame Samovar qui est doublée par Angela Lansbury. La grand-mère d'*Arabesque*, décédée en 2022, était abonnée aux rôles de dame âgée depuis ses 40 ans (elle jouait la mère d'Elvis dans *Blue Hawaii* en 1961). Pour la petite histoire, la prostituée du chef-d'œuvre d'Albert Lewin *Portrait de Dorian Gray*, plus connue comme Jessica Fletcher d'*Arabesque*, l'enregistra sur le reculoir, détestant sa voix de sexagénaire chevrotante. Elle la réenregistrera piano/voix en une prise bluffant tout le studio qui tombera amoureux de cette version.
Comme Spielberg, les pontes de Disney sont réticents à confier totalement la chanson à cette jeune chanteuse à la voix d'or, mais sans référence. Ils décident donc d'un duo en l'associant à Peabo Bryson, spécialiste des ballades soul en duo.
Curieusement, comme l'équipe du film, la critique sera également sous le charme de la version d'Angela Lansbury au détriment de la version Dion/Bryson, indéniablement plus démonstrative, calibrée pour plaire au plus grand nombre avec sa production *radio friendly*.
En janvier 1992, la chanson se classera n° 9 aux États-Unis et en UK, permettant à Céline de retrouver le Top 10 un an après sa percée avec « Where Does My Heart Beat Now ». Mais surtout c'est la première chanson d'un film Disney à retrouver les charts depuis 30 ans. Oscarisée, elle engrangera de multiples récompenses qui lui donneront un prestige évident. Son succès fera de Céline un nom bankable pour ce genre d'exercice qu'elle multipliera avec le succès que l'on sait. Peabo Bryson tirera également son épingle du jeu : sa performance redonnera un second souffle à sa carrière.

Le duo Céline Dion et Peabo Bryson pour *La Belle et la Bête*.

QUELQUES CHANSONS

« Because You Loved Me »

10 février 1996

« Because You Loved Me » a son importance dans le continuum puisqu'il a permis à Céline de décrocher un second n° 1 plus de 2 ans et demi après « The Power of Love », mais surtout parce qu'il est le point d'ignition par lequel Céline va embraser les charts en classant ensuite cinq singles de rang dans le top 10, dont deux n° 1. Mais surtout ce single ouvre la période la plus faste de ses ventes de disques, trois années phénoménales.

C'est « Beauty and The Beast » qui l'avait relancée, ce sera « My Heart Will Go On » qui la couronnera et c'est ici encore un BO de film qui sonne la charge héroïque à venir.
Le film en question, aujourd'hui bien oublié, *Personal and Confidential*, réunit l'un de ces couples glam sur lesquels Hollywood spécule pour pallier les faiblesses des scénarios : ici Robert Redford et Michelle Pfeiffer. Il s'agit de l'adaptation de la biographie de la journaliste grand reporter Jessica Savitch, rédigée par Alanna Nash qui par la suite consacrera toute une littérature pas toujours très sérieuse à Elvis Presley. Malgré un sujet porteur, le traitement mélo du film dévalue l'ensemble sauvé par l'alchimie entre des deux acteurs principaux. Il y est question d'une femme en manque de confiance qui va trouver dans le personnage de Redford un soutien indéfectible.

La chanson originale en clôture de film est devenue un must pour l'industrie du disque comme pour Hollywood, dont le potentiel commercial important nécessite une attention particulière. C'est du moins la philosophie de Pauly Anthony (1953-2013) la patronne d'Epic Records, label qu'elle dirige d'une main de fer. C'est pourquoi elle s'adresse à celle qui est alors considérée comme la meilleure songwriteuse des années quatre-vingt-dix, la reine des ballades : Diane Warren.
La chanson lui vient assez facilement, le texte lui est inspiré par le soutien qu'elle a reçu à la mort de son père.
Convaincue que sa chanson est tout à fait adaptée pour Céline Dion à qui elle a écrit cinq des titres de son second album, elle lui fait écouter la démo. Céline est bouleversée (comme René).

Reste à valider le choix auprès de la redoutable Pauly Antony qui, fidèle à sa réputation, fait la moue et la fine bouche en même temps, ce qui n'est pas offert au premier venu. Peu convaincue, elle met sur les rangs un team de trois nouveaux songwriters. Diane affirmera n'avoir tremblé à aucun moment : « Ma chanson était bien meilleure ! » Cela dit, il faudra, semble-t-il, l'intercession de René et l'insistance de Céline pour emporter la décision.
Évidemment, la chanson va bénéficier des deux meilleurs techniciens du moment, la garde rapprochée, toute neuve, mais fidèle, de Céline : David Foster est à la production et aux arrangements. Humberto Gatica se charge de l'enregistrement et du mixage.
Le mixeur de Michael Jackson est sous le charme de Céline depuis l'album *Céline Dion*. Il va avoir là encore un exemple de son professionnalisme : afin de préserver sa voix, elle n'a pas parlé de toute la semaine précédant la prise de son.
Elle aborde l'enregistrement en choisissant de découper la chanson par parties, et de travailler section par section, d'abord les couplets afin de s'imprégner de l'émotion des paroles avant de passer au refrain. Elle choisit de ne pas faire le second à l'identique pour y injecter plus d'intimité. Elle s'approche donc plus du micro puis à mesure qu'elle monte dans les aigus, elle étire les notes. Le crescendo subjugue Diane Warren.
« Because You Loved Me » paraît le 10 février 1996. N° 1 du classement Billboard, au Québec et dans dix autres pays, la chanson décrochera également le Grammy de la meilleure chanson de film et sera nommée aux Oscars.

Céline Dion en 1996.

QUELQUES CHANSONS

« The Power of Love »

Novembre 1993

« C'est une belle chanson, je ne voulais pas la faire. »

Céline Dion

« The Power of Love » paraît en novembre 1993. Contrairement à ce qu'affirment une partie des observateurs, ce premier n° 1 de la Canadienne sur le marché US ne signale pas sa percée sur ce marché. Il n'en reste pas moins un disque décisif, mais pour d'autres raisons.

La dizaine de singles publiés depuis 1990 avec *Unisson* a connu des fortunes diverses : certes, trois d'entre eux ont fracturé le Top 5 (« Where Does My Heart Beat Now » se classa n° 4, « Beauty and The Beast » n° 9 et « If You Asked Me to » n° 4), quatre se sont hissés dans le Top 40, mais trois titres sont restés aux portes du Top 100.

Encore prospect sur le marché US, Céline n'a encore pas gagné ses galons de valeur sûre, mais elle travaille en profondeur, s'enracine progressivement.

En décrochant la timbale avec le premier extrait de son troisième album, *The Colour of Love*, elle amorce un mouvement désormais ascendant. Cette marche en avant culminera en 1997 avec « My Heart Will Go On ».

Co-écrite et créée dans un studio de Francfort par Jennifer Rush en décembre 1984, « The Power of Love » fut un *énorme* hit à l'été 1985 en Angleterre avec plus de 1,4 million exemplaires vendus, puis dans de nombreux autres pays à l'exception des États-Unis (n° 68 dans le Top 100). Disque historique puisqu'il s'agit du tout premier single d'une artiste féminine à passer le million en Grande-Bretagne. Un titre dont Céline dira qu'il lui colle la chair de poule.

Laura Branigan — starlette chanteuse des années quatre-vingt — en fera une reprise opportune. Publiée en décembre 1987 comme second single de l'album *Touch*, la cover se classera n° 26 aux États-Unis, profitant des derniers feux d'une popularité déjà déclinante. Ce sera son ultime single à se classer dans le Top 40. Parmi les reprises qui pullulent sur cet avant-dernier disque paru en 1990, on trouve celle du « Unisson » de Céline Dion. Alors que la Canadienne prenait son envol, Laura Branigan voyait elle sa carrière décliner brutalement. Elle devait mourir en 2004 à l'âge de 52 ans.

Ayant écrit pour Laura Branigan avant d'écrire pour Céline, la song-writeuse Diane Warren expliquait : « la version de Jennifer Rush était géniale, mais Céline n'avait peur de rien. Elle avait sa propre version ».

Dans une époque à nouveau séduite par « les chanteuses à voix » à la Whitney Houston, Mariah Carey, Cher ou Vanessa Williams, sans être encore tout à fait installée, Céline Dion marquait là son territoire et s'affichait comme une prétendante sérieuse comme star du genre.

Céline Dion en 1993.

QUELQUES CHANSONS

« All by Myself »

Décembre 1996

« All by Myself » est l'un des succès majeurs du songwriter chanteur Eric Carmen, décédé en mars 2024 pendant la rédaction de cet ouvrage. On compte plus de 100 reprises de cette chanson de Sinatra à Ertha Kitt en passant par Babe In Toyland, Richard Clayderman... En France, Richard Anthony, François Valéry, ou Jeanne Mas l'adapteront.
Hit pour Eric Carmen dans Les années soixante-dix, la version de Céline « All by Myself » publiée en décembre 1996 accrochera le Billboard en 4e position en mars 1997.
Musicalement, Carmen a largement tapé — pour ne pas dire plagié — dans le deuxième concerto pour piano de Rachmaninoff, convaincu que l'œuvre était libre de droits. Grave erreur puisque les héritiers du compositeur russe le poursuivront, l'astreignant à leur reverser des droits d'auteurs.

À la production, Céline retrouve David Foster, le premier à avoir cru en elle. Après l'avoir vu sur scène en 1989 au Canada sous une tente, il en était convaincu : « Des millions et des millions de gens vont aimer cette chanteuse. »
Très influent auprès de CBS, le *Wonderboy* sera l'un des artisans du contrat américain de Céline. Il produira et écrira de nombreuses grandes chansons de Céline entre 1990 et 1997.
Céline aborda « All By Myself » avec à cœur d'épater une fois encore Foster comme elle l'avait fait en enregistrant *Unisson*, avouant alors : « Je ne pouvais pas croire que David allait produire l'album en anglais d'une chanteuse inconnue, c'était difficile et je voulais impressionner David, lui montrer que la chance qu'il me donnait, je la lui rendais, que je n'allais pas le décevoir. »
Ce sera encore le cas avec « All by Myself » et cette fameuse note sur « anymore » qu'elle tient de façon insensée de longues secondes au point où cette performance deviendra un sommet de ses shows américains, le public attendant ce moment avec impatience et le célébrant par une déferlante d'applaudissements. Foster qualifiera LA note de *« so high, so loud so long so ridiculous »* (« si haute, si forte, si longue, tellement impossible »).
En l'enregistrant, Céline la décrochera du premier coup : « C'était quasi parfait, mais je lui ai demandé de la refaire une ou deux fois ce jour-là, je sais qu'elle m'a détesté. »
Affable au quotidien, Foster a la réputation d'être très dur en studio, mais la Québécoise se plie à ses exigences sans mal. « Il sait ce qu'il veut entendre et il te pousse jusqu'à l'obtenir, il sort le meilleur de toi. C'est simple, tu embarques avec lui dans le train et tu lui fais confiance, c'est ça ou tu descends tout de suite du train. »
Évidemment, elle fera le voyage.

David produira et composera quelques chansons majeures de Céline. C'est Linda Thompson, sa femme de l'époque, qui en écrira les textes. L'ancienne compagne d'Elvis Presley — leur relation débuta après la rupture avec Priscilla et dura jusque fin 1976 lorsque Linda comprit qu'elle ne pourrait sauver l'homme qu'elle aimait — aura ainsi écrit entre autres « Power of a Dream » (1996), titre avec lequel Céline ouvrira les Jeux olympiques d'Atlanta ou encore « Tell Him » en duo avec Barbra Streisand.

Le lundi 18 mars 2024, Céline publiera un message en hommage à Eric Carmen : *« C'est avec une grande tristesse que j'ai appris le décès d'un grand artiste, le compositeur Eric Carmen. Eric, merci d'avoir partagé votre génie avec le monde entier. »*

En haut : en duo avec
Bryan Adams en 1996.

À gauche : portrait
de feu Eric Carmen en 1975.

QUELQUES CHANSONS

« My Heart Will Go On »

Novembre 1997

« My Heart Will Go On » est le single le plus vendu de Céline Dion, peut-être même le plus vendu au monde et sa chanson signature, celle qui restera, celle qu'elle ne peut se dispenser de jouer sur scène.

Mais la composition de James Horner est loin d'être la chanson préférée de la Québécoise et probablement à raison même s'il n'est pas rare qu'un artiste se détache de ses plus grands succès. Véritable archétype de mélo grandiose, « My Heart Will Go On » referme le chef-d'œuvre de James Cameron *Titanic* considéré comme le film le plus vu au monde : sorti dans plus de 50 pays, phénomène du box-office, *Titanic* aura moissonné pas moins de 13 Oscars, dont celui de la meilleure chanson originale de film.

Avec cette chanson, on entre dans le domaine de l'irrationnel à jongler avec des chiffres et des records vertigineux plus ou moins fantaisistes ou vérifiables. Quelques exemples donc : on estime par exemple que la chanson a été diffusée plus de 500 milliards de fois en télé et en radio. Selon les sources, elle est la première ou quatrième chanson de film la plus vendue au monde, des chiffres variables selon le mode de comptabilisation avec une part d'aléatoire et beaucoup de propagande. On parle de 15 à 18 millions de singles vendus là où la BO de *Bodyguard* en aurait vendu le double. Cependant, en rassemblant les ventes du single, l'album de Céline Dion et la BO de *Titanic*, ces deux disques s'étant écoulés au chiffre fou de 30 millions d'exemplaires chacun. « My Heart Will Go On » est bien la chanson la plus vendue au monde de tous les temps avec 75 ou 80 millions d'exemplaires ! Pour être complet, si on agrège à ce chiffre les nombreuses compilations annexes où figurent la chanson, on parle de 100 millions de disques.
S'imposant comme l'une des plus grandes chansons de film jamais enregistrées, « My Heart Will Go On » est surtout absolument unique sur un plan qui ne se quantifie pas tout à fait, à savoir qu'il s'agit d'une démo enregistrée en une ou deux prises (selon les témoignages). Il est là le tour de force ! Encore que Céline Dion soit une artiste réputée pour sa célérité. Son oreille, sans doute absolue, sa technique, son travail lui permettent une aisance rare en studio.

Une certaine confusion règne autour de la genèse de cette composition de James Horner avec un entrelacs de récits divergents, pas toujours fiables, à l'instar de ceux plaçant la chanteuse Sissel comme premier choix de Horner là où l'intéressé affirma l'avoir composée pour Céline. Mais c'est le même James Horner qui se souvenait d'une Céline Dion enthousiasmée par la chanson là où elle a souvent dit n'avoir guère été convaincue par ce titre.

S'ils sont difficiles à démêler, on peut tenter de hiérarchiser et de recontextualiser les éléments dont on dispose pour livrer un maximum d'informations.
À l'origine, James Cameron avait imaginé confier la composition des musiques du film à Enya, réputée pour ses mélodies d'inspiration celtique.
La chanteuse et songwriteuse irlandaise se souviendra « On m'a adressé un script et j'ai appris qu'ils travaillaient avec ma musique pendant le tournage même. James Cameron m'a donc approché, mais ce qui s'est passé, c'est qu'il voulait que je travaille en collaboration pour la chanson de fin du film. C'était quelque chose que je n'avais jamais fait. J'écris mes chansons, j'ai toujours écrit les mélodies, donc je trouvais ça un peu étrange, de plus je travaillais alors sur un album, j'ai juste dit que je ne le ferais pas si je devais collaborer avec quelqu'un. »

Entourée du compositeur James Horner et de l'auteur des paroles Wilbur Jennings pour « My Heart Will Go On ».

C'est ce refus qui aurait fait entrer dans le jeu James Horner. Cameron passera outre ses réticences, se souvenant des rapports difficiles qu'il avait entretenus avec le compositeur au moment d'*Alien* dont il a fait la musique. Horner jouit d'une réputation paradoxale dans le métier : capable du meilleur comme du pire, en manque d'inspiration, le bonhomme n'hésite pas à piller sans vergogne ses pairs, en particulier Jerry Goldsmith, plagiats qui lui vaudront quelques procès et terniront son image. Mais voilà, en signant la BO de *Braveheart*, l'un des chefs-d'œuvre de Mel Gibson, Horner venait tout juste de redorer son blason de façon spectaculaire, ne laissant pas le choix au réalisateur. Conquis par l'excellence de son travail, il fait donc appel à Horner. Une confiance que le musicien lui rendra.

Cameron l'invite à visionner un premier montage du film qui le laisse abasourdi. En retard constant sur *Alien*, James Horner se met ici au travail le soir même, composant aussitôt tous les thèmes du film qui resteront inchangés à la note près, dira Horner, jusqu'au montage final. C'est également ce soir-là qu'il écrit la chanson de fin.

Là encore deux versions s'opposent : selon l'une d'elles, la moins officielle, Horner destinait sa chanson à Sissel Kyrkjebø, ce qui est vraisemblable puisqu'il l'a choisie parmi une trentaine de chanteuses auditionnées pour assurer les arias sur le thème iconique de la séquence de « l'envol » de Kate Winslet. Il semble logique de penser qu'il ait pu lui proposer d'interpréter la chanson finale. Il se murmure même qu'elle l'a enregistrée.

Dans cette version, après avoir validé ce choix, finalement la maison de disques lui aurait préféré Céline Dion, plus connue, déjà récompensée comme interprète de BO à succès, plus facile à promouvoir qu'une Suédoise inconnue, bref donnant plus de gage de succès. Horner y aurait consenti pour « aider la carrière de la Québécoise ».

L'histoire officielle est bien différente et une fois n'est pas coutume semble plus crédible : selon ce qu'on sait, Cameron ne voulait pas (ou plus) de chanson finale devenue systématique : il craignait que l'aspect commercial de ce genre de chanson ne nuise à *Titanic*, n'en discrédite l'impact artistique.

C'est donc dans le plus grand secret que James Horner contacte son complice Will Jennings afin de lui écrire un texte qu'il puisse raccorder avec le film.

Dans une interview promotionnelle, Horner affirme avoir immédiatement pensé à Céline Dion avec qui il a déjà travaillé. En charge de la BO du DA *Fievel au Far West*, il lui avait fait enregistrer « Dream To Dream », mais on l'a vu, Spielberg, producteur du film, avait choisi la version de Linda Ronstadt. Expérience douloureuse pour la Québécoise, restée amie avec James Horner.

Celui-ci ira directement les trouver dans leur suite à Las Vegas avec sa chanson inédite non validée par Cameron : « J'ai vu Céline, elle était OK pour essayer et je lui ai joué et chanté moi-même dans sa chambre d'hôtel au Caesars Palace sur cette espèce de piano désaccordé et elle a vraiment aimé. Elle voulait vraiment être impliquée. On l'a enregistré en douce, Jim Cameron n'en savait rien, il ne savait pas que j'avais disparu pour voir Céline. »

Le récit de la chanteuse n'est pas aussi idyllique : « Je ne voulais pas faire une nouvelle chanson de Jim, j'en avais déjà fait quelques-unes avant, — je pensais que ça allait faire un peu too much, du genre "Céline Dion chante une nouvelle chanson de film", mais voilà quand il est venu… James est si gentil, charmant et talentueux, mais en ce qui concerne le chant, c'est pas si bon. »

Elle fera de la scène une description amusante : sur un piano HS, Horner aborde sa performance avec un engagement redoutable et une

grandiloquence un peu grotesque, multipliant les trémolos qui vrillent les oreilles de Céline. Elle déteste ça, cherchant du regard son manager de mari à qui elle adresse des grimaces et des « sauve qui peut ! ». Ce dernier racontera que la simplicité des rapports qu'il entretenait avec Horner lui aurait permis de lui faire comprendre que son interprétation ne rendait pas service à la chanson. Vrai ou faux, au fait du potentiel du film et avec l'appui de Vito Luprano, il parviendra à convaincre sa femme d'aller en studio poser une voix sur la démo, ce qu'elle fera à New York avec une rare désinvolture et une certaine fatigue. Mais la désinvolture chez Céline Dion vaut le professionnalisme de beaucoup d'autres. C'est, épuisée par les décalages horaires qu'elle fait un crochet par le studio new-yorkais afin de poser sa voix sur le thème tout en sirotant un café noir, ce qu'elle s'interdit en temps normal en studio pour ne pas altérer le timbre de sa voix : la boisson en accélère le vibrato et sa voix prend alors une tonalité un peu différente qui fera ici merveille. En deux prises, c'est bouclé !

Sachant l'hostilité de Cameron envers les *final songs*, la bande en poche, James Horner va intelligemment attendre le moment propice pour lui faire entendre la démo. Il ne la sortira que quatre semaines plus tard : « Un jour il m'a invité chez lui pour lui jouer des musiques pour d'autres scènes et il m'a montré quelques effets spéciaux finalisés qu'il venait de recevoir qui étaient renversants. James était d'excellente humeur, alors j'ai dit : "Puis-je te faire entendre quelque chose ?" Il a reconnu la voix de Céline Dion. Il m'a demandé : "Quand as-tu fait ça ?" J'ai répondu "Peu importe, je sais que tu ne veux pas de chanson finale, mais celle-ci est appropriée, elle encapsule tout le film". »

Le fait que le créateur de *Terminator* ait reconnu la voix de Céline Dion est assez douteux pour ne pas dire pure fabulation. Tout aussi douteuse, la version selon laquelle Cameron aurait adoré la chanson, il se dit même qu'il la détesta longtemps même si en promotion, il affirmera avoir flashé derechef au point de garder la voix de la démo pour l'orchestration. Quoi qu'il en soit, il faudra encore quelques screen-tests pour que le réalisateur consente à intégrer « My Heart Will Go On » au film. Son feu vert définitif n'interviendra que trois semaines avant la fin de la postproduction.

Loin de venir ternir l'œuvre par son côté commercial, « My Heart Will Go On » apportera sa pierre à l'édifice et participe du prestige du film.

Horner tentera de réitérer le succès de « My Heart Will Go On » lorsqu'il composera la BO du film *The Bicentennial Man* de Chris Columbus avec Robin Williams. Il impliquera à nouveau Will Jenkins pour écrire les paroles de « Then You Look At Me » et Céline au chant. Mais la chanson restera l'une des plus méconnues parmi toutes les chansons de film qu'a enregistrées Céline Dion.

Le 14 novembre 1997, Céline Dion lançait son cinquième album anglophone où figure « My Heart Will Go On » (il se murmure que le final a été réarrangé par Walter Afanasieff).

Le single sort le 18 novembre 1997, un mois avant la sortie du film aux États-Unis. Le succès sera immédiat et phénoménal : en 18 mois, elle va vendre 45 millions de ses disques à partir d'août 1998. Du jamais vu !

Outre son Oscar en 1999, le second pour Céline Dion, « My Heart Will Go On » raflera 4 Grammies, un Golden Globe et une dizaine d'autres prix (Japon, MTV, VH1, Billboard...) convertissant chaque nomination en victoire.

Pour Céline, ce raz de marée, ce sommet, a des allures de double peine : après avoir dû l'enregistrer malgré son peu d'intérêt, elle va devoir chanter la chanson non seulement en tournée, mais surtout à partir de 2003 au Caesars Palace en conclusion de ses shows. Elle la chantera plus de 250 fois entre 2011 et 2019 lors de sa seconde résidence à Las Vegas.

Ce qui ne sera pas de nature à infléchir ses sentiments envers « My Heart Will Go On ». Interviewée à la radio RFM en 2015, elle rappellera : « Je ne voulais pas l'enregistrer. Je n'aimais pas beaucoup la chanson. Et aujourd'hui, pas tellement plus. Sauf qu'elle a pris une ampleur extraordinaire et les gens l'ont tellement adoptée qu'avant de chanter la chanson, je me dis : "Rooff..." Et quand le rideau s'ouvre, les gens se transforment. »

Céline Dion en 1997
au Carnegie Hall à New York.

QUELQUES CHANSONS

« I Drove All Night »

Mars 2003

Après deux années d'arrêt, Céline publie coup sur coup deux albums en mars 2002 et mars 2003 à la veille de sa première à Las Vegas.

Paru le 3 mars 2003, le premier single de *One Heart* sera « I Drove All Night » Il s'agit de l'un des titres les plus intéressants de cette époque par sa modernité assumée comme par sa maturité, dans la lignée de « I'm Alive ». Mais aussi par l'histoire qu'il renferme.

Écrit en 1987, « I Drove All Night » est l'œuvre du duo Bily Steinberg et Tom Kelly, dont les deux succès majeurs restent « Like A Virgin » (Madonna) et « True Colors » (Cyndi Lauper). Ils ont également composé entre autres pour les Pretenders, les Bangles, Withney Houston (« So Emotional ») avant que Tom Kelly ne s'éloigne du monde de la musique au milieu des années quatre-vingt-dix.

Céline Dion avait déjà enregistré un titre écrit par Steinberg et pas n'importe lequel puisqu'il s'agit de « Falling Into You » qui donne son titre à l'un des albums les plus vendus au monde (au passage, le Wikipédia français attribue la chanson de façon erronée à Diane Warren. Elle a été écrite par Billy Steinbeg, Rick Nowels et Marie-Claire D'Ubaldo qui l'avait enregistrée sur son album en 1994).

Le texte s'inspire des allers-retours de Billy entre Palm Springs et Los Angeles où vit sa petite amie. Steinberg et son complice Kelly la proposent à l'immense Roy Orbison qui viendra enregistrer la démo dans le salon de Kelly en 1987. Mais à cette date, le Caruso du rock n'a plus de maison de disques.

Durement frappé par le sort par le passé, Orbison le sera jusqu'au bout puisque ce pionnier du rock à la voix d'or redécouvert grâce au film *Blue Velvet*, remis en selle par un show télé avec Dylan, Springsteen et consorts, sort un hit single avec « You've Got It », mais meurt avant la parution de son album de retour en décembre 1988.

C'est donc Cyndi Lauper qui hérite de la chanson qu'elle enregistre en 1988 comme single de son troisième album décrochant le Top Ten du Billboard.

En 1992, Virgin rachète les droits de la démo de Roy Orbison pour la publier comme single de l'album posthume *King of Heart* en octobre 1992.

Dix ans plus tard, Steinberg a l'idée de proposer la chanson à Céline Dion qui va l'adapter dans le registre dance pop qu'elle a ouvert avec l'album précédent. Dans le genre, les producteurs tendance au début du millénaire étant pour bonne part scandinaves, c'est donc à Stockholm que Céline va retrouver Peers Astrom, compositeur producteur très demandé (Madonna/Miley Cyrus/Enrique Iglesias. Il produira Garou en 2008).

Astrom a déjà travaillé avec Céline Dion sur l'album précédent, notamment sur « Don't Have You Ever Been in Love », figurant également sur *One Heart*, destiné à succéder à « I Drove All Night » comme second single de l'album.

Astrom dira avoir d'abord peiné à trouver le traitement musical idoine avant d'opter pour une approche romantique moderne avec un accompagnement de dance music rythmée que la voix pourra surplomber.

La petite histoire raconte que le jour de l'enregistrement, Céline Dion était souffrante : terriblement enrhumée, elle refusera pourtant d'annuler la séance et travaillera sans ménager sa voix pour obtenir le résultat que l'on entend.

Sensible à la guitare qui court sur une partie du morceau qu'il considère comme sa plus belle chanson, Steinberg concède beaucoup aimer cette relecture dance « efficace » qui sonne « sans faire mauvaise disco, c'est du super boulot ! »

Page de gauche :
Cyndi Lauper en 1989.

En-dessus : Céline
lors du concert caritatif
pour les victimes du 11
septembre en 2001 à Montréal.

S'il ne se classera que n° 45 dans le Billboard, « I Drove All Night » n'est pas seulement le premier « hit single » extrait de son album à venir, il a été le premier élément de la grande offensive promotionnelle autour du premier engagement de Céline au Colosseum : aujourd'hui, on sait le succès phénoménal qu'elle rencontrera, mais à la veille de se lancer dans une aventure unique, rien n'était acquis et la chanteuse multiplia les expositions.

Le clip sera tourné début février, pendant les répétitions du show. « I Drove All night » deviendra également la chanson de l'un des clips publicitaires qu'elle tournera pour Chrysler (un second sera tourné avec le single « Have You Ever Been In Love »).

Enfin, c'est avec « I Drove All Night » que Céline Dion ouvrira ses concerts, notamment pendant la tournée 2008-2009 en s'appuyant sur les premiers mots de la chanson pour saluer son public du soir :
« Paris (ou Vegas) is that allright? »
Oui, *everything will be allright tonight...*

LA FAMILLE AU CENTRE

Au-dessus : Avec Garou, pour les 400 ans du Québec, le 22 août 2008.

Page de droite : Céline Dion reçoit la Légion d'honneur en 2008.

Le *Taking Chances Tour* sera l'une des tournées les plus rentables jamais organisées : 131 concerts sur 133, 27 pays, 93 villes, 5 continents. Il durera une année. La tournée débute le 14 février 2008 par 9 concerts en Afrique du Sud, passe par Dubaï, l'Asie, l'Océanie. Elle sera en Europe de mai à juillet, suivi d'une pause d'un mois avant de repartir pour son dernier segment, 6 mois à sillonner l'Amérique du Nord jusqu'au 26 février 2009 à Omaha (plus de 70 concerts).

Trois mois plus tôt, le 7 novembre 2007, quatre ans après *One Heart* est paru l'album *Taking Chances*, le premier depuis la résidence à Vegas. Un album compliqué à faire en raison des shows quotidiens : « Je n'y croyais pas vraiment », dira la reine de Vegas, affirmant en être pourtant très fière. L'album donnera son nom à la tournée qui débute quelques semaines après son dernier concert au Caesars Palace. Une pause n'était pas envisageable, expliquera-t-elle « L'avoir fait tout de suite après Vegas a été bien. Je ne serais jamais repartie sinon. »
Autre desiderata : René-Charles sera du voyage avec un professeur particulier. Idem maman Dion (sans professeur !) : sa fille connaît son rêve de découvrir le monde et à 80 ans, il semblait urgent de le faire. Enfin, le planning a été conçu de sorte à dégager des journées off d'abord pour passer du temps en famille avec René-Charles et ensuite pour découvrir également les pays visités, prendre le temps d'aller à la rencontre des gens. Céline a une soif de connaissance : consciente de son déficit culturel déjà évoqué, elle a à cœur d'apprendre.
Le séjour en Afrique du Sud, où débute la tournée, donne la tonalité du périple puisque des visites sont calées encore que

là aussi tout soit réglé avec précision et passe par pléthore de rencontres officielles : le 12 février, la diva est à Johannesburg ; elle va à la rencontre des enfants de Soweto, chante avec le Soweto Gospel Choir avant de rencontrer Nelson Mandela puis d'aller visiter sa prison sur Roben Island.

Les villes défilent : Milan, Prague, Cracovie, Helsinki, Vienne, Berlin, Amsterdam, Dublin, Paris, Arras, Londres, Copenhague, Kuala Lumpur, Séoul, Macao, Tokyo, Osaka, Shanghai, Sidney, Mexico, Porto Rico, Toronto, Montréal…
Au Madison Square Garden, elle invite sur scène Charice, 16 ans, réfugiée des Philippines qui a fui avec sa mère un père violent.
Le concert à Bercy du 19 mai reste une date que les fans français chérissent. On la voit déjà signer des autographes aux nombreux fans qui l'attendent à la sortie de son concert. En 2013, ils seront des centaines à l'attendre comme on va le voir. Au rang des mondanités et réceptions officielles, deux jours plus tard, le 22 mai, elle est faite chevalière de la Légion d'honneur par Nicolas Sarkozy à l'Élysée.

En Allemagne, accompagné comme toujours par son fils, son mari et une caméra, elle visite l'un des camps concentrationnaires du nazisme à Orianenburg Sachsenhausen près de Berlin où périrent 200 000 personnes entre 1936 et 1945. C'est également à Berlin qu'elle rencontre Ken Nagano, le célèbre directeur de l'orchestre OMS de Montréal : une fois encore, le projet d'un biopic sur La Callas est sur le tapis. Nagano se dira convaincu qu'elle peut chanter elle-même dans le film.
Mais l'un des événements phares de cette tournée se déroule au Québec, le 27 juillet 2008, lorsque le pays fête ses 400 ans par un concert géant gratuit dans les plaines d'Abraham qui réunira la crème des artistes du pays : Garou, Jean-Pierre Ferland, Jean Lapointe, Nanette Workman, Zachary Richard, Marc Dupré (à qui Céline a écrit deux chansons qui sont ses premières). Céline est là bien entendu avec sa famille invitée sur scène. La foule est immense, pas moins de 250 000 personnes ! Un invité surprise est annoncé à qui Céline veut rendre hommage ; elle lui a réservé une entrée magistrale en la faisant apparaître en haut d'un pupitre : il s'agit de Ginette Reno. Le duo des deux vraies légendes du Québec sur « C'est Beau » sera l'un des temps forts de cette fête.

La tournée achevée, avant de retourner sur scène à Vegas, le couple annonce faire un break pour tenter d'avoir un second enfant. Mais à 41 ans, Céline va avoir à nouveau recours à la procréation assistée, une fécondation in vitro avec toutes les difficultés que cela suppose (de nombreuses injections). Les trois premières tentatives sont un échec.

§

Au-dessus :
lors de la venue de Céline Dion
en Afrique du Sud en février 2008.

Page de droite :
la famille avant tout : Céline Dion
avec ses nouveaux-nés, Neslon et
Eddy, son mari René, et son aîné,
René-Charler, puis, Thérèse, sa mère.

Michel Jasmin peut compter sur René et Céline. Aucun d'eux n'a oublié la première télé qu'il a offerte à la gamine inconfortable, mais à la voix étonnante. Revenu à la télé en 1999 après à nouveau des soucis de santé liés à son accident, Jasmin fête la millième de son talk-show et la présence du couple le plus célèbre du Québec garantit un formidable audimat. Cerise sur le gâteau : l'émission se fera en toute intimité depuis leur maison à Las Vegas, le 17 janvier 2010. Comme toujours avec Michel Jasmin, c'est une émission consensuelle, ouatée et familiale où chacun fait assaut d'amabilité. Une heure au cours de laquelle il va pleuvoir du compliment comme vache qui pisse. Angélil n'oublie pas de longuement congratuler le présentateur pour la longévité de son talk-show, lequel en retour ne tarit pas non plus d'éloges. La question la plus piquante aura probablement été : « Comment faites-vous pour trouver des idées de cadeaux ? » Embarrassant, non ?

Il y est donc question de René-Charles, de la construction de la maison de Palm Beach achetée en 2003 dont les travaux ne sont autorisés qu'entre mai et octobre, des cadeaux donc, sans oublier, mais le manager veille au grain, de promouvoir la sortie en salle du film de la tournée mondiale. Et le personnage n'a pas changé : bateleur dans l'âme, il explique avoir montré un montage de 3 heures du film au président de Sony Pictures qui, époustouflé, aurait déclaré n'avoir jamais, de sa vie, vu un aussi bon documentaire musical. Produit par la société de Julie Snyder, il est l'œuvre de la même équipe qui a réalisé le DVD des shows de Las Vegas : Stéphane Laporte à la réalisation et ses deux caméramen Jean Lamoureux et Jean-François Perreault (dont la femme écrira pour Céline « Les Petits Pieds de Léa » sur la perte d'un enfant).

Céline exprime ensuite son désir de cinéma : avec ce mélange d'assurance et d'humour caractéristique, elle affirme être certaine de gagner un Oscar puisqu'elle l'a rêvé ! En termes de rêves, il y a celui de jouer La Callas, un serpent de mer qui court depuis un moment.
Elle évoque son retour prochain à Vegas en revenant sur sa première résidence : « Ça m'a demandé beaucoup trop parfois, cinq ans avec une scène inclinée, c'est difficile. Je ne ferai pas 5 jours par semaine pendant 5 ans, c'est comme retenir son souffle et son élan pendant 5 ans. »

Jasmin lui rappelle qu'elle n'a annulé que 12 shows sur plus de 700 à Vegas. La chanteuse explique être consciente de ce que représentent ces soirées pour les gens qui ont organisé leur voyage et qu'elle ne peut décevoir, mais il lui coûte parfois de refuser d'aller avec son fils au golf lorsqu'elle a un peu mal à la gorge, par exemple, de crainte à la fois de prendre froid et de devoir annuler avec la probabilité de faire la Une le lendemain pour avoir été photographiée la veille sur un terrain de golf ! Mais c'est la suite de son propos qui trouble le plus : elle confie qu'il lui arrive de jouer en étant souffrante ou en ayant des problèmes de voix. Lorsqu'elle en parle à René, sa réponse est invariable, dit-elle, il la trouve parfaite, l'assure que ça ne s'est pas entendu. « Il faudrait que j'aie un œil sorti de l'orbite pour qu'il me dise ça ne va pas ? Il dit toujours "T'es une championne", parfois j'aimerais que ça se voie que je ne vais pas bien. Plus exactement qu'on en tienne compte. »

Il y a là un cri, cri sourd que personne n'entend ou n'écoute, et qui explique sans doute le besoin d'émancipation qui la saisira après 2016.

Un mois plus tard, en février 2010, elle est l'invitée d'Oprah Winfrey avec qui elle a tissé des liens de confiance. Elle révèle avoir fait une fausse couche très tôt, au quatrième essai d'insémination. Pour le cinquième, elle compte sur ce chiffre porte-bonheur. En fait, la sixième tentative sera la bonne.
En juillet, un communiqué sur son site internet officiel indique : « Céline a d'abord annoncé en mai la venue de nouveaux membres dans la famille Angélil-Dion. Et maintenant, elle vient juste de révéler qu'elle attendait des garçons ! Félicitations à l'heureuse famille ! »
Après avoir repoussé par trois fois la date de son retour au Colosseum, son manager de mari confirme la date du 15 mars 2011, mais Céline a réduit la voilure : elle ne fera plus que 70 concerts par an, halte aux cadences infernales !

En novembre 2013, six ans après *Taking Chances* sort son nouvel album anglophone *Loved Me Back*. L'année précédente, *Sans Attendre* avait ravivé la flamme dans les pays francophones presque dix ans après *Une Fille et 4 types* (le concept album *D'elles* étant un peu à part dans sa discographie). Il est le seul album depuis 1995 d'où J.-J. Goldman est absent. Et c'est l'album francophone qu'elle choisit de venir défendre via non un mini tour, plutôt une « mini résidence » à l'Arena de Bercy : 7 concerts de légende pour les fans début décembre précédés par deux dates à Anvers. Des concerts marquants, restés dans la mémoire des fans purs et durs. La ferveur du public est telle qu'ils seront des centaines à guetter sa limousine à la sortie du show. Face à un service d'ordre débordé, elle fera stopper le véhicule. Passant par le toit ouvrant, l'anti-diva se juchera là, la GoPro de son fils au front, pour chanter a cappella en toute simplicité au centre d'un cercle d'amour.

La parenthèse européenne refermée, elle retourne dans son Colosseum, un palais en forme de cage dorée. Elle aura pris tant de plaisir à ce mini tour qu'elle dégagera désormais une dizaine de jours à l'été ou en novembre-décembre (périodes creuses de Vegas) pour aller à la rencontre de son public en Europe, en Asie ou au Canada.
Le 17 décembre 2013, elle est en studio pour l'enregistrement de *The Voice* (aux États-Unis) lorsque René la joint au téléphone ; son médecin vient de lui annoncer une récidive sévère de son cancer. La gorge est touchée. Il faut agir vite, opérer en urgence : « Je sens alors mon cœur battre la chamade et mes jambes flageoler (...) Je ne sais pas comment réagir. Je ne pleure pas. Le temps s'arrête », écrira-t-elle.
L'opération a lieu moins de 6 jours plus tard, le 23 décembre. La tumeur est enlevée : René Angélil subit une ablation partielle de la langue avec par la suite une reconstruction qui va lui permettre de retrouver la parole. Pendant ce temps, *the show must go on!* Alors que Vegas en fête dégueule de touristes venus réveillonner, s'étourdir de spectacle, Céline court du Colosseum à l'hôpital et de l'hôpital au Colosseum où, portée

par le public, elle exorcise douleur et inquiétude : « C'est fou à dire, mais je crois que je n'ai jamais eu autant de plaisir et je ne me suis jamais autant lâchée », s'étonnera-t-elle en se souvenant de ces difficiles semaines, lesquelles hélas ouvrent sur deux années noires.
Son mari passe Noël à l'hôpital avant de rentrer dans sa maison à Las Vegas. Affaibli, il ne peut s'alimenter seul. C'est Céline qui le nourrit jusqu'à ce qu'il reprenne des forces. Tout entier tourné vers sa convalescence, Angélil décide qu'il est temps de passer la main.

En juin 2014, malade, il choisit de quitter son poste de chef de la direction des Productions Feeling Inc. Son attaché de presse se charge d'annoncer sa démission. René reste cependant président du conseil d'administration de l'entreprise, fonction certes honorifique, mais par laquelle il garde le contrôle de son business tandis qu'il confie les rênes du management à son partenaire et ami Aldo Giampaolo, l'associant à David Platel qui quittera pourtant Feeling dans les semaines qui suivent. René continuera de présider aux orientations générales de la carrière de sa femme, Aldo Giampaolo sera en charge de la gestion quotidienne : « Finalement, cette association avec Aldo Giampaolo n'est que la suite logique d'une grande complicité, d'amitié et de respect mutuel », indique le communiqué.
Une décision qui semblera convenir à Céline qui confie en juillet à Julie Snyder : « Ça fait longtemps que nous pensions à Aldo. C'est un chic type, un gentleman qui connaît le show-business sur le bout des doigts. » Éloge plus diplomatique que sincère, comme le montrera la suite.
S'il passe la main en juin, René avait déjà pris du recul depuis quelques mois, laissant le manche à Aldo dans un climat assez tendu si l'on en juge par l'une des ultimes décisions prises avant l'officialisation de son retrait. Difficile à comprendre, elle fera grincer quelques dents : le 15 mars, Giampaolo signifie le non-renouvellement des contrats de quatre musiciens parmi les historiques du groupe : le guitariste André Coutu, le clavier Yves Frulla et violoniste Jean-Sébastien Carré. Ils sont aux côtés de Céline Dion depuis vingt ans. Mais c'est surtout le licenciement de Claude Lemay, aka Mego, qui choque : pianiste sur la tournée *Incognito* de 1987, il est depuis de longues années rien de moins que le directeur musical des shows. Abasourdi, il publie un message plein d'amertume et d'incrédulité : « Il semblerait que la nouvelle administration

Page de gauche :
en 2013 en Allemagne.

Au-dessus : Aldo Giampaolo
en conférence de presse en 2015.

qui gère la carrière de la chanteuse n'apprécie pas le travail que j'ai fait avec Céline durant ces 28 années de dévouement. C'est avec énormément d'émotion que je reçois la gifle de mon congédiement. Malgré tout, merci à René et Céline pour ces 28 années extraordinaires. »

Il répondra à quelques interviews admettant avoir reçu, comme ses compagnons d'infortune, de généreuses indemnités, mais rester sous le choc : « Si je comprends bien, on serait quatre sur les 30 musiciens à être débarqués, donc il en reste 26. »

Le nouveau patron profite de ce début de polémique pour marquer son territoire et démontrer qu'il est le nouveau boss en intervenant dans la presse. Il expliquera à *TVA Nouvelles* : « Premièrement, ils n'ont pas été congédiés, leur contrat prenait fin et ils n'ont pas été renouvelés. C'est une décision qui a été des plus difficiles à prendre, mais que j'ai jugée nécessaire pour donner un souffle nouveau au spectacle. »

Dans les jours qui suivent, Lemay est remplacé par Scott Price.

Peu après son investiture, le nouveau boss annonce une mini tournée au Japon en novembre : quatre concerts à Tokyo et Osaka. Mises en vente dans la foulée, les places partent instantanément. Trois concerts aux Philippines et à Taïwan sont ajoutés. Mais au cours de l'été, Céline prend une décision non négociable : comme sa mère l'avait fait pour son propre mari, elle va mettre en suspens toutes ses activités à commencer par ses shows à Vegas pour s'occuper de son mari. Elle en fait l'annonce elle-même le 13 août et suspend immédiatement ses shows à Vegas : « Je veux dédier chaque parcelle de ma force et de mon énergie à la santé de mon mari et pour qu'il en soit ainsi, il est important pour moi de me consacrer exclusivement à lui et à mes enfants. Je tiens à m'excuser auprès de tous mes fans partout pour l'embarras causé et je veux les remercier pour leur amour et leur soutien. »

Elle expliquera à son retour sur scène l'année suivante : « Quand j'ai décidé d'arrêter à cause de la santé de René, c'était parce que j'étais là à me trémousser chaque soir en chantant "Allez tout le monde danse !" et je me sentais mal. »

Quelques semaines après l'annonce en fanfare du montage de la tournée asiatique, Giampaolo va devoir gérer son annulation (remboursements, assurances). L'Asie devra patienter quatre ans avant la reprogrammation des concerts sur leur continent, mais Giampaolo ne sera déjà plus là.

Pendant l'été, les nouvelles de René sont quelque peu rassurantes : convalescent, on le voit même poser chez lui avec ses enfants pour *Paris Match* tandis que la famille s'installe en juillet en villégiature au Québec pour la plus grande joie du pays.

Mi-juillet, René accompagne sa femme à Montréal où elle participe à la première de *L'Été Indien*, une grande émission franco-québécoise présentée conjointement par Michel Drucker et Julie Snyder.

Julie Snyder et Michel Drucker

Retransmise sur TVA, France 2 et TV5 Monde (200 pays), ce show télé dispose d'énormes moyens techniques. Tourné entre le 11 et le 13 juillet, il s'ouvre par la longue séquence de l'arrivée de Céline et Julie en ski nautique qui a marqué les Québécois. Débarquées sur la rive, les deux femmes montent ensuite à bord de la nacelle d'une grue géante qui les transporte à plus de 30 mètres au-dessus du sol pour les déposer au pied du chapiteau dressé en plein air où les attend Drucker. Céline monte sur le plateau en maillot de bain noir col et ceinture dorés, talons aiguilles. L'émission accueille Francis Cabrel, la sportive Mylène Paquette et deux protégés de Céline et René, Vincent Niclo (la première partie de sa tournée 2013) et le conteur Fred Pellerin. Cependant, le point de mire c'est Céline que le Québec est fier de retrouver, mais aussi René qui a le soutien de ses concitoyens touchés par l'épreuve qu'il traverse.

Au cours de l'hiver 2014, non restaurable, la maison des Dion à Charlemagne, transformée dans les années quatre-vingt en magasin de fenêtres, avant d'être rachetée par Céline, est rasée en octobre en présence de madame Dion accompagnée par deux de ses filles. Aux premiers coups de griffe du bulldozer, tandis que les murs se ratatinent, l'octogénaire demande à rentrer chez elle ne pouvant supporter ce spectacle malgré l'état de délabrement irréversible des lieux.
Sans se couper des médias, pendant plusieurs mois, le couple Angélil-Dion se fait très discret et fête sinon dans la tristesse sans doute dans l'inquiétude ses 20 ans de mariage.

En mars 2015, Céline et son mari partagent un shooting pour le magazine *People*. Ces photos seront parmi les dernières photos officielles du couple.
Car la santé de l'ex-boss vacille. Il devra à nouveau passer quelques semaines en traitement à Boston avant de regagner Las Vegas où la famille s'est réinstallée : René est parvenu à convaincre son épouse de remonter sur scène en activant la corde sensible. Alimenté par une sonde depuis peu, il sait que ses chances de survie se réduisent. Son vœu le plus cher, lui dira-t-il, est de l'entendre à nouveau chanter, de la savoir sur scène.
Le retour sur scène de Céline Dion est fixé au 27 août. Précédé d'une conférence de presse, il va faire l'objet d'une grande couverture médiatique. Quelques jours plus tôt, la star a enchaîné une série d'interviews pour plusieurs médias télé, dont TF1 où, fidèle à sa politique comme à sa personnalité, elle se montre très ouverte au sujet de sa vie personnelle : révélant que l'état de santé de son mari décline, ce que son aîné a du mal à supporter, elle et lui se préparent au pire en pensant à leurs enfants : « Je dis toujours à René, quand tu partiras tu ne partiras pas parce que je te verrai à travers les yeux de nos enfants chaque jour. »
Consciente de la dureté des échéances prochaines, elle s'accroche à sa philosophie de vie : « Quand tu te réveilles le matin et que tu te regardes dans le miroir, il faut te poser deux questions : suis-je mort ou bien mon ticket de voyage est-il encore valide ? Il n'y a la place que pour un seul des deux tickets et si tu es vivant, alors bonne journée ! »
La propriété de Vegas est aménagée pour permettre une hospitalisation à domicile avec nurses et médecins se relayant chaque jour au chevet du malade dont l'état empire.
Pour son retour le 27 août, Céline accueille sur scène les gagnants d'un concours leur offrant de venir sur scène chanter avec elle « I Drove All Night ».

Le show a été un peu retouché avec le retour des hologrammes pour ses duos virtuels avec Sinatra ou quelques autres légendes de Vegas et l'introduction d'un segment acoustique qui tranche avec la pompe sonore de son orchestre de 30 musiciens. Se dédiant à son public avec la même énergie et le même dynamisme chaque soir, Céline va revivre à la puissance mortifère le cauchemar de l'hiver 2013 parce que très vite il n'est plus simplement question d'inquiétudes dans l'attente d'une opération ni de soins médicaux, mais bien d'un décompte final. Chaque soir, elle rejoint le Colosseum le ventre noué dans l'angoisse d'un appel tandis qu'elle chante et danse : « Les gens savaient dans quel état d'âme j'étais. Le retour sur scène a été très difficile. »
Dans les semaines qui suivent, plus rien ne parvient à enrayer la propagation du mal chez René. Son état général se dégrade de façon irrémédiable et terriblement douloureuse. Il n'y a plus rien à faire en dehors des soins palliatifs. C'est une question de jours ou de semaines. Mobilisant ses forces, le malade parvient malgré tout à dicter à sa femme le déroulement de ses funérailles, une scénographie réglée dans ses moindres détails (*cf. chapitre « Les Funérailles »*) !

René Angélil s'éteint peu avant l'aube le 14 janvier 2016. Sa femme est submergée de douleur et de soulagement.
Quelques semaines plus tard, elle racontera : « Son départ a été dur, mais ça s'est passé aussi bien que possible. Il m'a appelée, je jouais ce soir-là. René ne m'appelait pratiquement jamais surtout ces trois dernières années (il a dit) "Je veux juste te dire que je t'aime et je te souhaite un bon show." C'est la dernière fois où je l'ai entendu. L'homme de ma vie a cessé de souffrir. » Elle se livrera sans filtre racontant par le détail avec émotion les derniers moments de son mari. Mais on ne peut pas dire que sa sincérité ait été payée de retour. À tant donner aux médias, sans doute trop, à se montrer open, elle aura à faire face à d'abjectes polémiques autour de sa présence effective ou non au moment où son mari rendait son dernier souffle : pathétique polémique ! Fin 2013, une rumeur avait circulé, affirmant qu'Angélil avait subi une ablation totale de la langue. Aussi mineurs que soient les sites en mal de clics qui publient ce genre d'abjections, elles sont mécaniquement démultipliées selon le jeu des référencements et des mots clés et par là même « solidifiées », ancrées à jamais dans un espace impalpable pour ne pas dire intouchable où il n'y a ni hiérarchie — ni une quelconque déontologie — qu'importe la véracité ou la pertinence des propos. La persistance et la possibilité de consultation *ad vitam aeternam* de ce genre d'immondices devraient inciter à un peu plus de détachement au risque de se perdre dans le néant virtuel.

La nouvelle du décès de René Angélil fait le tour du monde. On arrache le témoignage téléphonique des proches et moins proches dont les Morelli, ces restaurateurs français installés

Au-dessus :
Des obsèques nationales pour René Angélil en la basilique Notre-Dame de Montréal, le 21 janvier 2016

Page de droite :
Céline Dion en deuil, lors de l'enterrement de René Angélil, le 22 janvier 2016.

au Québec à l'instigation de leur ami René. Dans le pays d'ailleurs, l'info fait la Une et suscite une vive émotion médiatique et populaire. S'il a ses détracteurs, l'homme était respecté, notamment par les fans de la chanteuse.
L'État québécois décide donc d'honorer le défunt par la tenue de funérailles nationales, distinction réservée à très peu de gens. Ainsi soit-il.
La cérémonie, télévisée en direct, est fixée au 22 janvier, le temps de préparer l'hommage et de rapatrier le corps du septuagénaire.
Pour sa veuve et ses enfants, c'est aussi une épreuve de plus : la société du spectacle carbure à la mort. On traquera le moindre sourire, la moindre larme. L'exercice réclame de la componction dans la souffrance, les Québécois se déplaceront en masse dès la veillée funèbre le 21 janvier principalement pour soutenir LEUR Céline. Une chapelle ardente est dressée à Notre-Dame de Montréal, cathédrale où s'était uni le couple en 1994. Autour du cercueil ouvert, les enfants de René, ses fils aînés Jean-Pierre et Patrick, Anne-Marie et son mari Marc Dupré, René-Charles. Sous le voile noir, chignon relevé, Céline accueille les gens venus rendre un dernier hommage. L'« Adagio » d'Albinoni en fond sonore. Le protocole prévoyait que Céline ne reste qu'une demi-heure. Elle demeurera sept heures de rang debout à côté du cercueil ouvert de son mari recevant les condoléances d'une foule d'anonymes et de proches, de personnalités et même d'anciens voisins, allant jusqu'à consoler les plus émotifs. Une longue file s'étire toute la soirée devant la basilique.

La glaciale et neigeuse journée du 22 janvier 2016 restera une date marquante du Québec, un peu comme celle des obsèques nationales de Johnny Hallyday en France, seul réel point de comparaison même si au Canada c'est un manager et entrepreneur à qui rend hommage l'État.
La cérémonie, dirigée par Aldo, respectera à la lettre la scénographie que René a lui-même décrite dans ses dernières volontés. Les images de l'entrée dans l'église à 15 h 20 précises du neveu en chaise roulante, suivi des enfants d'Angélil, Céline fermant la marche au son de sa chanson « Trois heures vingt », ou celles de son baiser vers le ciel à la sortie deux heures plus tard devant une foule immense malgré la froidure, sont gravés dans l'inconscient collectif (Les résumés sur YouTube de cette cérémonie ont fait des millions de vues).
D'abord inquiets sur la capacité de la star à surmonter sa douleur, les observateurs n'auront très vite d'autre choix que de constater la force de vie de cette femme. Elle va sembler renaître à elle-même… du moins jusqu'à ce que la maladie ne porte un coup d'arrêt à ce nouvel élan.

Céline Dion,
à Los Angeles,
le 22 novembre 2015,
en hommage aux
victimes de l'attentat de
Paris le 13 novembre.

FUNÉRAILLES NATIONALES

Les obsèques nationales de René Angélil susciteront quelques remous deux mois après la cérémonie retransmise en direct au Québec lorsque la facture tombera.

Le Québec distingue trois types d'obsèques officielles : funérailles d'État, nationales, civiques.
Les funérailles d'État sont réservées aux ministres et organisées par « le Protocole », bureau qui relève du ministère des Affaires internationales : René Lévesque, Robert Bourassa, Pierre Elliott Trudeau et Jacques Parizeau ont eu des funérailles d'État.
« Obsèques nationales » souligne la contribution exceptionnelle d'une personnalité de la scène politique, culturelle, sociale ou sportive : Gilles Carle le cinéaste, Jean Béliveau...
« Les funérailles civiques » sont réservées à une personnalité décédée en fonction dans des conditions tragiques ou à un maire.

La décision d'organiser des funérailles nationales pour René Angélil revient au gouvernement du Québec. On en compte six depuis 1996.
L'État règle la facture des frais d'église. Le département « La Sécurité » assume les coûts du dispositif mis en place. La famille s'acquitte, elle, des frais des pompes funèbres.
En 2002, les funérailles nationales du peintre Jean-Paul Riopelle ont coûté 19 000 dollars canadiens, celle de Jean Béliveau 60 000 dollars (2004).
Avec un coût de 700 000 dollars canadiens, soit 470 000 euros, les obsèques de René Angélil feront exploser tous les records ! Si bien que l'affaire tournera à la polémique. Certains jugent sa contribution à la vie québécoise peu flagrante. Cependant son rayonnement est incontestable : il est connu comme entrepreneur et ambassadeur de la culture québécoise populaire et a marqué profondément le monde de la chanson et de la culture et participé à changer le Québec.

700 000 dollars canadiens c'est la note présentée par les Productions Feeling au gouvernement québécois. Aldo, l'ex-bras droit devenu le boss de Feeling, n'a pas lésiné en faisant notamment appel à une société privée pour renforcer la sécurité en plus des forces de l'ordre déployées. Ses décisions contribueront à écarter les autorités de toute initiative puisque le gouvernement n'aura la possibilité que de gérer l'accueil des personnalités et le protocole.

Après discussion, le gouvernement québécois conviendra de ne s'acquitter que du règlement convenu à la base, soit 50 000 dollars comprenant la publication des avis de décès et le transport du défunt à l'église. Le reste sera à la charge de la famille.

C'est Angélil qui a lui-même écrit et réglé toute la scénographie de ces funérailles quelques semaines avant sa disparition.
Une scénographie où son obsession du show à l'américaine transparaît : tapis rouge, hélicoptères, télé, photographes... On est loin de la simplicité, mais plutôt dans une forme de spectacle médiatisé jusqu'à la distribution d'un document sous embargo transmis aux journalistes où s'exerce une dernière fois son goût de la médiatisation et du contrôle.
Outil de stratégie incontournable pour bon nombre d'entreprises, le document sous embargo leur permet de partager des informations qui doivent rester confidentielles un certain temps.

§

Le 21 janvier, la veillée se tiendra à la basilique Notre-Dame où sera élevée une chapelle ardente avec un hommage public ouvert de 14 heures à 21 heures. Sur l'« Adagio » d'Albinoni, les anonymes et les personnalités pourront venir s'incliner devant la dépouille exposée du défunt.
Le programme prévoyait la présence de Céline pour 30 minutes de condoléances : elle sera là 7 heures de rang, au pied du cercueil ouvert avec à ses côtés Jean-Pierre et Patrick, les fils, Anne-Marie, la fille, son mari le chanteur Marc Dupré. « Elle est notre Lady Di », affirme Nicolas Fauteux, journaliste à Montréal.

22 janvier : la cérémonie débute à 15 h 20 précises selon les vœux du document avec l'entrée du cortège dans la basilique de Montréal tandis qu'est diffusée la chanson de Céline datant de 1985 « Trois heures vingt ». En tête, Jimmy, le neveu cloué sur une chaise roulante. Sur ses genoux, le coussin jaune qui avait porté les alliances en 1994. Il est suivi de René-Charles et des grands enfants de René. Céline ferme la marche encadrée par ses jumeaux Eddy et Nelson coiffés d'un feutre noir. Elle va jusqu'au cercueil fermé y dépose trois lys noirs puis va s'asseoir. Patrick Angélil et René-Charles se succéderont au pupitre pour évoquer la mémoire de leur père.

À 17 h 15, la cérémonie achevée, les invités sortent au son de « Pour que tu m'aimes encore ». Au moment où Céline Dion embrasse le cercueil, les cloches sonnent à la volée dans la froidure d'une journée enneigée. La foule manifeste son soutien par une vague d'applaudissement recueillis qui ébranlent la chanteuse. Les yeux au ciel, elle se signe envoyant un baiser virtuel dans les nuages selon le vœu de René, geste symbolisant sa présence malgré la mort.

Le 22 janvier 2016, Céline restera 7 heures durant devant le cercueil ouvert de son défunt mari/manager.

Vito Luprano

Producteur exécutif de 23 albums de Céline Dion, de l'*Incognito* en 1987 à *Taking Chances* en 2008, Vito Luprano fait partie de ces personnages essentiels dans la carrière de Céline Dion plus ou moins effacés par Angélil, qui, depuis quelques années, remettent les pendules à l'heure. Il a notamment longuement témoigné en août 2022 auprès de Laurence Pieau et Hervé Tropéa pour leur ouvrage.
« René Angélil s'est attribué le mérite de beaucoup de choses, explique-t-il. Il voulait en permanence que Céline croie que tout venait de lui. Pour moi, c'était d'autant plus un problème que personne ne pouvait parler à Céline sans avoir parlé avant avec lui ! Il s'est comporté de cette façon avec elle depuis ses 14 ans. »
Si on ne peut exclure qu'une certaine amertume teinte ses propos, ce qu'il raconte de René Angélil a été plus ou moins confirmé par d'autres. De plus, il apporte également des informations importantes au sujet de la discographie de Céline Dion et notamment sur sa signature en 1986 avec CBS peu après qu'Angélil ait sécurisé le renouvellement de son contrat de management le jour même de la majorité de Céline.

Sans maison de disques après le refus de Trans Canada de poursuivre avec Céline dont les ventes régressent sévèrement, Angélil rencontre à Laval (croise au restaurant Dic Ann's selon Luprano) Bill Rotary, le gérant de CBS Canada et lui propose de signer son artiste. Rotary en parle à Vito, son nouveau directeur A&R (Artistes et Répertoires) pour le Québec qui n'est pas très enthousiaste. « Sa carrière était en chute libre, les magasins lui rendaient ses disques, elle chantait trop avec son nez. » À la demande de Rotary, il convient avec Angélil de la nécessité de la « déringardiser » : « Elle est jeune, 17 ans, donc elle doit paraître jeune et produire des choses pour les jeunes tout en gardant ses fans plus âgés. Nous devons donc trouver le bon équilibre. » Il l'invite également à lui faire apprendre l'anglais.
Angélil est de cet avis : il se souvient du fiasco René Simard : l'adolescent ne parlait pas un mot d'anglais, il apprenait les réponses dictées par René par cœur avant chaque interview aux États-Unis jusqu'à ce qu'un présentateur n'intervertisse par mégarde les questions avec le résultat qu'on peut imaginer rappelant la mésaventure de Mireille Mathieu interviewée par Jean Yanne.

Le premier album chez CBS sera donc *Incognito*, plus de 300 000 ventes au Québec, succès qui selon Vito aurait incité CBS à lui donner une chance avec un premier album anglophone, une version un peu idéalisée par Luprano, puisqu'on l'a vu, l'histoire n'a pas été aussi simple, il aura fallu les efforts conjugués de Céline et de son manager.

Mais c'est au sujet du choix des chansons que Luprano se montre le plus sévère envers Angélil et c'est ici également que son rôle a été crucial : « René était un homme fort et intelligent, mais toute la direction artistique de la carrière de Céline était assurée par moi. Vous ne pouvez pas imaginer le nombre de chansons dont René ne voulait pas, au début. Il n'avait vraiment pas l'oreille fine. Il était très intelligent et certainement un bon homme d'affaires, mais il n'avait aucun sens du succès ou de l'échec d'une chanson. La chose qui m'a déçu dans ma longue collaboration avec eux. »
À l'appui de ses propos, il rappelle la gestation de « Where Does My Heart Beat Now ». Amené par le producteur Christopher Neil, alors en délicatesse avec sa maison de disques

anglaise, ce titre a été écrit par un tandem sans grande référence alors, sinon quelques compositions de glam hard : Robert White Johnson et Tayor Rhodes (qui travaillera ensuite avec Aerosmith – « Cryin' » – puis Ozzy Osbourne).
Angélil n'en veut pas, il trouve la chanson trop rock ; Luprano a la conviction qu'avec des arrangements plus pop, ce titre est taillé pour Céline, laquelle adore le morceau dès la première écoute : « Il est vrai qu'elle a époustouflé le réalisateur Christopher Neil, poursuit Luprano, "Where Does My Heart Beat Now" a été enregistré en une seule prise. En fait, comme elle travaille beaucoup sa voix et ses chansons avant l'enregistrement, étudiant chaque intonation, maîtrisant chaque volume, musclant et remusclant ses cordes vocales, elle est déjà habituée à enregistrer en une seule prise. Une chanteuse qui arrive en studio aussi préparée et qui comprend aussi vite les exigences du réalisateur, comment poser sa voix, comment la rendre plus sexy, comment atténuer tel ou tel tic… c'est rare. »
Le producteur exécutif se souviendra d'une partie de billard avec René pendant que Céline enregistre et de leur enthousiasme à l'écoute de la première prise (« comme d'habitude René pleure, convaincu que la future "plus grande chanteuse du monde" vient d'enregistrer la "meilleure chanson du monde". C'est devenu un succès mondial. Et Chris Neil est devenu riche. »)

Engagé en 1988 par Walter Yetnikoff pour le marché américain, Tommy Mottola lui succède à la tête de Sony Music en 1990. Ne s'étant pas du tout intéressé à *Unisson*, le mari de Mariah Carey ne rencontrera Angélil et sa chanteuse qu'une année plus tard au moment de « Beauty and The Beast ».

« En toute honnêteté, toutes les décisions qui ont été prises au sujet de ses tubes et de nombreuses décisions prises dans sa carrière en général viennent de moi et non pas de René, insiste Vito. Je peux vous dire qu'il s'en est attribué le mérite comme il s'est attribué le mérite de beaucoup d'autres choses, alors que presque tout venait de moi ! Vous n'imaginez pas le nombre de fois où, en tant que producteur exécutif de Céline Dion, j'ai dû m'assurer que certains des choix ne lui donnaient pas une image ringarde. Si René avait fait les choses à sa manière, il y a beaucoup de choix qui auraient été vraiment mauvais pour elle. »

Luprano reprochera également à Angélil son interventionnisme dans le choix des chansons dont une partie n'arrivait jamais à Céline, pratique qui rappelle une fois de plus celle du Colonel Parker avec Elvis pour de sombres histoires de thunes et de contrôle : « René voulait que je joue de la musique uniquement à lui et pas à Céline. S'il refusait, je devais vraiment trouver un moyen pour que Céline puisse également l'écouter. La plupart du temps, quand j'arrivais à le faire, elle adorait et elle voulait chanter cette musique ! »
En 2002, ayant trouvé l'idée du titre du nouvel album de Céline *A New Day*, il racontera comment Angélil, après avoir récusé l'idée, s'en attribua la paternité tout en n'assistant même pas au mixage de l'album sur lequel il est crédité.
La collaboration s'achèvera avec *Taking Chances* : « J'étais fatigué, nous étions tous fatigués. Après une semaine de cogitation, je leur ai dit : "J'ai une idée. L'album précédent étant *A New Day*, faisons un album intitulé *Taking Chances*, qui racontera que, dorénavant, Céline fait ce qu'elle veut : du rock, de la danse, de la pop." Céline et René ont adoré l'idée. »
Luprano explique que c'est la première fois où Céline le remerciera. Et la dernière : « Elle est simplement revenue et m'a dit : "Vito, si tu n'avais pas été là, on n'aurait jamais pu faire cet album. C'est vraiment grâce à toi." Après vingt albums, pour la première fois au cours de nos longues années de collaboration, elle a reconnu que ce vingt et unième album avait été réalisé grâce à moi.
Avant, à chaque fois qu'un nouvel album était terminé, elle disait : "On l'a, on l'a", mais c'était toujours grâce à René. Maintenant, pour la première fois, elle regarde la vérité en face : "Vito a fait cet album." Je n'oublierai jamais la tête de René. Il était vraiment malheureux. J'ai très vite compris qu'il allait se passer quelque chose et que rien ne serait plus jamais comme avant. »

Et effectivement, Vito ne retravaillera plus avec Céline Dion.

SANS RENÉ, CÉLINE RENAÎT

« Maintenant, que ce soit pour le spectacle, le disque, les sacs à main ou les enfants à la maison, c'est moi le boss... »

Céline Dion

Le 24 février 2016, un mois après les obsèques et l'enterrement en petit comité de son mari, puis de son frère Daniel également fauché par un cancer à moins de 60 ans, Céline trouve la ressource de reprendre ses shows au Colosseum de Vegas, animée par ce qu'elle reconnaît être un « regain d'énergie » dont elle ne s'étonne pas après ces mois terribles. Le 8 octobre, elle fête son millième show à Vegas !
Avec la sortie d'un album et d'une tournée francophone dans le viseur, elle a devant elle une année chargée et des responsabilités nouvelles à prendre, responsabilités qu'elle va assumer avec une force de caractère peu commune. Les années 2016-2020 seront quatre années pleines, ponctuées par la parution de deux albums originaux, la poursuite de la résidence à Vegas jusqu'en 2019 avec relâche l'été, étés où se glissent quelque trois tournées – un *summer* tour en 2016, une tournée européenne (2017), une asiatique (2018) – et le lancement en septembre 2019 du *Courage World Tour* interrompu en 2020.

Céline réserve son premier entretien depuis la disparition de son mari à la télévision québécoise sur fond de nouvelle polémique interne : à l'étonnement général, Julie Snyder, productrice de Stéphane Laporte, réalisateur historique en charge de la captation de l'entretien, apprend qu'elle est sur la touche, remplacée par Anne-Marie Barrette.
L'affaire fera grand bruit au Québec : star de la télé, Julie Snyder est très populaire dans son pays, omniprésente dans les pages des magazines people. Les relations tumultueuses du couple qu'elle forme avec le riche homme d'affaires politicien Pierre-Karl Peladeau, chef du parti d'opposition, font la Une avant même leur divorce. Elle est alors considérée comme la meilleure partenaire télévisuelle de Céline : ses émissions spé-

Céline, icône de la mode ? Ici, avec une robe de la styliste Rei Kawakubo de la marque Comme des Garçons à New York en mai 2017.

ciales et ses entretiens pleins de spontanéité ont fait date. Ils laissaient croire à une relation réellement amicale entre elles. En réalité, c'est avec René Angélil que Julie Snyder entretenait des rapports privilégiés. C'est lui d'ailleurs qui lui avait conseillé puis permis de créer sa propre société de production au début des années 2000.
La presse s'interrogera sur les raisons de cette absence, fustigeant au passage la médiocrité de la remplaçante, pas au niveau des premières confidences de l'icône nationale.
Julie Snyder dira n'avoir aucune idée des tenants et aboutissants de sa mise à l'écart. Toujours est-il que depuis le décès d'Angélil, Céline et elle n'ont plus aucun rapport. Leur dernière émission commune fut *L'Été Indien* et cette fameuse séquence de ski nautique.

La mort de René a été une libération après deux années de calvaire. Céline l'explique parfaitement : la mort a délivré l'homme de sa vie de sa douleur comme elle a délivré Céline et ses enfants asservis deux années durant à cette douleur. Inévitablement, ce sentiment libérateur va agir en profondeur à l'aune de la cinquantaine chez cette femme ayant mis depuis ses 12 ans toute sa destinée entre les mains du défunt.
« René a été ma sécurité, mon faiseur de rêves. Il voulait toujours que j'aie tout ce que je veux et même les choses que j'ignorais pouvoir désirer. » La douleur n'exclut pas la lucidité. Ou l'éveil. Elle posera très vite les bases d'une nouvelle approche de sa carrière avec quelques mots d'ordre – et de désordre ! – comme « émancipation » et « liberté » qui vont rapidement se traduire par des décisions drastiques. Elle va le faire savoir en une formule restée célèbre : « Le boss, c'est moi ». C'était en août 2017, à l'occasion du lancement d'une gamme de sacs à main à Montréal. Le propos qui précède se retrouva éclipsé par l'impact de ladite formule, il est pourtant très éclairant : « Aujourd'hui, je me sens plus libre. René était super-protecteur, il m'entourait toujours des meilleurs. Je n'avais plus grand-chose à dire ou à faire. Le petit pot-au-feu était préparé. Je n'avais pas besoin de dire : "Mets un peu plus de carottes ou de sel", c'était déjà fait. Maintenant, que ce soit pour le spectacle, le disque, les sacs à main ou les enfants à la maison, c'est moi le boss... »
Propos déterminant sur un plan humain : il y a là une prise de conscience de la zone d'influence de René et du confort que cela induisait. Céline Dion y met les formes, les mots sont choisis, mais dans cette espèce de droit d'inventaire auquel elle procède, ils évoquent une forme de surprotection. Sans spéculer trop loin, le décès de son mari a créé un appel d'air. Il n'est pas non plus un phénomène de décompression passager, mais bien une prise de conscience majeure, une révolution intérieure, souterraine, induite, par les événements...
Quelque temps après le décès de René, dans les médias, les mêmes titres, les mêmes mots reviennent : Céline Dion se réinvente. Elle renaît à elle-même. Chez les fans, des néologismes surgissent : on parle de « célinaissance » et de « dionaissance ». En tout état de cause, sa dignité au décès de son mari comme sa force de vie touche au cœur notamment chez ses compatriotes qui font bloc et retrouvent, pensent-ils, « leur Céline ».
Incontestablement, comme femme et comme personnage public, Céline Dion se « réinvente ». Se redécouvre ? Et puisqu'elle n'a aucune intention de porter un veuvage noir, elle entend aussi vivre selon sa propre morale. Non seulement elle a fait le choix de la vie contre la mort refusant un veuvage mortifère, mais elle s'émancipe. Et dans cette émancipation, il y a le désir, la volonté de faire à sa guise, d'être maîtresse de son destin sans rendre des comptes, mais sans mystère. Vivre pour elle-même comme elle l'entend, selon ses valeurs. Décision dangereuse de la part de quelqu'un qui a depuis toujours accepté d'être sous le regard constant des médias et

des fans, qui a livré sa vie aux médias, avec cette confusion déjà soulignée entre vie privée et vie publique sans une ligne de démarcation nette. Elle va d'ailleurs – et c'est symbolique – se séparer à perte et sans regret des demeures *bigger than life* acquises du temps de René signifiant qu'une page se tourne : ces décisions ne relèvent ni d'une urgence matérielle ni de l'unique nécessité émotionnelle (ne pas vivre dans le souvenir). Ce serait réducteur de le croire. Il y a dans ces décisions tranchées une volonté de rompre avec une certaine forme de folie des grandeurs à la fois tape-à-l'œil et coûteuse, caractéristique de René Angélil. Elle rompt avec un mode de vie qui ne lui correspond finalement pas. Ou plus. Là encore, il faut reprendre ses propos à commencer par ceux qu'elle a tenus lors de sa longue et émouvante conférence de presse à Montréal organisée à l'issue de son concert de retour en 2016 : devant un parterre de journalistes bienveillants, elle parlera à cœur ouvert. Revenant sur son parcours sous un angle métaphorique, elle se souviendra de ses rêves d'enfant : elle était décidée à échapper au déterminisme social avec la chanson pour viatique : « J'avais la tête dans les nuages. Je rêvais », dit-elle, expliquant qu'elle ne voulait pas descendre de ces rêves. Regardant le monde d'en bas avec distance, mue par son désir et son ambition, elle aura gravi les barreaux d'une échelle qui lui aura permis de rayonner au-dessus d'un monde avec lequel elle avait du mal à dealer. Aujourd'hui, poursuit-elle, plus question de « se raconter des histoires ».

Lors de la Paris Fashion Week en 2017.

Cette échelle n'était à coup sûr pas celle de Jacob, non, c'était bien l'échelle de René. Sans savoir quand, elle a commencé à la redescendre, à quitter cet endroit haut perché où le risque de l'ivresse des hauteurs est bien présent et où elle n'avait plus envie d'être. Elle en est consciente/Elle s'enorgueillit d'avoir désormais les deux pieds sur terre, bien ancrés dans le sol.
« Je vibre beaucoup plus qu'avant – je suis ancrée au sol et j'ai descendu les marches et j'ai plus envie de me faire croire des choses, j'ai envie maintenant de finir ma vie d'ici, en regardant en haut et en disant "*Thank you so much*, merci pour le voyage." »
Sous une forme allégorique, ce qu'elle dit là est crucial. Sa soif d'indépendance se double d'une quête de la simplicité. En bazardant à prix cassés deux demeures au luxe tapageur, elle fait bien plus que refermer un chapitre de sa vie, elle la reprend en main. Elle marque son territoire en en changeant. On est aux antipodes des idéaux ostentatoires aux goûts clinquants d'un René Angélil : cet homme des années soixante-dix se définissant comme un winner plaçait sa réussite dans le monde du show-business, qu'il vénère au-dessus de tout. Il y aura consacré sa vie : l'invraisemblable palais de Jupiter Island, sa démesure mégalo, remplissait la fonction de vitrine formidable de cette réussite sociale qui a toujours été à la fois son moteur et son carburant. Sa raison d'être.
Femme intelligente, impliquée et en proie à des questionnements bien moins matérialistes, Céline Dion a sa propre philosophie, et même une autre approche. Non qu'elle méprise le luxe, au contraire, mais elle se paie celui de le prendre pour ce qu'il est. Et il l'autorise justement à brader ce signe extérieur de richesse dans lequel elle ne se reconnaît pas. Ou plus. Il y a là une rupture nette qu'on peut déceler dans chacune de ses interventions, dans chaque propos.
En vente depuis 2014, l'extravagant manoir construit sur l'île privée de l'île Gagnon à Laval, estimé à 20 millions d'eu-

ros, ne trouvait pas preneur. Quelques semaines après le décès de René, en février 2016, Céline Dion faisait le choix de s'en débarrasser au tiers de l'estimation initiale, soit 8,8 millions d'euros que déboursera Richard Stern, le président du consortium Olymbec (immobilier). Dans la foulée, elle cédait le palace de Jupiter Island avec son parc aquatique et ses trois piscines pour 32 millions d'euros, soit la moitié du prix d'achat (René en espérait lui le double). En 2020, elle revendra également la maison que maman Dion occupa de 2004 à sa mort : François Duplantie l'achètera pour un peu moins de 2 millions d'euros.

Mais son idéal ne se confond pas avec idéalisme. En mettant le nez dans les finances, elle va repenser sa carrière sans la révolutionner, mais en en prenant fermement les rênes, et ce, dès 2016, ne laissant à personne le soin de conduire un vaisseau dont elle découvre sans doute effarée dans la coque des failles flagrantes et des zones d'ombre. En commande et aux commandes, elle envoie, en même temps, un coup de pied dans la fourmilière et tranche dans le vif. Elle sait dire « non ». Elle sait aussi encaisser l'acrimonie se transformant parfois en mauvaise publicité que ses décisions ne manqueront pas de susciter. Elle y est préparée pour une bonne raison : c'est elle, « le boss » !

Sa première décision est radicale et lourde de sens : elle se sépare d'Aldo Giampaolo à qui René a confié le management de Céline et la co-direction des Productions Feeling au moment de la récidive de son cancer. Étrange choix d'ailleurs, dans la mesure où Céline et Aldo n'ont, semble-t-il, jamais été très proches. Sous la gouverne de René, ça ne posait pas de problème, chacun restant à sa place, mais depuis sa promotion, rien ne va plus. La conférence de presse de Montréal déjà citée sera le théâtre d'un incident passé inaperçu sur le moment, quasi invisible, mais qui devient éclairant à l'aune du licenciement d'Aldo. On y décèle une évidente froideur et une distance non moins flagrante de Céline à l'endroit du personnage lorsque celui-ci se permet d'intervenir au débotté depuis la salle ; rangé au milieu des journalistes, il prend le micro d'*author*, comme le faisait René, pour détailler la gestion des réseaux sociaux. Une intervention à la fois malvenue et sans intérêt sur le fond. Il poussera le mimétisme jusqu'à adopter les inflexions de voix d'Angélil. La séquence filmée est impitoyable. Si René pouvait se permettre ce comportement au nom de la confiance puis des sentiments de Céline à son égard, on imagine sans mal combien il est déplacé et dérangeant de la part d'un remplaçant se rêvant calife à la place du calife avec tout ce qu'on peut imaginer derrière. Rouée à l'exercice de la conférence de presse, Céline Dion sait donner le change. Elle réprimera sans doute une colère froide, manifestant une sorte d'agacement conclue par un trait d'humour modérateur. Personne ne relèvera sur le moment une tension rétrospectivement palpable qui la conduira à évincer le personnage de son entourage en avril 2017, une petite année après le décès de René. Pour la forme, on parlera de démission pour raison familiale.

Par la suite ce sera au tour de Patrick Angélil de sauter. Le fils de René, son quasi-bras droit, était un personnage central en tournée. En charge des relations médias, il gérait depuis des lustres tout l'aspect communication. Ayant l'oreille de son père, il était donc loin d'être un simple employé. Son poste à responsabilité en faisait certainement l'un des cadres plus ou moins officiels au sein de l'organigramme de la société Fee-

ling. Interviewés à la sortie de leur livre-enquête, Hervé Toréa et Laurence Piaud contacteront les productions Feeling qui leur confirmeront que Patrick Angélil ne fait plus partie de la maison. Rien n'a filtré sur les motifs d'une éviction lourde de sens. En écartant son gendre, Céline Dion n'ignorait sans doute pas la possible publicité négative à laquelle elle s'exposait et le risque potentiel de nuisance induit.

D'autre part, elle va multiplier ses activités, notamment dans la mode, avec la création de sa propre ligne de produits dérivés allant jusqu'à se charger du design des tee-shirts reconnaissables par leur style très personnel.
Un instant, elle caressera l'espoir que René-Charles ne remplace Giampaolo. Elle espérait qu'il l'épaule sérieusement et se forme à ses côtés au management, mais très vite il est apparu que son fils n'avait pas la maturité nécessaire pour endosser ce rôle. Double peine la condamnant professionnellement à assumer seule la gestion de sa carrière et comme mère à s'inquiéter de la conduite et des relations toxiques de son aîné adepte à cette époque de la vie facile et joueur invétéré. Dix ans plus tôt, elle se félicitait des bons résultats de René-Charles à l'école, heureuse de le voir suivre les traces, disait-elle, de son père : elle découvre effectivement combien il lui ressemble, mais pas forcément pour le meilleur, à ceci près que René Angélil, lui, n'est pas né avec une cuillère d'argent dans la bouche : Céline va devoir éponger des dettes de jeu effarantes et calmer les dépenses dispendieuses d'un jeune homme oisif se piquant de devenir un rapper reconnu, un gosse de riche en quête d'une *street credibily* impossible et dangereuse tout en étalant son insolente aisance financière sur les réseaux sociaux qui ne le ratent pas.

Dans un monde hypermédiatisé, la star la moins protectrice du monde est scrutée à la loupe. Chacune de ses apparitions est captée, décortiquée, analysée, critiquée. Elle fait l'objet de photos, de vidéos, d'articles, de podcasts, de tweets et tout le toutim avec toute la violence que cela suppose à l'heure des réseaux sociaux et des sites poubelles.
Pour avoir accompagné et partagé sa peine transformée en événement national retransmis dans le pays tout entier, les Québécois ont eu, on l'a dit, le sentiment de retrouver et même de se réapproprier « la petite ». Cette communion nationale qu'ont été les obsèques de René Angélil soulignait son appartenance au peuple, appartenance interprétée par de nombreux Québécois sur le mode possessif : Céline Dion appartient au Québec par son histoire, par l'émoi et le soutien populaire qu'elle a reçus, par la communion populaire et médiatisée. Tout cela semble avoir généré une forme d'attente à son endroit qu'elle ne va pas satisfaire, s'attirant alors les foudres des uns et des autres. Une forme de retour de bâton *déceptif*. Osant aller à contre-courant des attentes, Céline Dion va s'aliéner une partie des médias surfant sur l'incompréhension populaire, l'amplifiant à grand renfort d'articles assassins et de railleries. Femme d'images, c'est l'image justement qui va être

Page de gauche : bain de foule parisienne en 2017.

Au-dessus : casquette de la boutique Céline Dion sur le Web.

« J'ai fait les choses, aujourd'hui je les vis. »

Céline Dion

au centre d'une avalanche de critiques surréalistes : si tout le monde connaît sa passion pour la mode et les créateurs, elle va plus que jamais laisser libre cours à une réelle et formidable excentricité à la fois vestimentaire et capillaire (elle arborera une coupe au carré). Sa présence au Met Gala de New York lors de la « fashion d'Anne Wintour », la patronne de *Vogue*, va déclencher une vague de réactions démesurées principalement au Québec, mais relayée bien entendu par les tabloïds papiers et virtuels francophones : ça fait vendre du papier et ça monétise les putaclics. Son arrivée au Met, couronnée de plumes et vêtue d'une robe à franges dorées d'Oscar de la Renta, fait sensation. Elle lui vaut une levée de boucliers immédiate. Au Québec où l'on jase facilement, ça ne passe pas ! Que l'héroïne du peuple fraye avec le gratin anglophone, à New York, la ville élitiste honnie, dérange une mentalité québécoise assez chatouilleuse sur ces questions-là. C'est un déchaînement de tweets et de commentaires sur *YouTube*, véritable fosse de *malaisance* – deux formidables instruments d'expression transformés en déversoir nuisible par les adeptes eux-mêmes où se singularise une race bien dégénérée appelée *haters* (rien que l'anglicisme est atroce). On peut lire ça et là : « Du temps de René, elle avait plus de classe »/« Il n'aurait jamais permis qu'elle s'affiche avec un tel mauvais goût » et tutti quanti à gogo du même acabit, saillies machistes, pathétiques d'imbécillité. L'essentiel alors pour Céline, confirmeront ses proches, est d'avoir du temps pour s'occuper de ses plus jeunes fils, les jumeaux Nelson et Eddy et de s'amuser, « d'avoir du fun », après des années d'une discipline de fer. Le lui reprocher confine au procès d'intention. Elle s'offre donc un duo cacophonique et iconoclaste avec Miss Piggy dans *Opération Muppets* via un numéro auto parodique réussi. En 2018, elle signe la chanson de *Deadpool 2* « Ashes ». Le clip joue sur le choc des cultures : Céline Dion VS Deadpool : tout à son interprétation hyperbolique, Céline est interrompue par Deadpool qui lui demande d'en faire un peu moins. Elle quitte la scène agacée en confondant Deadpool avec Spiderman. C'est là une mise en abîme pleine d'autodérision des critiques de mièvrerie et de grandiloquence qui lui sont faites.

§

« La vérité, finira par dire Sonia Benezra restée liée à la chanteuse, c'est que Céline ne cherche plus à plaire à tout le monde. » Et c'est là la clé de tout. Sonia ajoutera « : Un jour, épuisée, elle m'a dit : "Si j'avais su que ça allait être si difficile, j'aurais fait autre chose." Elle a beaucoup donné. Désormais, elle sait dire non. »

Quoi qu'on dise, quoi qu'il lui en coûte, Céline Dion imposera son extravagance. En vraie fashionista, elle transformera ses apparitions publiques en exhibition de mode où l'audace reste le maître mot. Sur scène, elle osera des *outfits* scénique déraisonnables et même osés. À Londres sur scène, le 5 juillet 2019 au Barclaycard British festival, elle fait sensation en combi blanche ou bleue à paillettes ultra moulante avec manches à ballon et dos nu. Robe cintrée à sequins rouges, robe extravagante à plumes blanches, combinaison, la « diva » se permet tout, ose tout. Pour un film promotionnel de prestige dopé à l'humour, elle s'amuse à passer d'une tenue à une autre parmi les plus excentriques que produise la haute couture où son goût pour les créateurs d'avant-garde à révéler de nouveaux venus.

En quelques années, elle a imposé sa *boss attitude*. Elle dirige elle-même ses affaires d'une main de fer, dit-on avec toute l'ambiguïté que l'expression renferme.

Bien entendu, le moindre ratage enflamme la toile : on ne peut pas dire par exemple que « Celinununu » la ligne de prêt-à-porter pour enfants non genrés qu'elle lance et promeut dans un clip publicitaire qui va faire l'objet de fantasmes un rien malsains soit une réussite à tous points de vue. Mais Céline s'en moque. Elle réaffirme sa détermination à « briser les codes ». Même si finalement ce positionnement est aujourd'hui absolument tendance et ne souffre aucune contestation sous peine de *cancelation*, le simple fait que Céline Dion se positionne, lui, est assez nouveau. *Celinununu* va être crucifié en place publique, faire l'objet de rumeurs symptomatiques d'une époque régie par le diktat (ure) des *résosocios* où on se perd à perdre son temps avec toute sorte de stupidités de cet acabit. « Céline Dion affiliée à un ordre sataniste » : lancée ou reprise par un prêtre exorciste en mal de publicité, la rumeur va être

En mars 2020, en costume Moncler/Richard Quinn.

mécaniquement démultipliée. Et quand ça n'est pas Satan, c'est Hitler et consorts : on passe au microscope les layettes pour y déceler une inspiration fasciste ! Là encore, plutôt ironique de la part de réseaux aux idéologies largement réactionnaires !

Le vrai luxe finalement de Céline Dion, c'est de se permettre ces ratages : car elle assume tout sans surenchère, mais imposant sa liberté, liberté d'expression, de présentation, liberté d'être ce qu'elle veut comme elle veut. Plus qu'une provocation, le baiser qu'elle donne à son danseur Pépé Munoz devant des photographes en est justement l'expression. Elle sait mieux que quiconque qu'il va déclencher l'un de ces tsunamis dont on a déjà constaté la vacuité et il est bien possible que ce geste ne témoigne pas simplement de son indifférence, mais qu'il stigmatise en creux l'absurdité de tout ça. Fidèle à elle-même, elle n'éludera aucune des questions que cette étreinte aura soulevées. L'occasion de bien enfoncer dans le crâne de tous qu'elle entend mener sa vie à sa façon. En avril 2019, dans une interview pour NBC, elle révèle que ce supposé boyfriend est en fait homosexuel, clouant non pas le bec, mais au pilori les extrapolations de ces journalistes prompts à produire du contenu sans s'imposer la moindre investigation, renvoyant à leur misère ces hordes de *haters*/haineux anonymes dont la puissance repose non sur leur perspicacité (ça se saurait !), mais uniquement sur le nombre. Une façon de stigmatiser certaines dérives. Et pour que ce soit très clair, la star précise face caméra, imitant les lancements d'infos sensationnalistes : « Aimerai-je à nouveau ? Aurais-je un nouveau partenaire dans ma vie ? Un nouvel amour, ça peut arriver. Restez à l'écoute. » Elle ajoute sur le ton de la confidence : « … Et si ça arrive, je le partagerai bien entendu, ce sera plus qu'un plaisir de partager ça avec vous. L'amour, c'est un chapitre clos, pas mort. » Et de fredonner backstage dans la foulée en duo avec l'animatrice *« Single girl, I am a single girl »* !
Là encore, la lessiveuse brasse l'info et la retourne : à la suite de ces révélations, certains médias feront payer cher l'humiliation avec des titres comme celui du tabloïd virtuel public.fr : « Après la mort de son mari, la diva québécoise a mis en place un réseau de communication implacable afin de continuer à faire les gros titres, quitte à utiliser ses amis. » Ce genre d'accroche de la part d'un réseau de communication payant qui n'existe que grâce à des Céline Dion et consorts balançant toujours entre malveillance (« la diva »/« implacable ») et flagornerie, c'est cocasse ! On pourrait multiplier les exemples. Mais toute cette publicité négative ne parvient pas à entamer la fameuse *dionaissance* ni même à jeter une ombre trop importante sur un phénomène assez récent aux antipodes de ce qui précède et qui lui confine à une forme d'*iconisation*.

Après des années de mépris de la part des élites, Céline Dion est entrée dans la pop culture jusqu'à devenir tendance. En témoigne sa présence au cinéma : si elle n'a toujours pas tourné dans le grand film qu'elle espère depuis les années 2000, se contentant qu'une apparition dans une comédie mineure, *Love Again*, elle apparaît dans de nombreux films récents comme sujet, citation ou comme inspiration. On se souvient de la scène culte de *Momy* hurlant la chanson de Céline écrite par Goldman « On ne change pas » dans le film de Xavier Dolan, la coqueluche de l'intelligentsia parisienne. Lorsqu'il clame « J'aime Céline Dion, tous mes personnages aiment Céline Dion. », *Les Inrocks* se convertissent. *J'irai où tu iras* en 2019 de Géraldine Nacache raconte l'histoire de deux sœurs dont l'une concourt aux sélections d'une *star academy* canadienne pour devenir choriste de Céline Dion le jour de la mort de

René. Avec *Aline*, Valérie Lemercier a tourné le premier biopic consacré à Céline Dion : hésitant entre parodie et biographie, le film n'a pas vraiment été du goût de la famille Dion, mais il a remporté un beau succès en salle. *Last but not least*, *Sur la piste du Marsupilami* d'Alain Chabat. Immense auteur réalisateur, artiste pluridisciplinaire toujours subversif et d'une finesse remarquable, auteur de quatre merveilles d'humour (même *Santa Claus* qu'il faut redécouvrir), l'ex-Nul a créé dans son film le personnage du dictateur d'Amérique latine fondu de Céline Dion à qui il dédie une pièce bunkerisée où sont conservées ses robes de scène et quelques enregistrements rares que la maladresse du reporter qu'incarne Alain Chabat va ruiner. Et puis il y a cette scène finale avec un fantastique Lambert Wilson travesti en Céline embarqué dans un ballet mémorable sur « I'm Alive ». L'immense réussite d'Alain Chabat est d'être parvenu, dans un arc scénaristique secondaire, à encapsuler – ici sur le mode humoristique — toute la *paraphernalia* de Céline Dion.

§

Finalement dans ce qui n'est plus un simple élan émancipateur, mais une liberté acquise et revendiquée, son *« take it or leave it »* confirme l'intelligence et la grande force de l'ex-enfant sage. Le seul hiatus, la seule chose que l'on puisse regretter, c'est que cette liberté ne se traduise pas, ne s'incarne pas dans son approche et ses choix musicaux, dans aucun des deux albums publiés depuis 2016, plutôt décevants pour ceux qui espéraient la même revitalisation sur le plan discographique. Une attente que nourrissaient principalement ses fans historiques. Parmi les témoignages qu'ont bien voulu livrer plusieurs des die-hard fans, celui du « le plus grand fan français » qui espérait, nous disait-il que Céline s'éloigne de sa production habituelle échangée contre un album acoustique ou un disque de blues.

Les deux albums originaux sortis en 2016 et 2019, un francophone (*Encore un soir*), l'autre anglophone (*Courage*), d'excellente facture tous deux, superbement produits avec comme toujours plus d'arabesques vocales sur l'album international que sur le francophone, s'inscrivent dans la suite logique de la vaste discographie de Céline Dion. Ils sont du même bois, usent des mêmes recettes que les autres. D'abord un choix d'auteurs-compositeurs de renom : ici un arc allant de Robert Charlebois à Zaho, là, de Sia à David Guetta. Des textes choisis avec soin, écrits spécialement pour Céline, les uns émouvants (« Encore un Soir » de JJ Goldman), les autres plus *tough* en forme de messages confirmant sa liberté (« Flyin On My Own »), de réponse cinglante aux critiques. Aux manettes, la même chose, des pointures à tous les postes. Mais voilà, musicalement rien de « révolutionnaire », rien d'aussi marquant, à la hauteur des choix personnels affichés que l'on vient de décrire. Très consensuels, ces deux albums sont faits pour toucher le large public, aucun ne bouscule l'univers *Dionesque* en place depuis longtemps comme elle-même a bousculé sa vie. Ce sera sur scène que s'exprimera cette émancipation, en particulier dans la tournée francophone. Elle cherchera un équi-

Photo de gauche : Pepe Munoz et Céline Dion lors de la Fashion Week de Paris en 2019.

Photo de droite : big bisous entre Katy Perry et Céline Dion, à New York, en mai 2019.

Sur la tournée
Courage World Tour, à Toronto
en décembre 2019.

libre entre ses hits et les chansons qu'elle a envie de chanter : « Maintenant je fais ce métier parce que je l'aime. Avant aussi, mais j'avais à prouver pour l'industrie. » Sur cette tournée, elle abandonne les nombreux changements de tenues qui ponctuent ses prestations depuis Vegas. Elle préfère, dira-t-elle, passer plus de temps sur scène avec son public. Lors de son premier show à Montréal en 2016, la traîne de sa robe trouée, elle refusera d'aller se changer. « Ça ne me dérange pas, dit-elle, je m'implique davantage pour la scène, dans le choix des costumes, et rester sur scène avec un seul qu'on aime ou pas ne me dérange pas. »

Encore un soir est paru en août 2016 : venue le promouvoir chez son plus ancien et plus fidèle soutien en France, Céline Dion expliquera à Michel Drucker avoir supplié JJ Goldman de lui écrire une chanson de plus, même s'il pensait avoir tout dit, du moins jusque-là. Par amitié, il lui a donc écrit la chanson titre d'un album où elle a par ailleurs discrètement glissé un texte signé Eddy Marnay, une forme d'hommage pudique, mais assez beau à celui qui fut son premier auteur. Francis Cabrel, Serge Lama, Grand Corps Malade complètent la liste des auteurs-compositeurs.

En 2013, les 9 dates glissées du 21 novembre au 5 décembre avaient donné le goût à Céline Dion de briser la routine inévitable de Vegas en allant se ressourcer chaque été (ou en novembre) sur scène à travers le monde devant des foules dix fois plus nombreuses que les 4 000 places du Colosseum. La maladie de René l'avait obligée à annuler sa tournée asiatique en 2014. À partir de 2016, elle profitera de l'été pour dégager une dizaine de dates et partir à la rencontre de son public en Europe, en Asie, en Océanie et au Québec où la demande l'obligera — bien volontiers — à ajouter huit shows à Montréal et Québec Ville (2016). Céline Dion terminera cette tournée à Trois-Rivières. Une heure avant son dernier spectacle, elle accorde une entrevue à la journaliste Anne-Marie Lemay, avant de repartir pour Las Vegas. Elle s'y confie avec authenticité quelques mois après la mort de son époux, revenant sur son été en famille, sur l'importance des concerts à Trois-Rivières pour la Fondation Céline Dion et sur son désir de revenir chanter au Québec dans un avenir proche.

Toute l'activité déployée depuis le décès de René en dit long sur la pulsion de vie et le goût du public d'une star n'ayant plus rien à prouver, d'une mère aussi qui à l'aune de la cinquantaine face à l'épreuve a refusé l'enfermement dans le malheur, le pathos mortifère, le repli sur soi pour choisir la lumière, celle des feux de la rampe, celle des projecteurs, incarnant sans doute pour elle une lumière plus céleste.

Ce qui rend plus tragique, plus difficile à accepter, les événements de 2021-2022, le coup d'arrêt que la maladie va porter à cette force de vie.

« Le public est un cannibale qui dévore tout. Céline a tout donné, lui a tout donné. Le corps se révolte. »

Elisabeth Reynaud

2019-2024

ENCORE UN SOIR

En septembre 2018, Céline Dion annonçait mettre fin en juin 2019 à sa seconde résidence au Colosseum de Vegas débutée en 2011 ; une prévente « Team Céline » de billets pour les derniers spectacles du 26 février au 8 juin organisée trois jours avant la mise en vente générale fera le plein rapidement.
Le 8 juin 2019, Céline Dion monte sur la scène de SON Colosseum pour ce qui est à ce jour son ultime show à Las Vegas, même si au moment de quitter le Caesars Palace, la chanteuse négociait déjà un retour dans un autre lieu comme on le verra plus loin. Pour l'occasion, elle offre un inédit, « Flying on My Own », qui paraîtra sur l'album *Courage* en novembre. Un montage photo retraçant les moments forts publics ou privés de ses 16 années à Las Vegas est projeté tout au long de « Somewhere Over the Rainbow » avant que ses trois fils ne la rejoignent sur scène pour un final émouvant. Céline Dion tire sa révérence sur cette image, symbole de l'entrelacement ténu de sa carrière et de sa vie de femme. Le rideau se referme. Un ultime message de celle qui a bel et bien été la reine de Vegas vient boucler la boucle : « Je suis à la fois fière et très humble par rapport à tout ce que j'ai accompli au Colosseum depuis qu'on a commencé il y a 16 ans quand René et moi avons partagé ce rêve. Toute cette expérience est une grande part de ma carrière et je vais la chérir pour toujours. Il y a tant de gens que je voudrais remercier, mais le "merci" le plus important va à mes fans qui nous ont donné l'opportunité de faire ce que nous aimions. »

Pages précédentes
et page de droite : en concert
à Hyde Park
à Londres le 5 juillet 2019.

Cette fin devait être un renouveau, l'expression de ce qu'on a appelé sa renaissance. Le monde s'offrait à une Céline Dion élevée au rang de diva, au sens noble du terme, ce supplément que confère le drame et la résilience. Maître de son destin, ayant fait fi de toute peur, elle entendait prendre désormais plaisir à chanter, débarrassée de toute la pression qu'elle s'est infligée depuis ses débuts. Et ça commençait par une grande tournée mondiale de deux années, adossée à la publication d'un nouvel album aux allures de prétextes à sillonner le monde d'autant qu'il ne paraîtra que deux mois après le lancement du *Courage World Tour*.
Un renouveau, un beau rêve qui allait être fauché en plein élan : les cieux allaient brusquement s'obscurcir après 2020 : pandémie, décès, maladie, isolement allaient plomber l'univers de la chanteuse.

Trois ans après *Encore Un Soir*, Céline Dion publie son 12ᵉ album anglophone *Courage* avec pour premier single un « Flyin On My Own » en forme de profession de foi. « Courage c'est le courage qui me parle, explique-t-elle, le courage qui dit n'aie pas peur d'avoir le droit, de prendre les rênes, de prendre des décisions. » Si elle l'avait déjà dit par le passé, elle se sait désormais capable de dire « non » pour de bon en en assumant les conséquences.

Enregistré pendant les journées off au cours des derniers mois de sa résidence à Vegas, il porte la marque de sa nouvelle approche et de son autonomie, la marque d'une professionnelle capable de dire non, de faire preuve de décision (elle interviendra dans le choix des mixes). Sur ce disque, on l'a dit, pas de révolution : elle a travaillé avec des auteurs musiciens « branchés », de Sia à David Guetta en passant par Sam Smith.
Musicalement, on y retrouve l'éventail de styles qui la caractérisent avec des morceaux dance, funk et autres sons modernes venant teinter sa power-pop. Le choix des textes a été capital. En écho au « Flyin' On My Own », « Lying Down » ressemble à une véritable déclaration d'indépendance. Toutes les chansons font sens : l'épreuve du deuil et le possible renouveau amoureux sur « Falling in Love Again », réponse cinglante aux critiques et rumeurs (« Imperfections »). « Je veux porter ce que je veux », clame-t-elle sur « Nobody's Watching ».
Le disque sort le 15 novembre 2019. L'accueil qui lui sera fait, en dépit de la mutation du marché du disque, témoigne de la constance du succès de Céline Dion et d'un regain d'intérêt autour de sa production puisque la première semaine, entre 110 000 et 125 000 exemplaires sont vendus aux États-Unis. L'album entre nº 1 au Billboard 200, nº 2 au Royaume-Uni, rangs que Céline Dion n'avait plus atteints depuis *A New Day Has Come* en 2002. Au Canada, l'album débute en première position avec 53 000 copies écoulées. *Courage* sera six jours consécutifs en tête du classement mondial iTunes Album Chart !

Toute la famille Dion
en novembre 1993.

Comme au moment du *Taking Chances World Tour*, mais sans doute avec plus d'envie qu'en 2008, Céline ne fera aucun réel break. Pas de temps sabbatique : répétée durant l'été, la tournée débute trois mois à peine après le dernier show à Vegas à Québec City le 18 septembre pour trois shows suivis de deux autres à Ottawa avant d'aller sillonner les États-Unis. Au lendemain de sa première, la presse québécoise est extatique : « Céline Dion a mis le feu sur la scène québécoise »/« Pour son premier concert à Québec, Céline Dion a tout donné pour un concert mémorable. Elle y a chanté avec passion ses nouveaux titres issus de son dernier album. ». Le site français *Le Tribunal Du Net* écrira : « Un show digne de Las Vegas en arborant une nouvelle coiffure. Mais ce sont surtout ses nombreuses tenues extravagantes qui ont attiré l'attention et qui ont rendu son concert totalement unique. » Le site publie une courte vidéo de fan, vidéo d'une suggestion rare et pas simplement sexy comme l'écrit le rédacteur : moulée dans une combinaison blanc cassé à paillettes, la chanteuse est assise sur un rebord de scène. Elle croise et décroise ses jambes, fait volte-face, offrant au public son dos dénudé, appuie ses mains sur le rebord et tout en déhanchant son bassin de façon provocante, elle fait descendre et remonter son corps, le tout avec une réelle grâce érotique pleine de maturité. Si le mot « sexy » lui a souvent été accolé, expression désamorçant paradoxalement toute sexualité, elle l'affiche ici de façon troublante pare que très directe sans pour autant paraître racoleuse, encore moins vulgaire.

On l'a déjà vue très libérée sur de récents clichés, assumant parfaitement la chose. Elle-même publiera la photo d'une répétition en body noir qui a fait grand bruit sur cette toile aussi immense que volatile.

Céline Dion embarque pour 52 dates à travers le continent nord-américain jusqu'au 8 mars 2020 à Newark.
Thérèse Dion décède le 17 janvier 2020 : comme au moment du décès de son père, Céline décide de monter sur la scène de l'American Airlines de Miami le soir même confiant au public : « Je suis un peu secouée ce soir. Je suis presque sûre que vous avez appris que ma maman est décédée tôt ce matin. Mais je vais bien. Ma mère avait 92 ans et était malade depuis longtemps maintenant. Nous savions que nous n'avions plus beaucoup de temps à partager avec elle. Il y a deux jours, nous avons reçu l'appel de son infirmière pour nous dire que la fin était proche. Alors, hier soir, j'ai rejoint mes frères et sœurs à Montréal et j'ai passé la nuit à son chevet. On a raconté des histoires, chanté des chansons, fait des câlins. Et le moment des adieux est arrivé. On est tous à peu près sûrs que maman a attendu que nous soyons réunis avant de s'éteindre. »
Personne évidemment n'en a conscience, mais le concert de Newark le 8 mars 2020 clôturant le segment américain de sa tournée avant l'Europe est à ce jour, en avril/mai 2024, le dernier de Céline Dion qu'on n'a pas revue sur scène depuis. Jamais, pas même à ses débuts, elle n'était restée aussi longtemps sans monter sur scène.
Ce sera d'abord la pandémie Covid-19 – plus exactement les décisions imposées par les gouvernements du monde entier à leurs peuples qui interrompt la tournée. Si ce n'est pas la première pandémie à sévir depuis cent ans, c'est bien la première qui autorise une poignée de politiciens et de décideurs à mettre le monde à l'arrêt et sous coupe, à l'enfermer chez soi, faute d'anticipation, faute factuellement de place dans des hôpitaux dépouillés par des décennies de politique de suppressions de lits. Faute justement de réel... courage. Et enfin, faute majeure que l'Histoire jugera sévèrement.

Testant les limites de leur pouvoir coercitif, bien aidés en cela par l'addiction des masses à Internet, *netflixés*, ces apprentis sorciers aux commandes de leurs pays respectifs édicteront des règles drastiques qui flingueront ou sinistreront des secteurs entiers d'activité, parmi lesquels l'industrie du divertissement sera particulièrement impactée.
Contrainte à l'annulation de sa tournée, la Canadienne choisit de se rapprocher des siens et sans doute d'elle-même, en allant se claquemurer au Québec avec ses deux fils qui vont découvrir la vie rurale. La simplicité a bien entendu son prix: une équipe de sécurité se relaie jour et nuit au portail et aux environs de la demeure. Céline loue une maison de 400 mètres carrés avec jardin de 36 hectares et plage privée sur la rivière Rouge, à Brébeuf, un village de 1000 âmes. La maison est confortable, mais n'a rien à voir avec les palais bradés quatre ans plus tôt. Elle publiera sur Instagram de nombreuses photos à caractère bucolique offrant un contraste évident avec sa passion de la mode et son life style antérieur. Bottes aux pieds, robe printanière à fleur, elle partage des séances de cueillettes, se réjouit de voir ses enfants patauger dans la boue, salir leurs mains et leurs fringues, être terre à terre. « Mon rêve, confiait-elle à *Paris Match* en 2016, c'est d'avoir une maison au bord d'un lac. J'aime le côté thérapeutique de la tranquillité. J'imagine un petit paradis au Québec, plein d'arbres, où l'on pourrait se promener à cheval. » La pandémie le lui offre quelque temps.

Au début de l'année 2021, les incessantes restrictions en termes de jauge obligent à un nouveau report des dates du *Courage Tour*. Une donnée qui a sans doute été prise en compte dans le choix de Céline de retourner jouer plus tôt que prévu à Las Vegas. Elle rentre au Nevada en mars pour préparer son retour au... Resorts World ! C'est le dernier-né de l'hôtellerie à Sin City, un immense casino-hôtel de luxe de 3 500 chambres sur le Strip qui ouvrira ses portes en juin 2021 après bien des vicissitudes.
La conception et la réalisation de la salle de 5000 places ont été confiées à Sceno Plus, la société québécoise qui avait conçu en 2003 le Colosseum (Sceno Plus a également conçu les scènes du Cirque du Soleil). C'était Patrick Bergé à l'époque qui avait la charge de cette scène. Son fils Olivier Berthiaume-Bergé a pris la relève et décroché le contrat au Resorts World à la surprise de tous ceux qui lui promettaient l'enfer : « L'endroit est sublime avec 5000 places, un sound system dernier cri, une scène dotée d'un ascenseur divisé en trois plateformes distinctes pour charger les grandes pièces ! La construction a été une course contre la montre. Le Covid a provoqué un manque de main-d'œuvre comme de matériel, mais nous avons réussi à ce que tout soit prêt. » Avec 1000 places de plus que le Colosseum, le théâtre du Resort World Las Vegas est doté de la plus grande et la plus haute scène de Las Vegas, le siège le plus éloigné n'étant qu'à 50 mètres de la scène. L'engagement de Sceno Plus a précédé la signature du contrat de la reine de Vegas avec l'Hôtel Casino, même si les pourparlers entre le Resorts et l'Anschutz Entertainement Grup AEG auraient en fait été amorcés dès la fin de sa résidence en 2019. On peut penser que les liens connus de Céline avec Sceno Plus, société québécoise de surcroît, ont joué un rôle dans le choix fait. Vice versa, l'implication de la société québécoise

« Je n'ai jamais quitté mes racines, je suis fière de ma santé mentale. »
Céline Dion

a probablement été un argument de séduction déployée par l'hôtel pour convaincre la chanteuse de quitter son Colosseum. Le choix de ce nouveau lieu a surpris.
Une surprise qui s'inscrit pourtant dans le sens de l'histoire, de celle qu'écrit Céline Dion depuis 2016 : le Colosseum était bien le palais que lui avait construit René. Celui où il l'avait enfermée ?
Le 12 mai, 2021, Céline Dion annonce donc son retour à Las Vegas pour un tout nouveau spectacle au Resorts World, dix représentations en novembre 2021, dont la première, le 5 novembre, sera reversée pour lutter contre la Covid-19. En vente le 24 mai, les billets partent vite. Rapidement, de nouvelles dates sont ajoutées, sept en janvier 2022, et quatre du 1er au 5 février. On est loin des cinq représentations par semaine des années 2000 et c'est aussi bien.
Si Céline est bien la tête d'affiche du nouveau lieu, Concerts West/AEG Presents et Resorts World Las Vegas lancent une offensive sur le secteur du divertissement en annonçant également les concerts de Carrie Underwood, Katy Perry et Luke Bryan.
Et soudain, tout va dérailler...

Publicité pour le spectacle
Las Vegas annulé.

Le 19 octobre le report des shows de novembre au Resorts World Theatre est officialisé pour *medical reasons*. Très vite, ce sont tous les shows qui sont annulés. Quelque chose ne va pas. Il y avait déjà eu quelques dates annulées sur la tournée. On parle encore à mots couverts de spasmes vocaux, et de problèmes psychosomatiques possibles. Encore en contact avec Céline, sa sœur Claudette révèle que le problème ne viendrait pas des cordes vocales, mais de tous les muscles : « Ce qui lui arrive est douloureux. Mais il n'y a rien de grave, sinon elle me l'aurait dit : Céline n'hésite pas à se confier et à demander conseil quand quelque chose ne va pas. Je sais qu'elle a le moral. Elle est très bien entourée par les membres de notre famille, et d'abord par notre sœur Linda, qui s'occupe des enfants depuis toujours... Céline n'a qu'une envie : remonter sur scène. Mais ça prendra peut-être quelques semaines, voire quelques mois... »
Depuis, Céline a coupé les ponts avec une sœur peut-être un peu trop bavarde et pas forcément très bien inspirée, ni disposée, lorsqu'elle ajoute que la chanteuse paie le prix de son entêtement à vouloir danser et chanter à plus de cinquante ans.

Le 8 décembre 2022 Céline publie une vidéo qui va être un crève-cœur pour ses fans : les traits aussi tirés que le sont ses cheveux à l'arrière, face caméra, elle met fin aux rumeurs en révélant le mal dont elle souffre : *« C'est difficile pour moi de parler de tout ce que par quoi je suis passée. J'ai été récemment diagnostiquée avec un trouble neurologique très rare appelé en anglais* "stiff personn syndrome". *On ne sait pas encore tout de cette maladie rare, mais on sait maintenant que c'est la cause*

des spasmes musculaires dont je souffre. Malheureusement ces spasmes affectent ma vie de tous les jours (...) Ça m'attriste énormément de devoir vous dire aujourd'hui que je ne serai pas prête pour commencer la tournée en Europe en février (...), mais je dois admettre que c'est un combat continuel (...) et ce sont mes enfants qui me donnent le courage et l'espoir de continuer.»

La nouvelle se répand comme une traînée de poudre à travers le monde entier. Ce jour-là, dans de nombreux pays, les occurrences les plus consultées sur Google sont « syndrome de l'homme raide » et « Céline Dion ». Au Québec, c'est la stupeur et l'émotion qui priment jusque dans les cabinets ministériels : le Premier ministre se dit attristé et de tout cœur avec Céline. Le ministre de la Culture, Mathieu Lacombe, indique quant à lui avoir eu un « pincement au cœur » en visionnant la vidéo, choqué par la vulnérabilité de l'artiste.

Les chaînes télé se précipitent pour dégoter le témoignage de victimes de ce mal qui n'a jusqu'alors jamais intéressé personne. CTV news W5 consacre un sinistre reportage à une certaine Lynda Carrière dont les propos sont alarmants.

Des spécialistes se ruent sur les plateaux télé pour éclairer la plèbe sur ce mal difficile à détecter : le système nerveux central, le cerveau et la colonne vertébrale envoient constamment des messages aux nerfs et muscles pour les empêcher de se contracter. La maladie attaque une enzyme appelée « glutamic acid decarboxylase », réduit la quantité de gaba dans le système nerveux. Sans gaba, le système nerveux central peine à prévenir ces spasmes provoquant plus de contractions musculaires et de raideur. Les seuls traitements connus hormis la benzodiazépine et le baclofène sont des injections d'immunoglobuline (anticorps) hebdomadaires sur de longues périodes en intraveineuse.

Cependant, en mars 2023, le médiatique docteur Abidbol parlera de spasmes de gorge psychosomatiques en expliquant que jamais la chanteuse ne retrouvera sa voix. Étrange diagnostic assorti d'un enfonçage de porte ouverte flagrant parce que maladie ou non, avec le temps toute voix évidemment perd de la flexibilité et des tons. Une voix plus grave n'a jamais été pour déplaire à Céline Dion capable de se servir de cette évolution pour faire des choix musicaux nouveaux.

Le vendredi 26 mai 2023, Céline Dion doit publier un nouveau message qui met fin à tout espoir de la voir sur scène en 2023-2024, y compris les sept shows monumentaux calés début septembre 2023 à la Défense Arena, la plus grande salle

Au-dessus : à un match de hockey entre les Bruins de Boston et les New York Rangers le 21 mars 2024.

Page de droite : Céline Dion et son fils René-Charles pour remettre le prix de l'album de l'année le 4 février 2024 à Taylor Swift.

d'Europe : « *Je suis tellement désolée de vous décevoir encore une fois. Je travaille très fort pour retrouver mes forces, mais les tournées peuvent être exigeantes et difficiles, même quand on est à 100 %. Ce serait injuste envers vous de reporter les concerts une fois de plus, et bien que cela me brise le cœur, il vaut mieux tout annuler maintenant, jusqu'à ce que je sois vraiment prête à remonter sur scène. Je veux que vous sachiez que je n'abandonne pas... et que surtout, j'ai très hâte de vous revoir !* ».

Depuis le message du 8 décembre 2022, médias et *résosocios* sont sur le pied de guerre. Si Norm Clarke a exprimé son émotion en écrivant « elle a traversé tant d'épreuves, ce n'est pas juste, je prie pour un miracle », il est l'arbre qui cache la forêt où se dissimulent téléobjectifs et caméras. Paparazzis, traqueurs de stars, écrivaillons à sensation, toute cette petite engeance chasse le scoop sans vergogne, condamnant la chanteuse à s'enfermer chez elle où sa sœur Linda s'est installée pour prendre soin de sa cadette.

Parce que Céline Dion, c'est la bonne cliente pour les tabloïds. Son absence crée un vide synonyme de manque à gagner.

Pour preuve, les snapshots de sa première sortie après décembre 2022 à un match de hockey accompagnée par ses fils deviendront viraux, repris à l'infini, flanqués de légendes ou petits pavés informatifs stériles et répétitifs.

Et que dire de sa présence aux Oscars en mars 2024 : dans les jours suivants, Céline Dion sera en couverture de tous les magazines people de *Gala* à *Closer*, idem sur la toile où n'ayant pas grand-chose à se mettre sous la dent, ces organes nous gave de *croustis* avariés, jusqu'à créer une polémique autour de cette pauvre Taylor Swift accusée d'avoir snobé la diva. Tout est bon pour les cochons...

On touche sinon le fond au moins le bien saumâtre avec *Céline Dion Le Silence*, long métrage bricolé à toute blinde qu'on peine à nommer « documentaire » vendu avec une promotion digne d'un film Marvel, trailers et tout le toutim. Sous couvert de bienveillance, c'est encore et toujours la même exploitation racoleuse en diable. Cet assemblage de témoignages « d'anciens » proches (!) et d'image d'archives, prétend évoquer « l'empreinte indélébile de la star », mais s'intéresse surtout à « l'affligeante maladie grâce aux explications éclairantes des rares spécialistes... » : en réalité, c'est cette présentation définissant l'ensemble comme une « quête » qui afflige !

Une quête dont la date de première diffusion sur les plates-formes Crave et Noovo a été fixée au 8 décembre 2023, soit un an après la publication du message de Céline Dion. *Happy birthday?* Que du bon goût, du tact et de la bienveillance, on vous dit !

*« Tiens ton âme en enfer
et jamais ne désespère. »*

Silouane

« C'est encore une petite fille du peuple. Elle a beau être à Las Vegas, elle est l'une des nôtres », assénait l'ancien animateur de radio québécois Rick Remy, traduisant là le soutien dont bénéficie Céline Dion dans son pays depuis la révélation de sa maladie.

Depuis deux ou trois ans, outre ses problèmes de santé, Céline Dion a été affectée par la disparition de plusieurs proches : après avoir eu la douleur de perdre un frère aîné une semaine après René puis sa maman, elle apprenait en mai 2022 le décès de Francine Chaloult, son attachée de presse historique à qui elle avait rendu en sa présence un vibrant hommage dans sa conférence de presse à Montréal en 2016. Quatre mois plus tard, c'était au tour de Franco Dragone de disparaître. En novembre 2023, elle disait sa tristesse d'apprendre le décès de Titoff, aka Jean-Christophe Dasse, l'un des danseurs de la troupe et complice très précieux. En mars 2024, elle publiait un post pour se souvenir d'Eric Carmen, créateur de « All By Myself ».

Dans un contexte aussi sombre, la rémission inespérée de sa sœur Ghislaine atteinte d'un cancer a été un rayon de soleil.

Malgré ses soucis de santé, les messages publiés en 2024 se veulent rassurants : le 15 mars 2024, Céline publiait sur Instagram une photo d'elle aux côtés de ses trois fils à l'occasion de la Journée internationale de sensibilisation au SPR avec un message où elle confesse faire face à *« l'une des expériences les plus difficiles de ma vie »*, en ajoutant, *« mais je reste déterminée à remonter un jour sur scène et à mener une vie aussi normale que possible. »*

Une vie normale ? C'est sans doute ce qu'il faut souhaiter en premier à cette femme qui depuis ses douze ans n'a jamais plus connu de vie normale.

Fin avril 2024, on apprenait que Céline avait participé à la campagne promotionnelle du Canada pour les Jeux olympiques de Paris 2024 ! Elle est la voix francophone du clip de campagne des J.O. tandis que Michael J. Fox assure la voix anglophone. Des choix qui font sens. *L'Invincible courage* met à l'honneur l'histoire de neuf athlètes iconiques canadiens. Il y est question de succès, de courage et de résilience face à l'adversité.

Dans un communiqué officiel, Céline Dion se dit très fière de cette participation : « Les histoires de ces athlètes m'inspirent. J'ai vraiment hâte de voir ce que chacune d'elles et chacun d'eux accompliront quand ils seront en action à Paris cet été. Ils m'inspirent déjà et j'espère qu'ils seront une source d'inspiration pour le monde. Ce fut un honneur de faire partie de cette campagne et de contribuer à raconter leurs histoires. »

Le documentaire *I Am Céline Dion* de Irene Taylor sera diffusé mondialement sur Prime Video à partir du 25 juin. Le film promet de mettre l'accent sur les épreuves de la chanteuse, mais aussi la force et la résilience qui la caractérisent.

Annoncé comme « une lettre d'amour à ses fans ».

Des fans qui, s'ils souhaitent bien entendu la revoir sur scène, ont surtout à cœur de voir leur Céline aller mieux.

Portés, soutenus par les messages forts qu'elle distille sur Instagram, ils y croient.

Sans doute parce qu'il y a « lionne » dans « Céline Dion » !

Céline Dion est sans conteste une des plus grandes voix de la pop musique internationale.

CRÉDITS PHOTOS

Getty

Celine Dion and Jean-Claude Van Damme attend the World Music Awards on May 8, 1996 in Monaco, Monaco. (Photo by Stephane Cardinale/Sygma via Getty Images) - UNITED STATES - CIRCA 1997: Photo of Celine Dion (Photo by Jim Steinfeldt/Michael Ochs Archives/Getty Images)s) - UNITED STATES - MARCH 01: Celine Dion and Rene Angelil In Los Angeles, United States In March 1990. (Photo by Pool 6500/PONOPRESSE/Gamma-Rapho via Getty Images) - «CANADA - MAY 14: Celine Dion's family at «»Maman Dion's»» Achille-Tangauy foundation dinner In Canada On May 14, 2001-Celine Dion's mother Therese from the cooking tv show «»Maman Dion»». (Photo by Michel PONOMAREFF/PONOPRESSE/Gamma-Rapho via Getty Images)» - MONTREAL, QC - MAY 8: Ginette Reno performs in Game Four of the Second Round of the 2014 Stanley Cup Playoffs between the Montreal Canadiens and the Boston Bruins at the Bell Centre on May 8, 2014 in Montreal, Quebec, Canada. (Photo by Francois Lacasse/NHLI via Getty Images) - Phil Spector visits the Hollywood Roosevelt Hotel 1992 (Photo by Markus Cuff/Corbis via Getty Images) - Canadian vocalist Celine Dion performs in concert, New York, New York, circa 1994. (Photo by Larry Busacca/WireImage) - Jean-Jacques Goldman en concert à Montpellier en mai 1991, France. (Photo by Eric CATARINA/Gamma-Rapho via Getty Images) - Canadian singer Celine Dion, circa 2000. (Photo by Dave Hogan/Hulton Archive/Getty Images) - UNITED STATES - MARCH 01: Celine Dion In Los Angeles, United States In March 1990. (Photo by Pool 6500/PONOPRESSE/Gamma-Rapho via Getty Images) - Canadian singer Celine Dion and American R&B and soul singer and songwriter Peabo Bryson attend the 1992 Wolrd Music Awards ceremony in Monaco, May 14, 1992. (Photo by Jacques Bourguet/Sygma/Sygma via Getty Images) - PHILADELPHIA - APRIL 6, 1978: Jim Steinmann and Meat Loaf backstage at the Tower Theater in Philadelphia on April 6, 1978.(Ron Pownall/Getty Images) - «Johnny Hallyday His relationship with Nathalie Baye ended in 86, a year marked musically by the release of «»Gang»», the album written for Hallyday by Jean-Jacques Goldman. The collaboration produced the hit tracks «»Laura»», «»L'Envie»» and «»J'oublierai ton nom»» (a duet with English singer Carmel). (Photo by Arnaud BORREL/Gamma-Rapho via Getty Images)» - Céline Dion signing autographs, 1988 (Photo by Sobli/RDB/ullstein bild via Getty Images) - Celine Dion performing on stage in London, circa 1992. (Photo by Mark Baker/Sony Music Archive via Getty Images) - LOS ANGELES - DECEMBER 1985: Singer Laura Branigan poses for a portrait session in Los Angeles, California. (Photo by Aaron Rapoport/Corbis/Getty Images) - Portrait de la chanteuse canadienne Céline Dion, en 1993. (Photo by PONOPRESSE INTERNATIONALE/Gamma-Rapho via Getty Images) - BELGIUM - OCTOBER 21: Celine Dion presents her new Las Vegas show in Brussels in Belgium on October 21, 2002. (Photo by Alain BENAINOUS/Gamma-Rapho via Getty Images) - CANADA - JANUARY 26: Gilles Vigneault (Photo by Ron Bull/Toronto Star via Getty Images) - LOS ANGELES - SEPTEMBER 9: Rock and roll singer Elvis Presley performs on the Ed Sullivan show on September 9, 1956 at CBS Studios in Los Angeles, California. (Photo by Michael Ochs Archives/Getty Images) - Canadian singer Celine Dion and singer-songwriter Jean-Jacques Goldman perform at the Midem. (Photo by David Lefranc/Kipa/Sygma via Getty Images) - Céline Dion zu Hause 1988 beim Fernsehen (Photo by Bruno Torricelli/RDB/ullstein bild via Getty Images) - Céline Dion en concert en mars 1996 (Photo by Lionel FLUSIN/Gamma-Rapho via Getty Images) - La chanteuse française Sylvie Vartan rencontre un des ses plus grand fan, le jeune chanteur canadien René Simard âgé de 12 ans. (Photo by James Andanson/Sygma via Getty Images) - Les chanteurs Céline Dion et Bryan Adams sur scène à Cannes le 22 janvier 1996. (Photo by Jean-Marc ZAORSKI/Gamma-Rapho via Getty Images) - «Celine Dion during Celine Dion Opening Night Of «»A New Day»» - Post Concert Press Conference at The Colosseum at Caesars Palace in Las Vegas, Nevada, United States. (Photo by Toni Anne Barson/WireImage)» - ATLANTA - NOVEMBER 10: American singer, songwriter, guitarist, and keyboardist Eric Carmen, former member of The Raspberries, is interviewed at The Holiday Inn Downtown on November 10, 1975 in Atlanta, Georgia, United States. (Photo by Tom Hill/WireImage) - CANADA - OCTOBER 30: Celine Dion's husband Rene Angelil and Jean Jacques Goldman watching a hockey game In Montreal, Canada On October 30, 2000. (Photo by Michel PONOMAREFF/PONOPRESSE/Gamma-Rapho via Getty Images) - Portrait of singer and actress Ginette Reno on the roof of the Savoy Hotel, where she opens in the musical 'Cabaret' tonight, London, January 26th 1970. (Photo by Davies/Keystone/Getty Images) - (Original Caption) James Horner, composer, Celine Dion and Wilbur Jennings, lyricist with the Oscars for 'Titanic'. (Photo by Frank Trapper/Corbis via Getty Images) - «UNITED STATES - JANUARY 22: Singer Celine Dion performs at «»You Gotta Have Friends,»» a benefit for the Gay Men's Health Crisis at Carnegie Hall. (Photo by Richard Corkery/NY Daily News Archive via Getty Images)» - French Singer and Songwriter Eddy Marnay (Photo by RUSSEIL christophe/Sygma via Getty Images) - CANADA - AUGUST 01: Rene Angelil (Celine Dion's husband) with his first wife Anne Rene Kirouak and children In Canada In August, 1999. (Photo by Pool 6500/PONOPRESSE/Gamma-Rapho via Getty Images) - Céline Dion with parents Adhemar und Thérèse (Photo by Sobli/RDB/ullstein bild via Getty Images) - (EXCLUSIVE, Premium Rates Apply) Celine Dion and Barbra Streisand (Photo by KMazur/WireImage) - CANADA - APRIL 01: Retro Celine Dion (file pictures) In Canada In April 1998-Canadian singer Celine Dion (file pictures). (Photo by PONOPRESSE/Gamma-Rapho via Getty Images) - American singer, songwriter and actress Cyndi Lauper, wearing a sheer outfit, attends the Z-100 Concert Party, held at the Palladium in the East Village neighbourhood of Lower Manhattan, New York City, New York, 2nd July 1989. (Photo by Vinnie Zuffante/Getty Images) - CANADA - SEPTEMBER 28: Quebec-New York benefit concert to the World Trade Center victims' families In Montreal, Canada On September 28, 2001-Celine Dion. (Photo by Michel PONOMAREFF/PONOPRESSE/Gamma-Rapho via Getty Images) - (Original Caption) Adhémar and Thérèse, the parents of Céline Dion with her brother Michel. (Photo by Eric Robert/Sygma/Sygma via Getty Images) - Céline Dion with gold and platin records (Photo by Sobli/RDB/ullstein bild via Getty Images) - Celine Dion Signage at Caesars Palace at the The Colosseum at Caesars Palace in Las Vegas, Nevada (Photo by Gregg DeGuire/WireImage) - «CANADA - JANUARY 08: Bum-steer: Luba's worst happened the morning after New Year's; when steering wheel came off band van. (Photo by Erin Combs/Toronto Star via Getty Images)» - Céline Dion, René Angelil, 1988 (Photo by Sobli/RDB/ullstein bild via Getty Images) - «CANADA - OCTOBER 11: Celine Dion's sister Claudette launches her own record «»Claudette Dion sings Edith Piaf»» at the Montreal Casino In Montreal, Canada On October 11, 2002-Claudette Dion performing. (Photo by Michel PONOMAREFF/PONOPRESSE/Gamma-Rapho via Getty Images)» - Celine Dion on the set of the television show Champs Elysees. (Photo by Jean-Paul Guilloteau/Kipa/Sygma via Getty Images) - Céline Dion et Anne Renée, la 1ère femme de Renée Angélil, à Montreal en septembre 1983, Canada (Photo by PONOPRESSE/Gamma-Rapho via Getty Images) - La chanteuse québécoise Céline Dion avec le présentateur Michel Drucker, sur le plateau de l'émission « Faites la fête » spéciale St. Sylvestre, le 1 décembre 1996, à Paris. (Photo by Stephane Cardinale/Sygma via Getty Images) - Philippe Lavil reçoit en coulisses Céline Dion et Patrick Sébastien lors d'un concert le 28 novembre 1984 à Paris, France. (Photo by Frédéric REGLAIN/Gamma-Rapho via Getty Images) - Céline Dion en mai 1987 à Montréal, Canada. (Photo by PONO PRESSE INTERNATIONALE/Gamma-Rapho via Getty Images) - La chanteuse canadienne Céline Dion sur scène devant le pape Jean-Paul II au Stade Olympique de Montréal, le 10 Septembre 1984, Canada. (Photo by PONOPRESSE INTERNATIONALE/Gamma-Rapho via Getty Images) - Céline Dion, René Angelil, 1988 (Photo by Sobli/RDB/ullstein bild via Getty Images) - Celine Dion, Canadian singer aged 20 years old, representing Switzerland, will be performing her song, Ne partez pas sans moi (Don't Leave Without Me), at the 33rd annual Eurovision Song Contest 1988, to be held in Dublin, Ireland, pictured Friday 29th April 1988. Celine Dion won the competition, singing her song in the french language. (Photo by Tom Buist/Daily Mirror/Mirrorpix/Getty Images) - «CANADA - MARCH 01: Retro. Celine Dion In Canada In March, 1993-With Luc Plamondon for the launching of «»Tycoon»». (Photo by Michel PONOMAREFF/PONOPRESSE/Gamma-Rapho via Getty Images)» - Portrait of guitarist Aldo Nova at the Aragon Ballroom in Chicago, Ilinois, November 25, 1983. (Photo by Paul Natkin/Getty Images) - Céline Dion, show 1988, (Photo by Sobli/RDB/ullstein bild via Getty Images) - Gregg Phillanganes, Sheila E. and David Foster during L.A. Chapter of The Recording Academy with EIF Celebrate the Music of Earth, Wind & Fire at GRAMMY Jam 2004 - Concert at The Wiltern in Los Angeles, California, United States. (Photo by M. Caulfield/WireImage) - La chanteuse canadienne Céline Dion sur scène, le 10 février 1988. (Photo by PONOPRESSE INTERNATIONALE/Gamma-Rapho via Getty Images) - (left to right) Dutch-born manager Colonel Tom Parker (1909-1997), wearing a jacket on which is printed 'Elvis International In Person', American singer-songwriter and pianist Fats Domino (1928-2017), and American singer and actor Elvis Presley (1935-1977), wearing a black jacket with a red-and-black scarf, attends a press conference, held in the 'convention hall' of the International Hotel in Las Vegas, Nevada, 1st August 1969. The press conference was convened after Presley's first live performance in eight years, also at the International Hotel. (Photo by Graphic House/Archive Photos/Hulton Archive/Getty Images) - Sir Elton John and Celine Dion during HEART: Harrah's Entertainment Artists Rally Together to Aid Hurricane-Affected Families at The Colosseum in Las Vegas, Nevada. (Photo by Denise Truscello/WireImage) - Nella Martinetti, Céline Dion, Atilla Sereftug with trophy, 1988 (Photo by Sobli/RDB/ullstein bild via Getty Images) - Celine Dion pictured at the Shelbourne Hotel, Dublin, Ireland, May 1, 1988. (Part of the Independent Newspapers Ireland/NLI Collection) (Photo by Independent News and Media/Getty Images) - Eurovision Song Contest Winner Celine Dion of Switzerland on stage in the RDS, Dublin, 30/04/1988 (Part of the Independent Newspapers Ireland/NLI Colection). (Photo by Independent News and Media/Getty Images) - Eurovision Song Contest Winner Celine Dion of Switzerland on stage with Pat Kenny being congratulated in the RDS, Dublin, 30/04/1988 (Part of the Independent Newspapers Ireland/NLI Colection). . (Photo by Independent News and Media/Getty Images) - Eurovision song contest 1989 in Lausanne: Lolita Morena, Jacques Deschenaux, Celine Dion,Eurovision song contest 1989 in Lausanne: Lolita Morena, Jacques Deschenaux, Celine Dion (Photo by Sobli/RDB/ullstein bild via Getty Images) - UNITED STATES - MARCH 01: Celine Dion and Rene Angelil In Los Angeles, United States In March 1990. (Photo by Pool 6500/PONOPRESSE/Gamma-Rapho via Getty Images) - UNITED KINGDOM - JANUARY 01: Photo of Celine DION (Photo by Mick Hutson/Redferns) - ATLANTA AUGUST 08: Celine Dion performs live at Lakewood Amphitheater in Atlanta Georgia, August 08,1992 (Photo by Rick Diamond/Getty Images - La chanteuse canadienne Céline Dion fête ses 10 ans de carrière lors d'un concert le 19 juin 1991 à Montréal, Canada. (Photo by Michel PONOMAREFF/Gamma-Rapho via Getty Images) - Céline Dion, René Angélil et Michael Bolton après le dernier concert de la chanteuse au Canada le 27 aout 1994 (Photo by Michel PONOMAREFF/Gamma-Rapho via Getty Images) - Portrait de la chanteuse québécoise Nathalie Simard et de son frère René le 21 juin 1989 en France. (Photo by ARNAL/Gamma-Rapho via Getty Images) - Céline Dion avec son coiffeur et son mari René Angélil avant un show télévisé à Montreal le 6 novembre 1993, Canada (Photo by PONOPRESSE/Gamma-Rapho via Getty Images) - MONTREAL, QC - JANUARY 22: Sonia Benezra attends the State Funeral Service for Celine Dion's husband Rene Angelil at Notre-Dame Basilica on January 22, 2016 in Montreal, Canada. (Photo by George Pimentel/WireImage) - Céline Dion lors de son mariage avec René Angélil à Montreal le 17 décembre 1994, canada (Photo by PONOPRESSE/Gamma-Rapho via Getty Images) - La chanteuse québécoise Céline Dion sur scène au Stade de France, à Paris, le 19 juin 1999.(Photo by © RUSSEIL CHRISTOPHE/CORBIS KIPA/Corbis via Getty Images) - MONACO - MAY 03: World Music Awards In Monte Carlo, Monaco On May 03, 1995 - Celine Dion and husband Rene Angelil. (Photo by Jean-Pierre REY/Gamma-Rapho via Getty Images) - Celine Dion, Franco Dragone during Celine Dion press conference - launch of world tour at Fleet Center in Boston, Massachusetts, United States. (Photo by Denise Truscello/WireImage) - Celine Dion helping construction workers at the Colosseum at Caesar's Palace before her press conference to announce that her tickets are going on sale May 23, 2002. (Photo by KMazur/WireImage) - «BELGIUM - OCTOBER 21: BELGIUM Photo of Celine DION, 21-10-2002 La Louviere (Belgie), Celine Dion with a part of the sixty dancers who are rehearsing in La Louvriere,Belgium for the new show»»A New Day.....»» that will start on march 2003 in Las Vegas (Photo by Paul Bergen/Redferns)» - UNITED STATES - MARCH 25: Las Vegas and Caesar's Palace at Celine Dion time in Las Vegas, United States on March 25, 2003. (Photo by Raphael GAILLARDE/Gamma-Rapho via Getty Images) - CAPE TOWN, WESTERN CAPE - FEBRUARY 23: Celine Dion Performs Live at the Vergelegen Wine Estate in Cape Town as part of her 'Taking Chances' World Tour on February 23, 2008 in South Africa. (Photo by Michelly Rall/WireImage) - LAS VEGAS - MARCH 12: Celine Dion performs during the opening night of her new show at The Colosseum at Caesars Palace on March 15, 2011 in Las Vegas, Nevada. (Photo by Isaac Brekken/WireImage) - LAS VEGAS, NV - AUGUST 27: Celine Dion premieres the much-anticipated return of her headline residency show at The Colosseum at Caesars Palace on August 27, 2015 in Las Vegas, Nevada. (Photo by Denise Truscello/WireImage) - CANADA - AUGUST 22: Celine Dion concert for Quebec city's 400th birthday in Quebec, Canada on August 22, 2008-Celine Dion rocked the cradle on the Plains of Abraham for 250 000 fans. This special concert was for Quebec city 400th birthday. (Photo by Jean-Philippe DUMAS/PONOPRESSE/Gamma-Rapho via Getty Images) - CAPE TOWN, WESTERN CAPE - FEBRUARY 21: Celine Dion and the Maccasar Primary School Choir at the Taking Chances World Tour Press Conference on February 21, 2008 in the Primedia Broadcasting Studios in Cape Town, South Africa. (Photo by Michelly Rall/WireImage) - FRANCE - MAY 22: Celine Dion receives the 'Legion d'Honneur' by French President Nicolas Sarkozy, at the Elysee Palace, in Paris, France on May 22nd, 2008 - Celine Dion. (Photo by Thomas SAMSON/Gamma-Rapho via Getty Images) - (L-R) Singer Celine Dion holds her son Nelson Angelil and husband and manager Rene Angelil, holds their son Eddy Angelil next to Rene-Charles Angelil and Dion's mother Therese Dion as they arrive at Caesars Palace on February 16, 2011 in Las Vegas, Nevada. (Photo by Steven Lawton/FilmMagic) - HALLE (SAALE), GERMANY - NOVEMBER 09: (EDITORS NOTE: Entertainment Online Subscriptions GLR Included) Celine Dion attends Wetten, dass..? from Halle an der Saale on November 9, 2013 in Halle an der Saale, Germany. (Photo by Franziska Krug/Getty Images) - LAS VEGAS, NV - AUGUST 27: Aldo Giampaolo during a press conference at The Colosseum at Caesars Palace on August 27, 2015 in Las Vegas, Nevada. (Photo by Denise Truscello/WireImage) - CANADA - JULY 25: Christening of Rene Charles son of Celine Dion and Rene Angelil In Canada On July 25, 2001-Julie Snyder and Michel Drucker. (Photo by Michel PONOMAREFF/PONOPRESSE/Gamma-Rapho via Getty Images) - MONTREAL, QC - JANUARY 22: Celine Dion arriving for the state funeral service for her husband Rene Angelil at Notre-Dame Basilica on January 22, 2016 in Montreal, Canada. (Photo by George Pimentel/WireImage) - MONTREAL, QC - JANUARY 22: Celine Dion and sons Rene-Charles Angelil, Nelson Angelil and Eddy Angelil attend the State Funeral Service for Celine Dion's husband Rene Angelil at Notre-Dame Basilica on January 22, 2016 in Montreal, Canada. (Photo by George Pimentel/WireImage) - «NEW YORK, NY - MAY 01: (EDITORS NOTE: Image has been converted to black and white.) Celine Dion attends the «»Rei Kawakubo/Comme des Garcons: Art Of The In-Between»» Costume Institute Gala at Metropolitan Museum of Art on May 1, 2017 in New York City. (Photo by Noam Galai/FilmMagic)» - PARIS, FRANCE - JULY 03: Celine Dion is seen, outside the Giambattista Valli show, during Paris Fashion Week - Haute Couture Fall/Winter 2017-2018, on July 3, 2017 in Paris, France. (Photo by Edward Berthelot/GC Images) - PARIS, FRANCE - JULY 09: Singer Celine Dion is surrounded by french fans as she leaves the 'Royal Monceau' hotel on Avenue Hoche on July 9, 2017 in Paris, France. (Photo by Marc Piasecki/GC Images) - NEW YORK, NEW YORK - MARCH 03: Celine Dion wears Moncler Richard Quinn Fall 2020 on March 03, 2020 in New York City. (Photo by Jackson Lee/GC Images) - PARIS, FRANCE - JANUARY 22: Pepe Munoz and Celine Dion attend the Alexandre Vauthier Haute Couture Spring Summer 2019 show as part of Paris Fashion Week on January 22, 2019 in Paris, France. (Photo by Stephane Cardinale - Corbis/Corbis via Getty Images) - NEW YORK, NEW YORK - MAY 06: Katy Perry and Celine Dion attend the 2019 Met Gala Boom Boom Afterparty at The Standard hotel on May 06, 2019 in New York City. (Photo by Daniel Zuchnik/GC Images) - TORONTO, ON - December 9: Canadian Singing Superstar Celine Dion performs during her Courage world tour at the Scotiabank Arena. (Richard Lautens/Toronto Star via Getty Images) - LONDON, ENGLAND - JULY 05: Celine Dion performs live at Barclaycard Presents British Summer Time Hyde Park at Hyde Park on July 5, 2019 in London, England. (Photo by Brian Rasic/WireImage) - CANADA - NOVEMBER 05: Files of Canadian singer Celine Dion's parents In Montreal, Canada On November 05, 1993-November 5, 1993. The whole Dion's Family when her mother launched her own food brand. (Photo by Marco WEBER/PONOPRESSE/Gamma-Rapho via Getty Images) - BOSTON, MASSACHUSETTS - MARCH 21: Singer Celine Dion on the jumbo iron during the second period of the Boston Bruins against the New York Rangers at the TD Garden on March 21, 2024 in Boston, Massachusetts. (Photo by Steve Babineau/NHLI via Getty Images) - Los Angeles, CA - February 04: Celine Dion at the 66th Grammy Awards held at the Crypto.com Arena in Los Angeles, CA, Sunday, Feb. 4, 2024. (Robert Gauthier / Los Angeles Times via Getty Images) - UNITED KINGDOM - JANUARY 01: Photo of Celine DION (Photo by Mick Hutson/Redferns) - LONDON, ENGLAND - JULY 05: Celine Dion performs live at Barclaycard Presents British Summer Time Hyde Park at Hyde Park on July 05, 2019 in London, England. (Photo by Samir Hussein/Redferns) - Celine Dion en concert a l'Olympia le 27 septembre 1994 a Paris, France. (Photo by Alain BENAINOUS/Gamma-Rapho via Getty Images) - Céline Dion bei Aufnahmen 1988 (Photo by Bruno Torricelli/RDB/ullstein bild via Getty Images) - UNITED STATES - SEPTEMBER 16: Celine Dion at The sixteenth World Music Award in Las Vegas, United States on September 16, 2004. (Photo by David LEFRANC/Gamma-Rapho via Getty Images) - LOS ANGELES, CA - NOVEMBER 22: Celine Dion performs onstage during the 2015 American Music Awards at Microsoft Theater on November 22, 2015 in Los Angeles, California. (Photo by Kevin Mazur/AMA2015/WireImage) - France: Paris, Montmartre 1936. (Photo by Jean-Gabriel SERUZIER/Gamma-Rapho via Getty Images) - MAHOGANY RUSH 1978 with Frank Marino (right) (Photo by Chris Walter/WireImage) - De gauche à droite, Jean Yanne, Dalida, Petula Clark et Sacha Distel lors de l'émission 'Sacha Show' à Paris, France en mars 1968. (Photo by Keystone-France/Gamma-Rapho via Getty Images) - «Portrait de Jean-Pierre Foucault présentant «»Sacrée Soirée»» une émission de variétés diffusée sur TF1 (Photo by Fabrice Vallon/Cub Sept/Sygma via Getty Images)» - La chanteuse canadienne Céline Dion signant des autographes, en septembre 1989. (Photo by PONOPRESSE INTERNATIONALE/Gamma-Rapho via Getty Images) - MONTREAL, QC - JANUARY 21: A general view of atmosphere during the public memorial service for Celine Dion's husband Rene Angelil at Notre-Dame Basilica on January 21, 2016 in Montreal, Canada. (Photo by George Pimentel/WireImage)

Couverture

Singer Celine Dion is photographed for Redbook Magazine in 2002. (Photo by Naomi Kaltman/Corbis by Getty)

Quatrième de couverture

(GERMANY OUT) Dion, Celine - Musician, Singer, Pop music, Canada - performing in Hamburg, Germany, Color Line Arena (Photo by Malzkorn/ullstein bild via Getty Images)

Céline
Dion